Diogenes Taschenbuch 24766

de
te
be

PATRICIA HIGHSMITH, geboren 1921 in Fort Worth / Texas, wuchs in Texas und New York auf und studierte Literatur und Zoologie. Erste Kurzgeschichten schrieb sie an der Highschool, den ersten Lebensunterhalt verdiente sie als Comictexterin, und den ersten Welterfolg erlangte sie 1950 mit ihrem Romanerstling *Zwei Fremde im Zug*, dessen Verfilmung von Alfred Hitchcock sie über Nacht weltberühmt machte. Patricia Highsmith starb 1995 in Locarno.

MATTHIAS JENDIS, geboren 1959 in Rotenburg, übersetzte u. a. Werke von Alice McDermott und Joey Goebel. Für seine Neuübersetzung von Herman Melvilles *Moby-Dick oder Der Wal* wurde er mit dem Heinrich Maria Ledig-Rowohlt-Preis und dem Nicolas-Born-Förderpreis ausgezeichnet. Er starb 2009 in Göttingen.

Patricia Highsmith

Ripley's Game
oder
Der amerikanische Freund

ROMAN

Herausgegeben von Paul Ingendaay
und Anna von Planta

Aus dem amerikanischen Englisch
von Matthias Jendis

Mit einem Nachwort von
Paul Ingendaay und
einer editorischen Notiz von
Anna von Planta

Diogenes

Herausgegeben in
Zusammenarbeit mit Ina Lannert,
Barbara Rohrer und Kate Kingsley Skattebol
Titel der 1974 bei William Heinemann, London,
erschienenen Originalausgabe:
›Ripley's Game‹
Die vorliegende Übersetzung
erschien erstmals 2003 im Diogenes Verlag
Covermotiv: Illustration von Michel Casarramona

Veröffentlicht im Diogenes Taschenbuch, 2004, 2024

www.diogenes.ch
50/24/36/1
ISBN 978 3 257 24766 4

Inhalt

Ripley's Game
oder
Der amerikanische Freund

I

Den perfekten Mord, den gibt es nicht«, sagte Tom zu Reeves. »Man kann sich einen ausdenken, aber das ist nur ein Gesellschaftsspiel. Natürlich kann man sagen, es gebe so viele ungelöste Mordfälle. Doch das ist etwas anderes.« Tom langweilte sich. Er ging vor dem großen Kamin auf und ab, in dem ein kleines Feuer anheimelnd prasselte. Dass er gespreizt und herablassend geklungen hatte, wusste er. Aber er konnte Reeves nun einmal nicht helfen und hatte ihm das auch schon gesagt.

»Ja, klar«, erwiderte Reeves. Er saß in einem der gelbseidenen Sessel, den schlanken Körper vorgebeugt, die Hände zwischen den Knien verschränkt: ein ausgemergeltes Gesicht, kurzes, hellbraunes Haar und kalte, graue Augen – kein angenehmes Gesicht, aber es könnte gut aussehen, wäre da nicht die zehn Zentimeter lange Narbe, die sich von der rechten Schläfe über die Wange fast bis zu seinem Mund hinabzog. Die Narbe war etwas dunkler gerötet als sein Gesicht; sie wirkte wie eine schlecht oder gar nicht genähte Wunde. Tom hatte nie danach gefragt, aber Reeves hatte einmal von sich aus erklärt: »Das war ein Mädchen, mit ihrer Puderdose. Ist das zu glauben?« (Nicht für Tom.) Er hatte Tom ein kurzes, trauriges Lächeln geschenkt, eines der wenigen, an das sich Tom von ihm erinnern konnte.

Und ein andermal: »Ein Pferd hat mich abgeworfen, hat mich ein paar Meter am Steigbügel mitgeschleift.« Das hatte Reeves jemand anderem erzählt, doch Tom war dabei gewesen. Tom tippte auf ein stumpfes Messer, bei irgendeinem heimtückischen Kampf.

Reeves Minot wollte, dass Tom ihm jemanden nannte oder an die Hand lieferte, der einen oder zwei »einfache Morde« begehen konnte, dazu vielleicht noch einen Diebstahl, ebenfalls einfach und ungefährlich. Er war aus Hamburg nach Villeperce gekommen, um mit Tom darüber zu reden, wollte über Nacht bleiben, morgen in Paris mit noch jemandem sprechen und dann nach Hamburg zurückkehren, wo er wohnte und wo er wohl weiter nachdenken wollte, falls er nichts erreicht hatte. Reeves arbeitete vor allem als Hehler; in letzter Zeit hatte er sich aber in Hamburg in der Halbwelt des illegalen Glücksspiels versucht, und diese wollte er nun schützen. Vor wem? Vor schweren Jungs aus Italien, die ihren Teil vom Kuchen wollten. Reeves vermutete, dass der eine Hamburger Italiener ein Fußsoldat der Mafia war, der als Minenhund vorgeschickt wurde, der andere womöglich ebenfalls, wenn auch für eine andere Familie. Und er hoffte, einen Eindringling oder beide auszuschalten und dadurch die Mafia von weiteren Vorstößen abzuschrecken; außerdem wollte er die Hamburger Polizei auf die Mafia-Gefahr aufmerksam machen und alles Weitere, das heißt die Verdrängung der Mafia aus der Stadt, ihr überlassen. »Diese Hamburger sind anständige Jungs«, hatte Reeves beteuert. »Kann sein, dass sie etwas Ungesetzliches tun, wenn sie ein paar private Clubs betreiben, aber die sind an sich nicht illegal, und ihre

Gewinne halten sich in Grenzen. Nicht wie in Las Vegas, das durch und durch mafiaverseucht ist, direkt unter den Augen der amerikanischen Polizei!«

Tom schob die Glut mit dem Schürhaken zusammen und legte ein sauber gespaltenes Holzscheit nach. Kurz vor sechs: bald Zeit für einen Drink. »Wie wär's mit –«

In diesem Moment kam Madame Annette, die Haushälterin der Ripleys, aus dem Flur herein, der zur Küche führte. »*Pardon,* Messieurs. *Monsieur Tomme,* hätten Sie jetzt gern Ihre Drinks, da der Herr doch keinen Tee wollte?«

»Vielen Dank, Madame Annette. Gerade hatte ich daran gedacht. Und bitten Sie doch Madame Héloïse dazu, ja?« Sie sollte die Stimmung ein bisschen auflockern. Bevor Tom um drei Uhr nach Orly gefahren war, um Reeves abzuholen, hatte er zu Héloïse gesagt, Reeves habe etwas mit ihm zu bereden; deshalb hatte sie den ganzen Nachmittag über im Garten gearbeitet oder war oben geblieben.

»Und Sie würden die Sache nicht selbst übernehmen?«, drängte Reeves mit letzter Hoffnung. »Sehen Sie, da gäbe es keine Verbindung zu uns, genau das wollen wir, Sicherheit. Außerdem ist das Geld auch nicht schlecht: sechsundneunzigtausend Dollar.«

Tom schüttelte den Kopf. »Aber mit *Ihnen* bin ich gewissermaßen verbunden.« Verdammt, er hatte einige unbedeutende Aufträge für Reeves Minot erledigt, zum Beispiel gestohlene Kleinigkeiten weitergeleitet oder winzige Gegenstände, wie etwa Mikrofilmrollen, aus Zahnpastatuben herausgeklaubt, die Reeves präpariert hatte, ohne dass deren Überbringer etwas ahnten. »Was glauben Sie, wie viele dieser Räuberpistolen ich mir noch leisten kann?

Ich habe einen Ruf zu wahren, verstehen Sie?« Fast hätte er bei diesen Worten gelächelt, doch zugleich schlug sein Herz höher, denn das Gefühl war echt. Er richtete sich auf, dachte an das schöne Haus, in dem er wohnte, an das sichere Leben, das er jetzt führte, ganze sechs Monate nach der Derwatt-Episode – einer Beinahkatastrophe, der er heil entronnen war, mit nichts als dem Hauch eines Verdachts. Das Eis war dünn, ja, doch noch war er nicht eingebrochen. Tom hatte den englischen Inspector Webster und ein paar gerichtsmedizinische Fachleute in die Wälder um Salzburg begleitet, wo er die Leiche eines Mannes, angeblich des Malers Derwatt, verbrannt hatte. Warum er den Schädel zertrümmert habe, hatte die Polizei gefragt. Wenn Tom daran dachte, erschauerte er immer noch; er hatte es getan, um die oberen Zähne herausschlagen und im Wald verstreuen zu können. Der Unterkiefer hatte sich leicht vom Schädel lösen lassen. Tom hatte ihn in einiger Entfernung vergraben. Die Zähne des Oberkiefers dagegen … Die Männer von der Gerichtsmedizin hatten einige gefunden, aber kein Zahnarzt in London besaß Unterlagen zu Derwatts Gebiss, weil der Maler, so glaubte man, die letzten sechs Jahre in Mexiko gelebt hatte. »Das gehörte für mich zu der Verbrennung dazu, zu der Vorstellung, ihn zu Asche werden zu lassen«, hatte Tom erwidert. Der eingeäscherte Körper war Bernards Leiche gewesen. Ja, heute noch konnte er erschauern bei der Erinnerung an jenen gefährlichen Augenblick wie auch an das Grauen jener Tat, als er den verkohlten Schädel mit einem großen Stein zertrümmerte. Doch wenigstens hatte er Bernard nicht getötet. Bernard Tufts hatte Selbstmord begangen.

Tom sagte: »Sie werden doch sicher unter all Ihren Bekannten jemanden finden, der das erledigen kann.«

»Ja, und das wäre dann die Verbindung – deutlicher als zu Ihnen. Leider sind die Leute, die ich kenne, sozusagen keine unbeschriebenen Blätter.« Reeves klang traurig, wie ein geprügelter Hund. »Sie dagegen kennen eine Menge angesehener Leute, Tom, Männer mit reiner Weste, die über jeden Verdacht erhaben sind.«

Tom lachte. »Und wie wollen Sie solche Leute für so etwas gewinnen? Manchmal denke ich, Reeves, Sie sind verrückt.«

»Nein, Sie wissen, was ich meine. Jemanden, der es für Geld macht, nur für Geld. Das muss kein Profi sein. Wir bereiten alles vor. Es wäre wie ... wie ein Anschlag, in aller Öffentlichkeit. Wir suchen jemanden, der so aussieht, dass man ihm so etwas nie und nimmer zutraut, wenn man ihn verhört.«

Madame Annette schob den Barwagen herein. Der Eiskübel schimmerte silbern, die Räder des Wagens quietschten leise. Seit Wochen hatte Tom sie schon ölen wollen. Er hätte das alberne Hin und Her mit Reeves fortsetzen können, weil Madame Annette, Gott segne sie, kein Englisch verstand. Aber das Thema ödete ihn an, und er freute sich über die Unterbrechung. Madame Annette, eine Frau in den Sechzigern, kam aus der Normandie, hatte ein angenehmes Gesicht, einen kräftigen Körper und war als Haushälterin ein wahres Juwel. Tom konnte sich Belle Ombre ohne sie nicht mehr vorstellen.

Héloïse kam aus dem Garten herein, und Reeves stand auf. Sie trug weit ausgestellte Latzhosen mit rosa- und dunkelroten Streifen. LEVI stand senkrecht auf jedem Streifen. Ihr langes, blondes Haar trug sie offen. Es schimmerte im Feuerschein. So rein, dachte Tom, verglichen mit dem, worüber sie gerade gesprochen hatten. Doch ihr Haar glänzte golden, und er musste an Geld denken. Eigentlich brauchte er nicht noch mehr Geld, selbst wenn sie bald keine Derwatts mehr verkaufen konnten, weil es keine Bilder mehr gab. Tom bekam Prozente von den Verkäufen, war aber auch an Derwatt Limited beteiligt, einer Firma für Künstlerbedarf, und die würde weiterlaufen. Dann war da noch das bescheidene, langsam und stetig wachsende Einkommen aus den Greenleaf-Aktien, die er geerbt hatte – und zwar aufgrund eines Testaments, das er eigenhändig gefälscht hatte. Nicht zu vergessen der großzügige Zuschuss, den sein Schwiegervater Héloïse bewilligte. Bloß keine Gier. Tom war Mord zuwider, wenn er nicht unbedingt notwendig war.

»Haben Sie sich nett unterhalten?«, fragte Héloïse auf Englisch. Anmutig sank sie in das gelbe Sofa.

»Ja, danke«, sagte Reeves.

Sie sprachen auf Französisch weiter, weil Héloïse im Englischen nicht so sattelfest war. Reeves konnte kaum Französisch, hielt sich aber ganz gut, zumal sie nur über Belanglosigkeiten redeten: über den Garten, den milden Winter, der schon vorbei schien, weil hier bereits die Osterglocken blühten, und das Anfang März. Tom schenkte Héloïse aus einem der Fläschchen vom Wagen Champagner ein.

»Und wie ist's in *Hambourg*?« Héloïse versuchte es noch einmal auf Englisch. Ihre Augen funkelten belustigt, als sich Reeves auf Französisch mit einer ganz konventionellen Antwort abmühte.

Auch in Hamburg sei es nicht allzu kalt. Außerdem habe er ebenfalls einen Garten, fügte Reeves hinzu, denn seine *petite maison* liege an der Alster, also am Wasser, an einer Art Bucht, genauer gesagt. Viele Leute besäßen dort Häuser mit Gärten am Wasser und könnten sich also auch ein Segelboot halten, wenn sie das wollten.

Héloïse mochte Reeves Minot nicht und misstraute ihm. Für sie war er einer der Leute, um die Tom besser einen Bogen machen sollte. Zufrieden dachte Tom, dass er heute Abend ehrlich zu ihr sagen konnte, er habe jede Beteiligung an dem Plan abgelehnt, den Reeves vorgeschlagen hatte. Héloïse sorgte sich immer, was ihr Vater wohl sagen würde. Jacques Plisson war ein millionenschwerer Arzneimittelfabrikant, dazu Gaullist und die Verkörperung französischer Rechtschaffenheit. Und er hatte Tom nie gemocht. »Mein Vater sieht sich das nicht mehr lange an!«, warnte sie Tom oft, aber ihr lag mehr an seiner Sicherheit als an dem Zuschuss, den ihr der Vater zahlte und, so sagte sie, nicht selten zu streichen drohte. Einmal in der Woche, gewöhnlich freitags, aß sie mit ihren Eltern zu Mittag, bei ihnen zu Hause in Chantilly. Sollte ihr Vater Héloïse je tatsächlich das Geld streichen, würden sie Belle Ombre kaum halten können. Das war klar.

Zum Abendessen gab es *médaillons de bœuf,* dazu kalte Artischocken mit Madame Annettes selbstkreierter Sauce als Vorspeise. Héloïse trug nun ein schlichtes, blassblaues Kleid. Sie schien schon zu spüren, dass Reeves nicht bekommen hatte, was er wollte. Bevor sie zu Bett gingen, fragte Tom seinen Gast, ob er alles habe, was er brauche, und wann er Tee oder Kaffee gebracht haben wolle. Kaffee, um acht, antwortete Reeves. Er hatte das Gästezimmer oben links im Haus und damit das Bad, das sonst Héloïse benutzte. Madame Annette hatte aber ihre Zahnbürste schon in Toms Badezimmer gebracht, das von seinem Zimmer abging.

»Ich bin froh, dass er morgen abreist. Warum ist er so angespannt?«, fragte Héloïse, die sich die Zähne putzte.

»Das ist er immer.« Tom drehte das Wasser ab, trat aus der Dusche und hüllte sich sofort in ein großes gelbes Handtuch. »Vielleicht ist er deshalb so dünn.« Sie redeten Englisch, denn mit Tom hatte Héloïse keine Hemmungen, seine Sprache zu sprechen.

»Wo hast du ihn kennengelernt?«

Er wusste es nicht mehr. Und wann? Vor fünf, sechs Jahren vielleicht. In Rom, oder? Reeves war ein Freund von irgendwem gewesen – nur von wem? Tom war zu müde, weiter nachzudenken, und es war auch nicht wichtig. Er hatte fünf, sechs solcher Bekannten und hätte wohl bei keinem sagen können, wo er ihm erstmals begegnet war.

»Was will er von dir?«

Tom legte seiner Frau den Arm um die Taille, sodass ihr weites Nachthemd eng an den Körper gepresst wurde, und drückte ihr einen Kuss auf die kühle Wange. »Etwas Unmögliches. Ich habe Nein gesagt, wie du gemerkt hast. Er ist enttäuscht.«

In dieser Nacht schrie eine einsame Eule irgendwo in dem Kiefernwäldchen hinter Belle Ombre. Tom lag im Bett, den linken Arm unter Héloïses Nacken, und dachte nach. Sie schlief ein, atmete langsam und sachte. Tom seufzte und grübelte weiter. Aber er dachte nicht logisch, nicht konstruktiv. Der zweite Kaffee hielt ihn hellwach. Eine Party in Fontainebleau fiel ihm ein, vor einem Monat, eine zwanglose Geburtstagsfeier für eine Madame – wie hieß sie noch gleich? Tom suchte eigentlich den Namen ihres Mannes, einen englischen Namen, vielleicht fiel er ihm gleich wieder ein. Der Mann, sein Gastgeber, war Anfang dreißig, das Paar hatte einen kleinen Sohn. Sie wohnten in einer Nebenstraße von Fontainebleau, in einem schlichten, zweistöckigen Reihenhaus mit einem kleinen Garten dahinter. Der Mann war Bilderrahmer, deshalb hatte Pierre Gauthier, der Besitzer eines Ladens für Künstlerbedarf in der Rue Grande, wo Tom seine Farben und Pinsel kaufte, ihn auf die Party mitgeschleppt. »Ach, kommen Sie doch, Monsieur Riipley!«, hatte Gauthier gesagt. »Und bringen Sie Ihre Frau mit! Er will viele Leute um sich haben, er ist ein bisschen deprimiert … Außerdem macht er Rahmen, also könnten Sie bei ihm mal Bilder in Auftrag geben.«

Tom musste blinzeln und nahm im Dunkeln den Kopf zurück, damit seine Wimpern nicht Héloïses Schulter streiften. Er erinnerte sich an einen großen, blonden Engländer, aber nur ungern und widerstrebend, weil dieser Mann in der Küche, in diesem düsteren Raum mit dem abgetretenen Linoleumfußboden und der rauchgeschwärzten Stuckimitatdecke aus dem neunzehnten Jahrhundert, ihm etwas Unangenehmes gesagt hatte. Der Engländer – Trewbridge? Tewksbury? – hatte fast abfällig zu ihm bemerkt: »Ach ja, von Ihnen hab ich schon gehört«, als Tom sich vorstellte: »Tom Ripley, ich wohne in Villeperce«, und ihn gerade fragen wollte, wie lange er schon in Fontainebleau lebte, da ein Engländer mit einer französischen Frau doch vielleicht gern die Bekanntschaft eines Amerikaners mit einer französischen Frau machen würde, der nicht weit von ihm wohnte. Er hatte sich vorgewagt und war rüde abgewiesen worden. Trevanny, hieß der Mann nicht so? Blondes, glattes Haar, sah eher aus wie ein Holländer, doch das taten die Engländer ja oft und umgekehrt.

Jetzt aber fiel Tom ein, was Gauthier später an jenem Abend gesagt hatte: »Er will nicht unfreundlich sein, er ist nur deprimiert. Hat eine Blutkrankheit – Leukämie, glaube ich. Etwas Ernstes. Und sonst geht es ihm auch nicht besonders, wie Sie am Haus sehen können.« Gauthier hatte ein Glasauge. Die Farbe war merkwürdig: Gelbgrün, offenbar ein Versuch, die Farbe des gesunden Auges nachzuahmen. Ein kläglich gescheiterter Versuch. Gauthiers Glasauge erinnerte an das Auge einer toten Katze. Man wollte nicht hinsehen, doch es hielt einen hypnotisch gefangen. Gauthiers düstere Worte in Verbindung mit dem Glasauge hatten Tom stark beeindruckt: Er hatte an den Tod denken müssen und das nicht vergessen.

»Ach ja, von Ihnen hab ich schon gehört.« Machte dieser Trevanny oder wie er auch hieß etwa ihn für den Tod von Bernard Tufts verantwortlich und auch für den von Dickie Greenleaf damals? Oder war der Engländer bloß wegen seines Leidens verbittert und ließ es jeden spüren? Wie ein Mann mit einem nervösen Magen, der andauernd Bauchschmerzen hatte? Nun erinnerte Tom sich auch wieder an Trevannys Frau: nicht hübsch, aber apart, kastanienbraunes Haar, freundlich und offen. Sie hatte sich viel Mühe mit dieser Party gemacht, bei der alle gestanden und niemand auf den wenigen Stühlen in dem kleinen Wohnzimmer und in der Küche Platz genommen hatte.

Tom überlegte, ob ein Mann wie Trevanny wohl einen Auftrag übernehmen würde, wie er Reeves vorschwebte. Für den Engländer war ihm eine interessante Anbahnungsvariante eingefallen. Sie konnte bei jedem klappen, wenn man den Boden bereitete, was in diesem Fall jedoch schon geschehen war: Trevanny machte sich ernsthaft Sorgen um seine Gesundheit. Seine Idee war nur ein Scherz, ein übler Scherz, nicht gerade nett, aber der Mann war auch zu ihm nicht nett gewesen. Und es war nur für ein, zwei Tage, bis Trevanny mit seinem Arzt sprechen konnte.

Tom fand Vergnügen an seinen Gedankenspielen. Sachte löste er sich von Héloïse, damit er sie nicht weckte, falls er auf einmal lachen musste. Angenommen, Trevanny willigte ein und führte Minots Plan tadellos aus, wie ein Soldat einen Befehl? War es einen Versuch wert? Ja, denn er hatte nichts zu verlieren, und Trevanny auch nicht. Der Mann konnte nur gewinnen. Reeves auch, wie er sagte, aber in welcher Hinsicht, das wusste nur er selber. Was Reeves Minot wollte, war Tom genauso unklar wie dessen Mikrofilmschmuggel, bei dem es vermutlich um internationale Spionage ging. Ob die Regierungen wussten, wie verrückt sich manche ihrer Spione aufführten? Spinner, halb Wahnsinnige, die mit Pistolen und Mikrofilmen von Bukarest nach Moskau und Washington hetzten – Männer, die mit der gleichen Begeisterung all ihre Kraft dem internationalen Krieg der Briefmarkensammler oder der Beschaffung geheimer Baupläne von Modelleisenbahnen widmen könnten.

2

Und so kam es, dass rund zehn Tage später, am 22. März, Jonathan Trevanny, der in der Rue Saint-Merry in Fontainebleau wohnte, einen merkwürdigen Brief von seinem guten Freund Alan McNear erhielt. Alan, der in Paris einen britischen Elektronikkonzern vertrat, hatte den Brief unmittelbar vor dem Abflug zu einem längeren geschäftlichen Aufenthalt in New York geschrieben – seltsamerweise nur einen Tag nachdem er bei den Trevannys in Fontainebleau zu Besuch gewesen war. Jonathan hätte von Alan höchstens ein Dankeschön für die Abschiedsparty erwartet, die Simone und er für den Freund gegeben hatten, und Alan fand auch einige dankende Worte dafür, doch dann folgte ein Absatz, der Jonathan verstörte:

Jon, was ich über dein altes Leiden gehört habe, hat mich zutiefst bestürzt. Ich hoffe immer noch, es war falscher Alarm. Man sagte mir, du wüsstest davon, würdest aber deinen Freunden nichts sagen. Das ehrt dich, aber wozu sind denn Freunde da? Denk bloß nicht, wir wollten dir aus dem Weg gehen, weil wir vielleicht meinten, du wärest uns zu trübsinnig. Deine Freunde (und dazu zähle ich mich) sind immer für dich da. Aber ich kann nicht in Worte fassen, was ich wirklich sagen will. Das hole ich in ein paar Monaten nach, wenn wir uns wiedersehen – sobald ich einen Urlaub herausschlagen kann. Verzeih mir also diese dürftigen Zeilen.

Was meinte Alan damit? Hatte sein Hausarzt, Dr. Perrier, den Freunden etwas gesagt, das er ihm selber verschwieg? Etwas in der Art, dass er nicht mehr lange zu leben habe? Dr. Perrier war nicht auf der Party für Alan gewesen, doch womöglich hatte er mit jemand anderem darüber gesprochen.

Mit Simone vielleicht? Ob auch sie es vor ihm verschwieg? Diese Möglichkeiten gingen Jonathan durch den Kopf, als er morgens um halb neun mit erdverschmierten Händen in seinem Garten stand. Trotz des Pullovers fror er. Am besten ging er heute noch zu Dr. Perrier. Simone zu fragen war sinnlos; sie könnte sich verstellen: »Aber Liebling, wie kommst du denn darauf?« Er würde kaum erkennen können, ob sie sich verstellte.

Und Dr. Perrier? Konnte er ihm vertrauen? Der Mann sprühte immerzu vor Optimismus, was gut und schön war, solange man nichts Schlimmes hatte; man fühlte sich gleich viel besser oder sogar schon geheilt. Aber Jonathan wusste, dass er etwas Schlimmes hatte: Myeloische Leukämie, das bedeutete, einen Überschuss weißer Blutkörperchen im Knochenmark. In den letzten fünf Jahren hatte er mindestens vier Bluttransfusionen pro Jahr erhalten. Immer wenn er sich schwach fühlte, sollte er seinen Hausarzt aufsuchen oder ins Krankenhaus von Fontainebleau gehen und sich Blut übertragen lassen. Dr. Perrier hatte, genau wie sein

Pariser Facharzt, gesagt, irgendwann werde sich sein Zustand rapide verschlechtern, dann würden Transfusionen nicht mehr helfen. Jonathan wusste das selber, er hatte genug über sein Leiden gelesen. Bislang war myeloische Leukämie unheilbar. Sie führte meist binnen sechs bis zwölf, manchmal auch binnen sechs bis acht Jahren zum Tode. Für Jonathan begann jetzt sein sechstes Jahr.

Er stellte die Forke in den Geräteschuppen zurück, einen kleinen Backsteinbau, der früher die Außentoilette gewesen war, und ging zur Hintertreppe. Dort blieb er stehen, den Fuß auf die erste Stufe gesetzt, sog tief die frische Morgenluft ein und dachte: »Wie viele Morgen wie diesen werde ich noch erleben?« Dann aber fiel ihm ein, dass er genau das auch schon im letzten Frühling gedacht hatte. Reiß dich zusammen, sagte er sich, schließlich weißt du seit sechs Jahren, dass du womöglich keine fünfunddreißig wirst. Festen Schrittes stieg Jonathan die acht eisernen Stufen hinauf, in Gedanken schon woanders: Es war 8:52 Uhr; spätestens kurz nach 9 musste er in seinem Laden sein. Simone brachte Georges gerade in den Kindergarten; das Haus war leer. Jonathan wusch sich die Hände über der Spüle. Er nahm die Gemüsebürste dazu, was Simone gar nicht gefallen hätte, säuberte sie aber anschließend wieder. Im Haus gab es nur noch ein weiteres Waschbecken, oben im Badezimmer. Und kein Telefon. Er würde Dr. Perrier gleich als Erstes vom Laden aus anrufen.

Jonathan ging links die Rue de la Paroisse hinunter bis zur Kreuzung und dann weiter über die Rue des Sablons bis zu seinem Geschäft. Dort wählte er Dr. Perriers Nummer. Er wusste sie auswendig.

Die Schwester sagte, der Doktor habe heute keinen Termin mehr frei. Das hatte er erwartet.

»Es ist aber dringend. Lange dauert es nicht, eigentlich nur eine Frage, doch ich muss ihn unbedingt sprechen.«

»Fühlen Sie sich schwach, Monsieur Trevanny?«

»Ja«, sagte er sofort.

Er bekam einen Termin für zwölf Uhr. Die Uhrzeit hatte etwas Unheilschwangeres.

Jonathan war Bilderrahmer. Er schnitt Glas und Karton für Passepartouts zurecht, fertigte Rahmen an und wählte aus dem eigenen Vorrat fertige Rahmen für unentschlossene Kunden aus. Ganz selten einmal fand er beim Kauf alter Rahmen auf Auktionen oder bei Altwarenhändlern ein Bild, das ihn zusammen mit dem Rahmen interessierte; das konnte er dann reinigen, in sein Schaufenster stellen und verkaufen. Aber viel Geld war mit dem Geschäft nicht zu verdienen. Er kam gerade so über die Runden. Vor sieben Jahren hatte er mit seinem Partner, einem Engländer wie er, aber aus Manchester, einen Antiquitätenladen in Fontainebleau eröffnet. Sie hatten hauptsächlich alte Möbel aufpoliert und verkauft, doch das Geld hatte für zwei nicht gereicht, und Roy war ausgestiegen, um irgendwo bei Paris als Automechaniker zu arbeiten. Kurz darauf hatte ein Pariser Arzt das Gleiche zu Jonathan gesagt wie zuvor schon ein Doktor in London: »Sie neigen zu Blutarmut und sollten sich öfters untersuchen lassen. Vermeiden Sie lieber schwere körperliche Arbeit.« Also hatte Jonathan Schränken und Sofas den Rücken gekehrt und sich der Arbeit mit Bilderrahmen und Glas zugewandt. Vor ihrer Heirat hatte er zu Simone gesagt, er habe vielleicht nur noch sechs Jahre zu leben, denn als er sie kennenlernte, hatte er gerade von zwei Ärzten erfahren, dass seine wiederkehrenden Schwächeanfälle von myeloischer Leukämie herrührten.

Sollte er jetzt sterben, dachte Jonathan, als er ganz ruhig seinen Tag anging, könnte Simone ein zweites Mal heiraten. Sie half fünf Nachmittage die Woche von halb drei bis halb sieben in einem Schuhgeschäft auf der Avenue Franklin Roosevelt aus, das sie zu Fuß erreichen konnte; allerdings arbeitete sie dort erst seit letztem Jahr, seit Georges alt genug für den französischen Kindergarten war. Simone und er brauchten die zweihundert Franc pro Woche, die sie verdiente, doch Jonathan war nicht wohl bei dem Gedanken an Brezard, ihren Chef – ein Lüstling, der seinen Verkäuferinnen in den Hintern kniff und sicher im Hinterzimmer, das als Lager diente, auch weiterzugehen versuchte. Simone war verheiratet, wie Brezard sehr wohl wusste; allzu weit konnte er also wohl nicht gehen, doch hielt das einen wie ihn nie davon ab, sein Glück zu versuchen. Simone flirtete nicht, ganz im Gegenteil: Sie wirkte merkwürdig schüchtern, was dafür sprach, dass sie sich nicht für attraktiv hielt. Jonathan liebte diesen Zug an ihr. Er fand sie geradezu umwerfend sexy, sie besaß eine magnetische sexuelle Anziehungskraft, die dem Mann auf der Straße jedoch nicht auffallen mochte, und es ärgerte ihn, dass ausgerechnet Brezard, dieser geile Bock, Simones ganz eigene Attraktivität bemerkt hatte und etwas davon für sich wollte. Nicht dass Simone viel von Brezard erzählte. Ein einziges Mal nur hatte sie erwähnt, dass er seinen weiblichen Angestellten (noch zweien außer ihr) zu nahe kam. Während Jonathan an diesem Morgen einer Kundin ein gerahmtes Aquarell zeigte, sah er für einen Moment Simone vor sich, wie sie sich nach einer Anstandsfrist dem widerwärtigen Brezard ergab, der schließlich Junggeselle war und finanziell besser gestellt als er. Unsinn. Simone konnte diesen Typ Mann nicht ausstehen.

»Oh, wie schön! Wunderbar!« Die junge Frau im hellroten Mantel hielt das Aquarell auf Armeslänge von sich.

Ein Lächeln stahl sich über Jonathans langes, ernstes Gesicht, als wäre seine eigene kleine Sonne hinter den Wolken hervorgekommen und leuchtete in ihm. Die Freude der Frau war so echt! Jonathan kannte sie gar nicht; sie holte nur ein Bild ab, das eine ältere Frau, vielleicht ihre Mutter, ihm gebracht hatte. Eigentlich hätte Jonathan zwanzig Franc mehr verlangen müssen als ursprünglich genannt, weil der Rahmen ein anderer war als der von der Frau gewählte, den Jonathan nicht mehr auf Lager hatte; aber er erwähnte das gar nicht und nahm die vereinbarten achtzig Franc.

Danach fegte er den Holzfußboden und staubte die paar Bilder in seinem kleinen Schaufenster ab. Sein Laden war regelrecht schäbig, fand er an diesem Morgen: Nirgendwo frische Farben, Rahmen jeder Größe lehnten an den ungestrichenen Wänden, Musterleisten hingen unter der Decke. Da war der Tresen mit einem Auftragsbuch, ein Lineal, Bleistifte. Hinten im Laden stand ein langer Holztisch, an dem Jonathan mit seinen Schneidladen, Sägen und Glasschneidern arbeitete. Auf dem großen Tisch lagerte er auch die gut geschützten Kartonbögen für die Passepartouts, eine dicke Rolle braunes Packpapier, Bindfaden, Draht, Leimtöpfe und Kästchen mit Nägeln verschiedener Länge. An der Wand über dem Tisch hingen Messer und Hämmer in Haltern. Eigentlich mochte Jonathan die altertümliche Atmosphäre, das Fehlen jedes kommerziellen Schnickschnacks. Sein Laden sollte so aussehen wie die Werkstatt eines anständigen Handwerkers, und das war ihm, wie er fand, auch gelungen. Er verlangte niemals zu hohe Preise, hielt seine Termine ein und rief an oder schickte eine Karte, wenn er doch einmal nicht rechtzeitig fertig wurde. Die Kunden schätzten das, wie er bemerkt hatte.

Um fünf nach halb zwölf, als Jonathan zwei kleine Bilder gerahmt und mit den Namen der Kunden versehen hatte, wusch er sich über der Spüle Gesicht und Hände mit kaltem Wasser, kämmte sich und stand für einen Moment kerzengerade, während er sich auf das Schlimmste gefasst machte. Dr. Perriers Praxis lag ganz in der Nähe in der Rue Grande. Jonathan drehte den OUVERT-Zeiger auf 14:30 Uhr, schloss die Ladentür ab und machte sich auf den Weg.

Bei Dr. Perrier musste er im Vorzimmer warten, in dem ein verstaubter Lorbeerbaum vor sich hin kränkelte. Die Pflanze hatte noch nie geblüht; sie starb nicht, sie wuchs nicht und blieb, wie sie war. Jonathan fand, sie war wie er selbst. Immer wieder wanderte sein Blick zu ihr hinüber, obwohl er versuchte, an etwas anderes zu denken. Auf dem ovalen Tisch lagen alte, eselsohrige Ausgaben von *Paris Match,* doch die deprimierten Jonathan noch mehr als der Lorbeerbaum. Er musste sich daran erinnern, dass Dr. Perrier auch noch im großen Krankenhaus von Fontainebleau arbeitete, sonst wäre es ihm absurd vorgekommen, sein Leben in die Hand eines Arztes mit einer so schäbigen kleinen Praxis zu legen und seiner Prognose zu vertrauen, ob er leben oder sterben würde.

Die Sprechstundenhilfe kam und winkte ihn herein.

»Nun, wie geht's unserem interessantesten Patienten?« Dr. Perrier rieb sich die Hände, dann streckte er ihm die Rechte entgegen.

Jonathan schüttelte sie. »Danke, ganz gut. Aber was ist mit diesen Tests – ich meine die von vor zwei Monaten? Wenn ich es recht verstehe, sind die Werte nicht so günstig?«

Dr. Perrier sah Jonathan, der ihn nicht aus den Augen ließ, ausdruckslos an. Dann lächelte er und zeigte gelbliche Zähne unter einem ungepflegten Schnurrbart.

»Nicht so günstig? Was meinen Sie damit? Sie haben sie doch gesehen.«

»Ja, aber … Ich bin kein Fachmann. Vielleicht –«

»Ich habe sie Ihnen doch schon erklärt. Was ist denn los? Fühlen Sie sich wieder erschöpft?«

»Nein, eigentlich nicht.« Jonathan spürte, dass der Arzt es eilig hatte, zum Mittagessen zu kommen, also fuhr er hastig fort: »Ehrlich gesagt, ein Freund von mir hat irgendwo gehört, mein … mein Zustand werde sich bald deutlich verschlechtern. Ich hätte vielleicht nicht mehr lange zu leben. Natürlich nahm ich an, diese Nachricht müsste von Ihnen stammen.«

Dr. Perrier schüttelte den Kopf, lachte, hüpfte wie ein Vogel herum und blieb vor einer Buchvitrine stehen, die dünnen Arme leicht auf die gläserne Deckplatte gelegt. »Mein Wertester, zunächst einmal hätte ich, wenn das wahr wäre, niemandem etwas gesagt. Das gebietet schon meine ärztliche Schweigepflicht. Zweitens ist es nicht wahr, soweit ich aus den letzten Ergebnissen ersehen kann. Wünschen

Sie einen weiteren Test? Heute noch? Ich könnte vielleicht für den späten Nachmittag im Krankenhaus …?«

»Nicht nötig. Was ich wirklich wissen will: Stimmt das auch? Sie würden mir doch nichts verschweigen, oder?« Jonathan lachte. »Nur damit ich mich besser fühle?«

»Ach, Unsinn! Halten Sie mich für so einen Arzt?«

Ja, dachte Jonathan und sah Dr. Perrier in die Augen. In manchen Fällen mochte das ein Segen sein, doch Jonathan fand, dass er es verdiente, die Wahrheit zu hören, weil er ihr ins Gesicht sehen konnte. Er biss sich auf die Lippen. Nun könnte er zum Labor in Paris fahren und darauf bestehen, Moussu, den Facharzt, noch einmal zu sprechen. Außerdem würde er womöglich heute Mittag etwas aus Simone herausbekommen.

Dr. Perrier klopfte ihm auf den Arm: »Entweder Ihr Freund irrt sich – ich verkneife mir die Frage, wie er heißt! –, oder er ist in meinen Augen kein sehr guter Freund. Na gut, Hauptsache, Sie sagen es mir, wenn die Müdigkeit wieder auftritt …«

Zwanzig Minuten später stieg Jonathan, einen Apfelkuchen und ein langes Baguette unter dem Arm, die Stufen zu seiner Haustür hinauf. Er schloss auf und ging durch den Flur in die Küche. Der Geruch nach Pommes frites ließ ihm das Wasser im Munde zusammenlaufen. Die gab es bei Simone stets zum Mittagessen, nie abends, und sie schnitt die Kartoffeln immer in lange, schmale Stifte, nicht in kurze, dicke Stücke, wie in England üblich. Warum hatte er gerade an englische Chips gedacht?

Simone stand am Herd, eine Schürze über dem Kleid, eine lange Gabel in der Hand. »Hallo, Jon. Du kommst spät.«

Er legte den Arm um sie und küsste sie auf die Wange. Dann hielt er den Pappkarton hoch und drehte sich zu Georges um, der seinen blonden Kopf über den Tisch beugte und aus einer leeren Cornflakes-Schachtel Teile für ein Mobile ausschnitt.

»Oh, ein Kuchen! Was für einer?«, fragte Georges.

»Apfelkuchen.« Jonathan legte den Karton auf den Tisch.

Es gab ein kleines Steak für jeden, die köstlichen Pommes frites und grünen Salat.

»Brezard fängt jetzt mit der Inventur an«, sagte Simone. »Nächste Woche kommt die Sommerware, darum will er am Freitag und Samstag einen Schlussverkauf machen. Heute Abend könnte es später werden.«

Sie hatte den Apfelkuchen auf dem Asbestteller aufgewärmt. Jonathan wartete ungeduldig darauf, dass Georges ins Wohnzimmer ging, wo er viel von seinem Spielzeug hatte, oder hinaus in den Garten. Als er endlich verschwunden war, sagte Jonathan:

»Heute habe ich einen seltsamen Brief von Alan bekommen.«

»Von Alan? Wieso seltsam?«

»Er hat ihn kurz vor seiner Abreise nach New York geschrieben. Offenbar hatte er gehört …« Sollte er ihr Alans Brief zeigen? Sie konnte Englisch ganz gut lesen. Jonathan entschied sich dagegen. »Irgendwer hat ihm erzählt, dass es mir schlechter geht, dass sich mein Zustand deutlich verschlimmern wird, etwas in der Art. Weißt du was davon?« Jonathan sah ihr in die Augen.

Simone schien ehrlich überrascht. »Aber nein, Jon. Woher auch, wenn nicht von dir?«

»Eben war ich bei Dr. Perrier. Daher auch die kleine Verspätung. Er sagte, er wüsste nicht, dass sich mein Zustand verändert hätte, aber du kennst ja Perrier!« Jonathan lächelte, beobachtete dabei aber ängstlich Simones Gesicht. »Hier ist der Brief.« Er zog ihn aus der Gesäßtasche und übersetzte den fraglichen Absatz.

»*Mon dieu!* Woher hat er das bloß?«

»Das ist die Frage. Ich werde ihm schreiben, was meinst du?« Wieder lächelte Jonathan, doch diesmal ungezwungener. Er war sicher, dass Simone nichts davon gewusst hatte.

Mit einer zweiten Tasse Kaffee ging Jonathan in das kleine quadratische Wohnzimmer hinüber, wo Georges sich mittlerweile mit seinen Schnipseln auf dem Boden ausgebreitet hatte, und setzte sich an den Schreibtisch, an dem er sich immer wie ein Riese vorkam. Es war ein eher zierlicher französischer *écritoire*, ein Geschenk von Simones Familie. Jonathan achtete darauf, sich nicht zu schwer auf die Schreibplatte zu stützen. Er nahm ein Aerogramm, adressierte es an Alan McNear im Hotel New Yorker und begann den Brief heiter und unverfänglich, um dann im zweiten Absatz fortzufahren:

Ich weiß nicht genau, was du in deinem Brief mit dieser bestürzenden Neuigkeit (über mich) gemeint haben kannst. Mir geht es ganz gut, doch habe ich heute Morgen mit meinem Hausarzt gesprochen, weil ich wissen wollte, ob er mir auch nichts verschweigt. Er sagt, er wüsste nicht, dass sich mein Zustand verschlechtert hätte. Also wüsste ich, lieber Alan, zu gern, woher du das hast. Könntest du mir bald einmal kurz zurückschreiben? Hier scheint ein Missverständnis vorzuliegen. Ich würde es nur zu gern vergessen, aber du verstehst hoffentlich, warum ich wissen will, woher du es hast.

Auf dem Weg zum Laden warf er den Brief in einen gelben Postkasten. Alans Antwort würde wahrscheinlich eine Woche brauchen.

An diesem Nachmittag war Jonathans Hand so ruhig wie immer, als er das Rasiermesser an dem stählernen Lineal entlangzog. Er dachte an seinen Brief, der zum Flughafen von Orly unterwegs war und heute Abend, vielleicht morgen früh, dort eintreffen würde. Er dachte an sein Alter – er war vierunddreißig – und daran, wie erbärmlich wenig er erreicht hätte, sollte er in wenigen Monaten sterben. Einen Sohn hatte er gezeugt, immerhin, doch brüsten konnte er sich damit wohl kaum. Simone wäre nicht ausreichend versorgt; wenn überhaupt, hätte er ihren Lebensstandard eher gesenkt. Ihr Vater war zwar nur Kohlenhändler, dennoch hatte sich ihre Familie über die Jahre die eine oder andere Annehmlichkeit anschaffen können, ein Auto zum Beispiel oder anständige Möbel. Im Juni oder Juli machten ihre Eltern Urlaub im Süden, wo sie ein Landhäuschen mieteten, und im letzten Jahr hatten sie einen Monat Miete übernommen, damit Jonathan und Simone mit Georges dort hinfahren konnten. Jonathan war nicht so erfolgreich wie sein Bruder Philip, der zwei Jahre älter war als er, aber körperlich schwächer wirkte und zeit seines Lebens ein langweiliger Streber gewesen war. Inzwischen hatte er es zum Professor für Anthropologie an der Universität Bristol gebracht – sicher kein brillanter Wissenschaftler, doch ein ordentlicher, grundsolider Mann mit einem ordentlichen Beruf, einer Frau und zwei Kindern. Jonathans inzwischen verwitwete Mutter lebte glücklich mit Bruder und Schwägerin in Oxfordshire, kümmerte sich um den großen Garten, erledigte die Einkäufe und kochte für die beiden. Jonathan hielt sich für den Versager der Familie, gesundheitlich wie auch beruflich. Mit achtzehn hatte er Schauspieler werden wollen und zwei Jahre lang die Schauspielschule besucht. Damals fand er, sein Gesicht eigne sich gut für die Bühne: Mit der großen Nase und dem breiten Mund war es nicht zu schön, aber anziehend genug für die romantischen Helden und dennoch so markant, dass er später auch Charakterrollen spielen könnte. Alles nur Träume. Gerade mal zwei winzige Nebenrollen hatte er in den drei Jahren bekommen, in denen er sich an den Theatern Londons und Manchesters herumtrieb, und dabei hatte er sich natürlich die ganze Zeit mit irgendwelchen Jobs über Wasser halten müssen, einmal sogar als Tierarztgehilfe. »Sie brauchen viel Freiraum, doch Sie sind sich Ihrer selbst nicht sicher«, hatte ein Regisseur einmal zu ihm gesagt. Und dann, bei einer dieser Gelegenheitsarbeiten für einen Antiquitätenhändler, stellte Jonathan fest, dass ihm dieses Geschäft gefallen könnte. Er lernte von Andrew Mott, seinem Chef, was er nur konnte; dann folgte der große Umzug nach Frankreich mit Roy Johnson, seinem Kompagnon, der wie er für den Aufbau eines Antiquitätengeschäfts aus dem Altmöbelhandel viel Begeisterung, aber wenig Erfahrung mitbrachte. Jonathan wusste noch, wie er von Ruhm und Abenteuer in einem neuen Land geträumt hatte, von Freiheit und Erfolg in Frankreich. Und wie er sich statt des Erfolgs, statt erfahrener, lehrwilliger Mätressen, statt Freundschaften mit den Bohemiens oder den Angehörigen einer französischen Gesellschaftsschicht, die vielleicht nur in seiner Vorstellung existierte, weiterhin gerade so durchschlagen musste, ohne dass es ihm eigentlich besser ging als damals, als er sich als Schauspieler versucht und jeden Job angenommen hatte.

Der einzige Erfolg seines Lebens, dachte Jonathan, war die Ehe mit Simone. Er hatte von seiner Krankheit im selben Monat erfahren, als er Simone Foussadier kennenlernte. Damals begannen auch diese seltsamen Schwächeanfälle, die er in einer romantischen Anwandlung seiner Verliebtheit zuschrieb. Doch war es durch mehr Ruhe nicht besser geworden; einmal war er in Nemours auf der Straße ohnmächtig geworden. Also war er zu einem Arzt gegangen, zu Dr. Perrier in Fontainebleau. Der hatte eine Veränderung im Blutbild vermutet und ihn an einen Dr. Moussu in Paris überwiesen, einen Facharzt, der nach zweitägigen Untersuchungen bei Jonathan myeloische Leukämie festgestellt und erklärt hatte, ihm blieben noch sechs bis acht, mit Glück zwölf Jahre. Die damit einhergehende Vergrößerung der Milz war bei Jonathan bereits eingetreten, ohne dass er es bemerkt hätte. Insofern war der ungeschickt formulierte Heiratsantrag, den er Simone machte, zugleich eine Liebes- wie eine Todeserklärung. Den meisten jungen Frauen hätte das gereicht, um abzulehnen oder sich zumindest Bedenkzeit auszubitten. Simone aber hatte Ja gesagt, sie liebe ihn auch. »Die Liebe zählt, nicht die Zeit«, hatte sie gesagt: nichts von der Berechnung, die Jonathan den Franzosen und Südländern generell zugeschrieben hatte. Simone meinte, mit ihrer Familie habe sie schon gesprochen. Und das zwei Wochen nachdem sie sich kennengelernt hatten. Auf einmal fühlte Jonathan sich in eine Welt versetzt, die sicherer war als jede bisher gekannte. Wie durch ein Wunder hatte die Liebe ihn errettet – Liebe im wirklichen, nicht nur romantischen Sinne des Wortes, Liebe, die außerhalb seiner Kontrolle lag. In gewisser Weise hatte sie ihn vom Tode erlöst, doch wusste er, was er damit eigentlich meinte: dass die Liebe dem Tod seinen Schrecken genommen hatte. Und da war er nun, der Tod, sechs Jahre später, so wie Dr. Moussu damals in Paris vorausgesagt hatte. Vielleicht. Jonathan wusste nicht mehr, was er glauben sollte.

Er würde Moussu in Paris noch einmal aufsuchen müssen. Vor drei Jahren hatte Jonathan unter dessen Aufsicht in einem Pariser Krankenhaus einen kompletten Blutaustausch vornehmen lassen. Das Verfahren hieß »Vincainestine«, und die Idee (oder die Hoffnung) ging dahin, dass das ausgetauschte Blut keinen Überschuss an Leukozyten und Granulozyten mehr aufweisen würde. Aber nach ungefähr acht Monaten war wiederum ein Überschuss an weißen Blutkörperchen festgestellt worden.

Bevor er jedoch einen Termin mit Dr. Moussu vereinbarte, wollte er Alan McNears Brief abwarten. Er war sicher, dass Alan sofort zurückschreiben würde. Auf Alan war Verlass.

Bevor Jonathan seinen Laden verließ, warf er einen letzten verzweifelten Blick in den armseligen Raum. Allzu verstaubt war er nicht, nur die Wände müssten frisch gestrichen werden. Sollte er sich die Mühe machen, den Laden aufzupolieren, sollte er seine Kunden schröpfen wie so viele Bilderrahmer, indem er ihnen glänzendes Messing zu überhöhten Preisen andrehte? Jonathan wand sich innerlich. So etwas lag ihm nicht.

Das war am Mittwoch gewesen. Am Freitag hatte er sich mit einer hartnäckigen Schraube abgemüht, die seit rund hundertfünfzig Jahren in einem Eichenholzrahmen festsaß und keinerlei Anstalten machte, seiner Zange nachzugeben, als er auf einmal das Werkzeug fallen lassen und sich auf eine Holzkiste an der Wand setzen musste. Im nächsten Moment stand er wieder auf und spritzte sich Wasser ins Gesicht, so tief über den Ausguss gebeugt, wie er nur konnte. Kurz darauf war der Schwächeanfall vorüber, und gegen Mittag dachte er schon nicht mehr daran. Diese Anfälle kamen alle zwei bis drei Monate. Jonathan war froh, wenn sie ihn nicht auf offener Straße erwischten.

Am Dienstag, sechs Tage nachdem er an Alan geschrieben hatte, bekam er einen Brief aus dem Hotel New Yorker.

Samstag, d. 25. März

Lieber Jon!

Wie ich mich freue, dass du mit deinem Hausarzt gesprochen hast und dass der neue Befund gut ist! Der Mann, der mir sagte, es gehe dir schlechter, war ein kleiner Glatzkopf mit Schnurrbart und Glasauge, etwa Anfang vierzig. Er schien sich ernsthaft Sorgen zu machen. Vielleicht solltest du ihm nicht allzu böse sein, schließlich könnte er es seinerseits von jemand anderem gehört haben.

Die Stadt gefällt mir sehr gut – ich wünschte, Simone

und du könntet hier sein, zumal ich über ein Spesenkonto verfüge ...

Der Mann, den Alan meinte, war Pierre Gauthier; er hatte ein Geschäft für Künstlerbedarf in der Rue Grande. Kein Freund von Jonathan, nur ein Bekannter. Er schickte ihm oft Kunden, die ihre Bilder gerahmt haben wollten. Gauthier war bei der Abschiedsparty für Alan im Haus gewesen, das wusste Jonathan genau, und musste an dem Abend mit ihm gesprochen haben. Ausgeschlossen, dass Gauthier böswillig Gerüchte verbreitete. Dass er von seinem Leiden wusste, überraschte Jonathan ein bisschen, doch so etwas sprach sich eben herum. Am besten redete er mit Gauthier und fragte ihn, wo er die Geschichte gehört hatte.

Es war zehn vor neun. Jonathan hatte die Post abgewartet, genau wie gestern Morgen. Am liebsten wäre er sofort zu Gauthier gelaufen, aber das hätte überängstlich gewirkt; besser, er ging ins Geschäft, um erst einmal zu sich zu kommen.

Jonathan hatte Kundschaft, konnte daher erst kurz vor halb elf weg. Er hängte das Schild mit dem Zifferblatt hinter die Glastür, den Zeiger auf elf Uhr gestellt.

Gauthier bediente gerade zwei Kundinnen, als Jonathan das Geschäft betrat. Er stöberte zwischen den Pinselgestellen herum und tat so, als suche er etwas, bis Gauthier frei war. Dann sagte er:

»Monsieur Gauthier! Wie geht es Ihnen?« Er streckte ihm die Hand entgegen.

Gauthier nahm Jonathans Rechte in beide Hände und lächelte. »Danke, gut. Und Ihnen, mein Freund?«

»Kann nicht klagen … *Ecoutez,* ich will Ihnen nicht die Zeit stehlen, aber ich würde Sie gern etwas fragen.«

»Ja, was denn?«

Jonathan bedeutete Gauthier, weiter von der Tür wegzutreten. Jeden Moment konnte jemand hereinkommen. Viel Platz zum Stehen gab es in dem kleinen Laden nicht. »Mir ist etwas zu Ohren gekommen. Ein Freund – Alan, Sie kennen ihn? Der Engländer. Auf der Party bei mir, vor einigen Wochen.«

»Ja klar. Ihr Freund, der Engländer. Alain.« Gauthier erinnerte sich. Er sah ihn aufmerksam an.

Jonathan gab sich Mühe, Gauthiers Glasauge mit keinem Blick zu streifen, sondern sich auf das andere Auge zu beschränken. »Nun, anscheinend haben Sie Alan erzählt, Sie hätten gehört, dass ich schwer krank wäre und vielleicht nicht mehr lange zu leben hätte.«

Gauthiers sanftes Gesicht verhärtete sich. »Stimmt, *M'sieur,* das habe ich gehört. Ich hoffe, es ist nicht wahr. An Alain erinnere ich mich, weil Sie ihn mir als Ihren besten Freund vorgestellt haben. Ich nahm also an, er wüsste davon. Wahrscheinlich hätte ich besser nichts sagen sollen. Tut mir leid, das war vielleicht taktlos von mir. Ich dachte, Sie wollten Haltung zeigen, wie die Engländer so sind.«

»Ist auch nicht weiter schlimm, Monsieur Gauthier, weil es nicht stimmt, soviel ich weiß. Ich habe gerade mit meinem Hausarzt gesprochen. Aber –«

»*Ah, bon!* Na gut, das ist etwas anderes! Freut mich, das zu hören, Monsieur Trevanny, ha ha!« Pierre Gauthier lachte schallend, als wäre ein Gespenst gebannt und Jonathan weilte wie er wieder unter den Lebenden.

»Aber ich wüsste doch gerne, woher Sie das haben. Wer hat Ihnen gesagt, ich wäre schwer krank?«

»Ach so!« Gauthier dachte nach, einen Finger an die Lippen gelegt. »Wer war's doch gleich? Ein Mann. Ja, natürlich!« Es war ihm wieder eingefallen, doch er schwieg noch.

Jonathan wartete.

»Ich weiß noch, wie er sagte, er wäre sich nicht sicher. Er hätte es irgendwo gehört. Eine unheilbare Blutkrankheit.«

Heiß stieg die Angst in Jonathan auf, wie schon mehrmals zuvor in der letzten Woche. Er fuhr sich mit der Zunge über die Lippen. »Aber wer war das? Wie hat er davon erfahren? Hat er das nicht gesagt?«

Wieder zögerte Gauthier. »Da es nicht stimmt, sollten wir's nicht besser vergessen?«

»Kannten Sie ihn gut?«

»Nein, nur flüchtig, da können Sie sicher sein.«

»Ein Kunde?«

»Ja. Ja, das ist er. Ein netter Herr, ein Gentleman. Und da er gesagt hat, er wäre nicht sicher … Wirklich, *M'sieur,* Sie sollten ihm nicht böse sein, obwohl ich verstehen kann, wie sehr Ihnen solch eine Bemerkung gegen den Strich gehen muss.«

»Bleibt die interessante Frage, wie dieser Gentleman erfahren haben will, ich wäre sehr krank«, setzte Jonathan lachend hinzu.

»Ja genau. Na, Hauptsache, es stimmt nicht, hab ich recht?«

Jonathan spürte Gauthiers französische Höflichkeit, seinen Widerwillen, einen Kunden zu verprellen, und, wie zu erwarten, seine Abneigung, über den Tod zu sprechen. »Sie haben recht. Das ist die Hauptsache.« Er schüttelte Gauthier die Hand (nun lächelten beide) und verabschiedete sich.

Später am Tag fragte Simone beim Mittagessen, ob er von Alan gehört habe. Ja, sagte Jonathan.

»Gauthier hat Alan davon erzählt.«

»Gauthier? Der mit dem Kunstladen?«

»Ja.« Jonathan zündete sich zum Kaffee eine Zigarette an. Georges war im Garten verschwunden. »Heute Morgen bin ich bei Gauthier gewesen und hab ihn gefragt, woher er das hat. Von einem Kunden, hat er gesagt. Von einem Mann. – Ist doch komisch, oder? Gauthier wollte mir nicht sagen, wer es war, und ich kann ihm keinen Vorwurf machen. Natürlich ist das ein Missverständnis. Gauthier weiß das.«

»Aber schrecklich ist es trotzdem«, sagte Simone.

Jonathan lächelte: So schrecklich fand Simone das alles gar nicht, weil sie wusste, dass Dr. Perriers Befund nicht so schlimm gewesen war. »Wie heißt es so schön: Man soll aus einer Mücke keinen Elefanten machen.«

Eine Woche später lief Jonathan dem Arzt in der Rue Grande über den Weg. Dr. Perrier hatte es eilig, zur Société Générale zu kommen, denn die Sparkasse schloss um Punkt zwölf. Aber er blieb kurz stehen und fragte nach Jonathans Befinden.

»Danke, ganz gut«, sagte Jonathan, in Gedanken bei dem Saugstopfen für die Toilette, den er hundert Meter weiter in einem Laden besorgen wollte. Der Laden schloss gleichfalls um zwölf.

»Monsieur Trevanny …« Dr. Perrier blieb stehen, eine Hand auf dem großen Knauf der Sparkassentür. Er trat einen Schritt zurück, auf Jonathan zu. »Was unser Gespräch neulich betrifft: Wissen Sie, bei Ihrem Befund kann Ihnen kein Arzt völlige Sicherheit geben. Ich möchte nicht, dass Sie denken, ich hätte Ihnen auf Jahre beste Gesundheit garantiert, Unverwundbarkeit sozusagen. Sie wissen selber –«

»O nein, so hab ich das gar nicht verstanden!«, fiel Jonathan ihm ins Wort.

»Dann wäre das ja geklärt.« Dr. Perrier lächelte und verschwand in der Bank.

Jonathan trottete weiter auf der Suche nach seinem Saugstopfen. Der Abfluss in der Küche war verstopft, nicht die Toilette, fiel ihm jetzt ein, und Simone hatte ihr Gerät schon vor Monaten einem Nachbarn geliehen und … Dann dachte er daran, was Dr. Perrier gesagt hatte: Wusste der Doktor etwa doch etwas? Hegte er nach dem letzten Test einen Verdacht, der noch zu vage war, um ihn zu erwähnen?

An der Tür zur Drogerie stand Jonathan vor einem dunkelhaarigen Mädchen, das gerade abschloss und die äußere Türklinke abnahm.

»Tut mir leid, Monsieur, es ist fünf nach zwölf«, sagte sie lächelnd.

3

In der letzten Märzwoche arbeitete Tom an einem lebensgroßen Porträt von Héloïse, das sie ausgestreckt auf dem gelben Satinsofa zeigte. Héloïse war nur selten bereit, Modell zu sitzen. Doch wenigstens das Sofa hielt still, und Tom hatte es zu seiner Zufriedenheit auf die Leinwand gebannt. Außerdem hatte er sieben oder acht Skizzen von Héloïse angefertigt, den Kopf auf die linke Hand gestützt, die rechte auf einen großen Bildband gelegt. Die beiden besten behielt er, den Rest warf er weg.

Reeves Minot hatte in einem Brief angefragt, ob Tom schon etwas eingefallen sei, das ihm weiterhelfen könne – ein Name, meinte Reeves. Einige Tage zuvor hatte Tom mit Gauthier gesprochen, bei dem er gewöhnlich seine Farben kaufte. Tom hatte Reeves zurückgeschrieben: »Werde darüber nachdenken, doch falls Ihnen in der Zwischenzeit etwas einfällt, sollten Sie Ihre eigene Idee weiterverfolgen.« Das »werde darüber nachdenken« war nur eine Höflichkeitsfloskel, die nicht einmal stimmte, eine der vielen Phrasen zum Ölen des Räderwerks gesellschaftlichen Miteinanders, wie Emily Post gesagt hätte. Nicht dass Minots Geld Belle Ombres Räder ölte; seine Zahlungen an Tom für dessen gelegentliche Dienste als Mittelsmann und Hehler deckten kaum die Kosten für die chemische Reinigung.

Aber es konnte nie schaden, Freundschaften zu pflegen. Der Mann hatte Tom einst einen gefälschten Pass besorgt und schnell nach Paris geschickt, als Tom zur Verteidigung von Derwatt Ltd. unter falschem Namen reisen musste. Eines Tages könnte er Minot erneut brauchen.

Dagegen war die Sache mit Jonathan Trevanny für Tom nur ein Spiel. Mit Minots Glücksspielgeschäften hatte das für ihn nichts zu tun. Tom war Glücksspiel zuwider, er hielt nichts von Leuten, die davon lebten, und sei es nur zum Teil. Es roch nach Zuhälterei. Tom hatte das Spiel mit Trevanny begonnen, weil er neugierig war, weil Trevanny ihn einmal verhöhnt hatte – und weil er sehen wollte, ob sein ungezielter Pfeil das Ziel finden und Jonathan Trevanny, in seinen Augen ein selbstgerechter Spießer, für eine Weile verunsichern könnte. Danach durfte dann Reeves seinen Köder auswerfen, natürlich nicht ohne Trevanny einzubläuen, er müsse sowieso bald sterben. Tom glaubte nicht, dass der Mann anbeißen würde, aber auf jeden Fall hatte er eine ungemütliche Zeit vor sich. Leider konnte Tom nicht abschätzen, wann das Gerücht Jonathan Trevanny zu Ohren kommen würde. Gauthier tratschte ganz gerne, doch es war immerhin denkbar, dass er es zwei, drei Leuten erzählte, aber keiner von ihnen den Mut fand, das Thema Trevanny gegenüber anzusprechen.

Und so zählte Tom Wochen später noch immer die Tage – obwohl er wie immer genug zu tun hatte, mit seiner Malerei, dem Setzen der Frühjahrsknollen und seiner Lektüre deutscher und französischer Literatur (zurzeit Schiller und Molière), dazu der Aufsicht über drei Arbeiter, die hinter dem Haus, rechts vom Rasen, ein Gewächshaus hochzogen – und stellte sich vor, was alles nach jenem Nachmittag mitten im März hätte geschehen können, als er zu Gauthier gesagt hatte, Trevanny bleibe nicht mehr viel Zeit auf dieser Welt. Dass Gauthier damit direkt zu Trevanny ging, war eher unwahrscheinlich, es sei denn, die beiden standen sich näher als vermutet. Eher würde Gauthier jemand anders davon erzählen. Dabei vertraute Tom auf die Tatsache, dass der möglicherweise unmittelbar bevorstehende Tod eines anderen Menschen jedermann faszinierte.

Etwa alle zwei Wochen fuhr er die zwanzig Kilometer nach Fontainebleau. Dort konnte er besser als in Moret einkaufen, Wildledermäntel in die Reinigung geben, Radiobatterien besorgen wie auch Delikatessen, die Madame Annette für die Küche brauchte. Ein Blick ins Telefonbuch hatte ihm verraten, dass Jonathan Trevanny zwar in seinem Laden Telefon hatte, offenbar aber nicht zu Hause in der Rue Saint-Merry. Er dachte daran zu versuchen, die Hausnummer herauszufinden, aber er würde das Haus wiedererkennen, wenn er es sähe. Gegen Ende März wurde Tom neugierig: Er wollte Trevanny wiedersehen, selbstverständlich nur von Weitem, und so kam es, dass er eines Freitagmorgens, nachdem er auf dem Markt von Fontainebleau zwei Blumenkübel aus Terracotta gekauft und sie hinten in seinem Renault Kombi verstaut hatte, durch die Rue des Sablons spazierte, wo Trevanny sein Geschäft hatte. Es war kurz vor zwölf.

Trevannys Laden könnte einen neuen Anstrich gebrauchen; er wirkte bedrückend, als wäre sein Besitzer ein alter Mann. Tom war dort nie Kunde gewesen, weil es in Moret, das Belle Ombre näher lag, einen guten Bilderrahmer gab.

Das kleine Geschäft mit der Aufschrift *Encadrements* in verblichenen roten Buchstaben auf dem Holzschild über der Tür gehörte zu einer Ladenzeile mit einer Wäscherei, einem Schuhmacher und einem bescheidenen Reisebüro. Links war die Tür, rechts das quadratische Schaufenster mit diversen Rahmen sowie ein paar Bildern mit handgeschriebenen Preisschildern. Tom schlenderte über die Straße, warf einen Blick in den Laden und sah Trevannys hoch gewachsene, nordische Gestalt hinter dem Ladentisch stehen, rund fünf Meter entfernt. Er zeigte einem Mann eine Rahmenleiste, redete auf ihn ein und schlug sich dabei mit dem Holz in die Hand. Dann blickte er auf und bemerkte Tom, sprach aber weiter zu dem Kunden, ohne eine Miene zu verziehen.

Tom schlenderte weiter. Trevanny hatte ihn sicher nicht erkannt. Er bog rechts ab in die Rue de France, die wichtigste Nebenstraße der Rue Grande, und ging weiter bis zur Kreuzung mit der Rue Saint-Merry. Dort wandte er sich nach rechts. Oder lag Trevannys Haus zur Linken? Nein, rechts.

Ja, da war es, kein Zweifel: ein schmales, graues, engbrüstiges Haus mit einem schlanken schwarzen Geländer über der Vordertreppe. Das winzige Zementgeviert beiderseits der Stufen wirkte öde ohne Blumentöpfe. Doch hinter dem Haus lag ein Garten, wie Tom sich erinnerte. Die Fenster waren blitzsauber, aber die Gardinen hingen schlaff herab. Ja, hier war er gewesen, auf Einladung Gauthiers, an jenem Abend im Februar. Links vom Haus führte ein schmaler Durchgang zum Garten. Eine grüne Plastiktonne stand vor dem eisernen Gartentor, das mit einem Vorhängeschloss gesichert war. Wahrscheinlich gelangten die Trevannys gewöhnlich von der Küche durch die Hintertür in den Garten. Im Geiste sah Tom die Tür wieder vor sich.

Auf dem Gehweg gegenüber ging er die Straße entlang, langsam, doch zielbewusst. Er wollte den Eindruck vermeiden, er lungere vor dem Haus herum, weil er nicht sicher sein konnte, dass nicht Trevannys Frau oder sonst wer gerade in diesem Augenblick aus dem Fenster schaute.

War noch etwas zu besorgen? … Deckweiß. Er hatte fast keins mehr. Und das würde ihn zu Gauthier führen, den Künstlerbedarfshändler. Tom ging schneller. Er war hochzufrieden mit sich, denn Deckweiß brauchte er wirklich, also würde er Gauthiers Laden mit einem echten Anliegen betreten und vielleicht zugleich seine Neugier befriedigen können.

Gauthier war alleine im Laden.

»*Bonjour,* Monsieur Gauthier«, sagte Tom.

»*Bonjour,* Monsieur Riipley!« Gauthier lächelte. »Wie geht es Ihnen?«

»Danke, bestens, und Ihnen? – Ich bräuchte ein bisschen Deckweiß.«

»Deckweiß …« Aus einem Wandschrank zog Gauthier eine flache Schublade hervor. »Hier, bitte sehr. Sie nehmen gern das von Rembrandt, nicht wahr?«

Das stimmte. Deckweiß der Marke Derwatt und andere Farben jener Firma gab es auch; die Etikette der Tuben zeigten in Schwarz die kühne, schräg abwärts zackende Unterschrift Derwatts. Aber etwas in Tom sträubte sich dagegen, beim Malen zu Hause immerzu den Namen Derwatt zu lesen, wenn er nach einer Farbtube griff. Er bezahlte,

Gauthier gab ihm das Wechselgeld und die kleine Tüte mit dem Deckweiß und sagte:

»Ach, Monsieur Riipley, erinnern Sie sich an Monsieur Trevanny, den Bilderrahmer aus der Rue Saint-Merry?«

»Aber natürlich.« Tom hatte sich schon gefragt, wie er das Gespräch auf Trevanny bringen sollte.

»Nun, was Sie gehört haben – dass er bald sterben muss –, also, das stimmt gar nicht.« Gauthier lächelte.

»Ach nein? Na, wie schön! Das freut mich.«

»Ja. Monsieur Trevanny ist deshalb sogar zu seinem Hausarzt gegangen. Ich glaube, er war ein bisschen verstört. Wer wäre das nicht? Ha, ha. – Aber Monsieur Riipley, sagten Sie nicht, jemand hätte es Ihnen erzählt?«

»Ja. Ein Mann auf der Party damals im Februar. Madame Trevannys Geburtstagsparty. Sehen Sie, ich nahm an, es stimmte und jeder wüsste davon.«

Gauthier machte ein nachdenkliches Gesicht.

»Haben Sie mit Monsieur Trevanny gesprochen?«

»Nein, das nicht. Aber mit seinem besten Freund, an einem anderen Abend im Haus der Trevannys. Diesen Monat war das. Offenbar hatte Monsieur Trevanny es ihm erzählt. Wie schnell sich so etwas herumspricht!«

»Mit seinem besten Freund?«, fragte Tom unschuldig nach.

»Einem Engländer. Alain Soundso. Er wollte tags darauf nach Amerika. Aber … Monsieur Riipley, wissen Sie noch, wer Ihnen das erzählt hat?«

Bedächtig schüttelte Tom den Kopf. »Den Namen weiß ich nicht mehr, noch nicht einmal, wie der Mann aussah. An dem Abend waren so viele Leute da.«

»Es ist nämlich so …« Gauthier beugte sich zu ihm herüber und flüsterte, als wären sie nicht allein. »Monsieur Trevanny hat mich gefragt, woher ich es habe, und natürlich habe ich Ihren Namen nicht genannt. So was wird leicht missverstanden. Ich wollte ja nicht, dass Sie Ärger bekommen. Ha!« Gauthiers glänzendes Glasauge lachte nicht; es starrte unverwandt, als liege hinter diesem Auge ein zweites, anderes Gehirn, ein Computerhirn, das sofort alle Antworten wusste, wenn es nur richtig programmiert wurde.

»Vielen Dank. Es gehört sich nämlich nicht, falsche Gerüchte über anderer Leute Gesundheit in die Welt zu setzen, oder?« Tom grinste, wollte schon gehen, fügte dann aber noch hinzu: »Andererseits sagten Sie doch, Monsieur Trevanny habe eine Blutkrankheit?«

»Ja, das stimmt auch. Ich glaube, er hat Leukämie. Aber er lebt damit. Seit Jahren schon, wie er mir einmal erzählt hat.«

Tom nickte. »Auf jeden Fall freue ich mich, dass er nicht in Lebensgefahr schwebt. *A bientôt,* Monsieur Gauthier. Und nochmals vielen Dank.«

Tom ging zu seinem Wagen. Trevannys Schock dürfte zwar nur wenige Stunden gedauert haben, bis er mit seinem Hausarzt gesprochen hatte, doch sein Selbstvertrauen hatte dadurch wohl mindestens einen kleinen Knacks bekommen. Einige Leute, vielleicht auch Trevanny selber, hatten gedacht, dass er nur noch wenige Wochen leben würde, was bei einem Mann mit Trevannys Leiden nicht unvorstellbar war. Zu schade, dass Trevanny nun wieder beruhigt war, aber womöglich brauchte Reeves nicht mehr als diesen kleinen Knacks. Nun würde das Spiel in die zweite Phase treten. Trevanny würde zu dem Vorschlag wahrscheinlich Nein sagen. In diesem Fall war das Spiel zu Ende. Andererseits würde Reeves seine Avancen natürlich so vorbringen, als habe er einen Todgeweihten vor sich. Es wäre amüsant zu beobachten, wie Trevanny schwach würde. Noch am selben Tag, nach dem Mittagessen mit Héloïse und ihrer Pariser Freundin Noëlle, ging Tom auf sein Zimmer und schrieb Minot einen Brief auf seiner Schreibmaschine.

28. März 19–

Lieber Reeves,
ich hätte da jemanden für Sie, falls Sie noch niemand gefunden haben. Sein Name ist Jonathan Trevanny, Anfang dreißig, Engländer, Bilderrahmer, verheiratet mit einer Französin, ein kleiner Sohn. (Hier nannte Tom Trevannys Privat- und Geschäftsadresse sowie die Telefonnummer seines Ladens.) *Er scheint Geld gebrauchen zu können, und auch wenn er vielleicht nicht genau der Typ ist, den Sie suchen, sieht er mir doch aus wie die Unschuld und Anständigkeit in Person. Was noch wichtiger ist: Wie ich herausgefunden habe, bleiben ihm nur noch wenige Monate oder gar Wochen zu leben. Er hat eben erst die schlimme Nachricht erhalten, dass er Leukämie hat – vielleicht ist er jetzt bereit, einen gefährlichen Auftrag zu übernehmen, der ihm einiges Geld bringt.*
Persönlich kenne ich Trevanny nicht, und es versteht sich von selbst, dass ich ihn weder kennenlernen noch meinen Namen genannt wissen will. Wenn Sie sich selbst ein Bild von ihm machen wollen, würde ich

vorschlagen, Sie kommen nach F'bleau, nehmen sich für ein paar Nächte ein Zimmer im reizenden Hôtel de L'Aigle Noir, rufen Trevanny in seinem Laden an und sprechen selber mit ihm. Ich brauche Ihnen wohl kaum zu sagen, dass Sie nicht Ihren richtigen Namen nennen sollten.

Tom war auf einmal voller Zuversicht, was das Projekt anging. Bei der Vorstellung, wie Reeves mit seiner unsicheren, ängstlichen Art, die schon fast redlich wirkte, Trevanny, diesem Ausbund an Anständigkeit, einen solchen Vorschlag unterbreitete, musste er lachen. Ob er es wagen sollte, sich an einen anderen Tisch zu setzen, wenn Reeves sich im Speisesaal oder in der Bar des Aigle Noir mit Trevanny traf? Nein, das wäre zu viel des Guten. Dabei fiel Tom noch etwas ein, und er fügte hinzu:

Sollten Sie nach F'bleau kommen, dann rufen Sie mich bitte unter keinen Umständen an, und schreiben Sie mir nicht. Bitte vernichten Sie diesen Brief auf der Stelle.

Mit herzlichen Grüßen
Ihr Tom

4

Am Freitag, den 31. März klingelte nachmittags das Telefon in Jonathans Laden. Er klebte gerade braunes Papier auf die Rückseite eines großen Bildes und musste noch geeignete Gewichte zum Beschweren finden – einen alten Backstein mit der Aufschrift LONDON, den Leimtopf und einen Holzhammer –, bevor er abheben konnte.

»Hallo?«

»*Bonjour, M'sieur*. Monsieur Trevanny …? Sie sprechen Englisch, nicht? Hier ist Stephen Wister, W-i-s-t-e-r. Ich bin für ein paar Tage in Fontainebleau. Ob Sie wohl einen Augenblick Zeit für mich hätten? Ich würde gern etwas mit Ihnen besprechen. Die Sache könnte Sie interessieren.«

Der Mann sprach mit amerikanischem Akzent. »Ich kaufe keine Bilder«, erwiderte Jonathan. »Ich rahme sie nur.«

»Worum es geht, hat nichts mit Ihrer Arbeit zu tun. Am Telefon kann ich das nicht erklären … Ich wohne im Aigle Noir.«

»Ah ja?«

»Hätten Sie heute Abend nach Ladenschluss kurz Zeit? So gegen halb sieben, sieben? Auf einen Drink oder einen Kaffee vielleicht?«

»Ja, aber ich wüsste gerne, warum Sie mich sprechen wollen.« Eine Frau hatte das Geschäft betreten – Madame

Tissot oder Tissaud? –, um ein Bild abzuholen. Jonathan lächelte ihr entschuldigend zu.

»Das werde ich erklären, wenn wir uns sehen«, sagte der Mann leise und ernst. »Es dauert nur zehn Minuten. Hätten Sie heute Zeit, sagen wir, um sieben?«

Jonathan trat von einem Bein aufs andere. »Halb sieben ginge auch.«

»Wir treffen uns in der Hotelhalle. Ich trage einen graukarierten Anzug. Aber ich werde dem Portier Bescheid sagen. Wir finden uns schon.«

Für gewöhnlich schloss Jonathan gegen halb sieben. Um Viertel nach sechs stand er an der Spüle und schrubbte sich die Hände mit kaltem Wasser. Ein milder Frühlingstag, er trug einen Rollkragenpullover unter der alten beigen Cordjacke. Nicht elegant genug für das Aigle Noir, und sein zweitbester Regenmantel hätte alles nur noch schlimmer gemacht. Doch was scherte ihn das? Der Mann wollte ihm etwas verkaufen. Nur darum konnte es gehen.

Vom Laden waren es nur fünf Minuten zu Fuß bis zum Hotel. Davor lag ein kleiner Hof, von einem hohen Eisengitter umgeben. Ein paar Stufen führten hinauf zum Hoteleingang. Jonathan sah einen schlanken, angespannt wirkenden Mann mit Bürstenhaarschnitt unsicher näher kommen und sagte: »Mr. Wister?«

»Ja.« Ein Lächeln zuckte um Minots Mundwinkel; er streckte die Hand aus. »Wollen wir hier in der Bar etwas trinken, oder wäre Ihnen woanders lieber?«

Die Hotelbar war angenehm ruhig. Jonathan antwortete achselzuckend: »Ganz wie Sie wollen.« Er bemerkte eine lange, grässliche Narbe auf Wisters Wange.

Durch eine breite Tür betraten sie die Hotelbar. Bis auf einen Mann und eine Frau an einem kleinen Tisch war der Raum leer. Wister drehte sich um, als störe ihn die Stille, und sagte: »Gehen wir woanders hin.«

Sie verließen das Hotel und wandten sich nach rechts. Die nächste Bar kannte Jonathan: das Café du Sport oder so ähnlich, um diese Zeit laut und voll, mit jungen Leuten an den Flippern und Arbeitern an der Theke. Auf der Schwelle blieb Wister stehen, als wäre er unverhofft mitten im Gefecht auf ein Schlachtfeld geraten.

Im Umdrehen sagte er: »Würden Sie vielleicht mit auf mein Zimmer kommen? Dort ist es ruhig, und wir können uns etwas bringen lassen.«

Sie gingen zum Hotel zurück, nahmen die Treppe zum ersten Stock und betraten ein schönes Zimmer im spanischen Stil: schwarzes Gusseisen, eine himbeerrote Bettdecke und ein blassgrüner Teppich. Nur ein Koffer unter dem Schrank zeigte an, dass der Raum bewohnt war. Die Tür war nicht verschlossen gewesen. »Was wollen Sie trinken?« Wister ging zum Telefon. »Scotch?«

»Ja, gut.«

In holperigem Französisch bestellte der Amerikaner eine Flasche aufs Zimmer und bat um reichlich Eis.

Eine Stille trat ein. Warum war der Mann so nervös? Jonathan blieb am Fenster stehen und schaute hinaus. Offenbar wollte Wister erst reden, wenn die Drinks da waren. Ein leises Klopfen an der Tür.

Ein Kellner kam herein: weißes Jackett, ein Tablett in der Hand und ein freundliches Lächeln auf dem Gesicht. Stephen Wister schenkte großzügig ein.

»Hätten Sie Interesse, etwas Geld zu verdienen?«

Jonathan lächelte. Er hatte es sich mit dem dreifachen Scotch auf Eis in einem Sessel bequem gemacht. »Wer hätte das nicht?«

»Der Auftrag, an den ich denke, ist gefährlich, oder sagen wir besser, er ist wichtig, und ich bin bereit, gut dafür zu zahlen.«

Rauschgift, dachte Jonathan. Wahrscheinlich sollte er das Zeug ausliefern oder versteckt halten. »Was machen Sie beruflich?«, erkundigte er sich höflich.

»Dies und das. Zurzeit bin ich – nun, sagen wir, im Glücksspielgeschäft … Spielen Sie?«

»Nein.« Jonathan lächelte.

»Ich auch nicht. Darum geht es auch gar nicht.« Wister stand von der Bettkante auf und ging langsam im Zimmer auf und ab. »Ich wohne in Hamburg.«

»Ach ja?«

»Glücksspiel ist innerhalb der Stadtgrenzen verboten, trotzdem findet es in privaten Clubs statt. Doch es geht nicht darum, ob es legal oder illegal ist. Ich muss eine Person ausschalten lassen, vielleicht auch zwei, und womöglich muss noch … etwas gestohlen werden. So, nun habe ich meine Karten auf den Tisch gelegt.« Ernst und doch hoffnungsvoll sah er Jonathan an.

Ausschalten, das hieß umbringen. Jonathan, verblüfft, schüttelte lächelnd den Kopf. »Ich frage mich, woher Sie meinen Namen haben.«

Stephen Wister lächelte nicht. »Das tut nichts zur Sache.« Er ging weiter auf und ab, den Drink in der Hand, und streifte Jonathan ab und zu mit einem Blick seiner grauen

Augen. »Wären Sie an sechsundneunzigtausend Dollar interessiert? Das sind vierzigtausend Pfund oder rund vierhundertachtzigtausend Franc – neue Franc, wohlgemerkt. Nur dafür, dass Sie einen Mann erschießen, vielleicht auch zwei. Wir müssen sehen, wie es läuft. Alles wird so vorbereitet, dass Sie nicht in Gefahr geraten.«

Wieder schüttelte Jonathan den Kopf. »Ich weiß nicht, woher Sie gehört haben wollen, ich – ich würde für Geld Leute umbringen. Sie müssen mich mit jemandem verwechseln.«

»Nein, nein, durchaus nicht.«

Unter dem durchdringenden Blick des Mannes erstarb Jonathans Lächeln. »Das ist ein Irrtum … Vielleicht sagen Sie mir, warum Sie auf mich verfallen sind?«

»Na ja, Sie …« Wister wirkte gequälter denn je. »Sie haben nur noch wenige Wochen zu leben. Sie wissen das. Sie haben eine Frau und einen kleinen Sohn, nicht? Würden Sie denen nicht gern ein bisschen was hinterlassen?«

Jonathan spürte, wie das Blut aus seinen Wangen wich. Woher wusste der Mann so viel? Dann begriff er, dass alles miteinander zusammenhing, dass, wer immer Gauthier erzählt hatte, er werde bald sterben, Wister kannte und irgendwie in Verbindung mit ihm stand. Jonathan würde Gauthiers Namen nicht nennen. Gauthier war ein anständiger Mensch, und Wister war ein Gauner. Auf einmal schmeckte Jonathan sein Scotch nicht mehr. »Neulich war da ein wildes Gerücht …«

Nun war es an Wister, den Kopf zu schütteln. »Das ist kein wildes Gerücht. Unter Umständen hat Ihnen Ihr Arzt nicht die Wahrheit gesagt.«

»Und Sie wollen mehr wissen als er? Mein Arzt lügt mich nicht an. Ja, ich habe eine Blutkrankheit, doch – doch es geht mir dieser Tage nicht schlechter als ...« Er brach ab. »Kurz und gut, ich fürchte, ich kann Ihnen nicht helfen, Mr. Wister.«

Wister biss sich auf die Unterlippe, dabei wand sich die lange Narbe widerlich wie ein lebender Wurm.

Jonathan sah weg. Womöglich belog Dr. Perrier ihn doch. Er sollte morgen früh das Labor in Paris anrufen und ein paar Fragen stellen oder einfach nach Paris fahren und sich alles noch einmal erklären lassen.

»Mr. Trevanny, leider sind *Sie* offenbar nicht ganz im Bilde. Wenigstens ist Ihnen das, was Sie ein Gerücht nennen, schon zu Ohren gekommen, sodass Sie die schlimme Nachricht nicht von mir erfahren müssen. Selbstverständlich ist es Ihre eigene freie Entscheidung, aber unter diesen Umständen, würde ich denken, dürfte Ihnen eine solche nicht unbeträchtliche Summe durchaus angenehm sein. Sie könnten aufhören zu arbeiten und das Leben ... Ich meine, Sie könnten zum Beispiel mit Ihrer Familie eine Kreuzfahrt rund um die Welt machen und Ihrer Frau dennoch genug Geld hinterlassen ...«

Eine Schwäche überkam ihn, er stand auf und atmete tief durch. Die Schwäche verging, doch er blieb lieber stehen. Wister redete weiter, aber Jonathan hörte kaum noch zu.

»... meine Idee. Einige Leute in Hamburg würden ihren Teil zu den sechsundneunzigtausend Dollar beitragen. Der Mann, oder besser die Männer, die wir aus dem Weg räumen wollen, gehören zur Mafia.«

Jonathan hatte sich noch nicht ganz wieder erholt. »Danke, aber ich bin kein Killer. Das Thema hat sich damit erledigt.«

Wister fuhr fort: »Aber genau das wollen wir ja: jemanden, der weder mit einem von uns noch mit Hamburg in Verbindung gebracht wird. Allerdings muss der erste Mann – nur ein kleiner Fisch, mehr nicht – in Hamburg erschossen werden. Und zwar deshalb, weil wir wollen, dass die Polizei einen Bandenkrieg der lokalen Mafia vermutet. Wir wollen, dass die Polizei auf unserer Seite steht.« Immer noch ging er auf und ab, den Blick zumeist gesenkt. »Der erste Mann sollte in einer Menschenmenge erschossen werden, im Gedränge der U-Bahn. So nennen wir die Subway. Sie würden Underground sagen. Der … der Attentäter lässt die Waffe sofort fallen, verliert sich in der Menge und verschwindet. Eine italienische Pistole, keine Fingerabdrücke. Keine Spuren.« Wie ein Dirigent nach dem letzten Ton ließ er die Hände sinken.

Jonathan ging zum Sessel zurück, er musste sich kurz setzen. »Nein, tut mir leid.« Er würde zur Tür gehen, sobald er wieder bei Kräften war.

»Ich bin morgen den ganzen Tag hier, wahrscheinlich bis zum späten Sonntagnachmittag. Denken Sie doch darüber nach. – Noch einen Scotch? Könnte Ihnen guttun.«

»Nein, danke.« Jonathan rappelte sich hoch. »Ich gehe jetzt lieber.«

Wister nickte. Er wirkte enttäuscht.

»Und danke für den Drink.«

»Keine Ursache.« Wister hielt ihm die Tür auf.

Jonathan ging hinaus. Er hatte erwartet, Wister werde

ihm seine Visitenkarte mit Name und Adresse in die Hand drücken. Und war froh, dass er es nicht getan hatte.

In der Rue de France waren die Straßenlaternen angegangen. 19:22 Uhr. Sollte er etwas für Simone besorgen? Brot vielleicht. Jonathan betrat eine Bäckerei und kaufte ein langes Baguette. Es tat ihm gut, diese vertraute Aufgabe zu erledigen.

Zum Abendessen gab es Gemüsesuppe, ein paar übrig gebliebene Scheiben *fromage de tête* und Tomatensalat mit Zwiebeln. Simone erzählte von einem Schlussverkauf in einem Tapetenladen nicht weit von ihrem Schuhgeschäft. Für hundert Franc könnten sie das Schlafzimmer neu tapezieren; sie hatte ein schönes Muster gesehen, grün und lila, sehr dezent und *très art nouveau.*

»Weißt du, Jon, das Schlafzimmer ist so dunkel mit nur einem Fenster.«

»Klingt nicht schlecht«, sagte Jonathan, »besonders wenn es ein Sonderangebot ist.«

»Das ist es, und zwar nicht wie bei diesen dämlichen Schlussverkäufen, wo alles fünf Prozent runtergesetzt wird, wie bei meinem knauserigen Chef.« Sie tauchte ein Stück Brotkruste in das Salatöl und schob es in den Mund. »Machst du dir Sorgen? Ist etwas passiert?«

Jonathan musste lächeln. Sorgen hatte er keine. Er war froh, dass Simone weder seine kleine Verspätung noch den großen Drink bemerkt hatte. »Nein, *chérie*. Nichts ist passiert. Vielleicht ist es das Ende der Woche. Oder doch fast das Ende.«

»Bist du erschöpft?«

Das klang wie die schon routinemäßige Frage eines Arztes. »Nein … Ich muss heute Abend noch einen Kunden anrufen, zwischen acht und neun.« Es war 20:37 Uhr. »Am besten erledige ich das gleich, Liebes. Den Kaffee trinke ich vielleicht später.«

»Kann ich mitkommen?«, fragte Georges. Er ließ die Gabel fallen und lehnte sich schon zurück, um vom Stuhl zu rutschen.

»Heute nicht, *mon petit vieux*. Ich habe es eilig. Und ich kenne dich, du willst bloß wieder flippern.«

»Hollywood Chewing Gum!«, krähte Georges. Er sprach es französisch aus: *»Olliwuh schuing gomm!«*

Jonathan, der gerade seine Jacke vom Haken im Flur nahm, zuckte innerlich zusammen. »Hollywood«-Kaugummi, dessen grünweißes Einwickelpapier die Rinnsteine und gelegentlich auch Jonathans Garten verunzierte, übte auf französische Kinder eine geheimnisvolle Anziehungskraft aus. *»Oui, M'sieur«*, erwiderte Jonathan und ging.

Dr. Perriers Privatnummer stand im Telefonbuch. Jonathan hoffte, dass er zu Hause war. Ein *tabac* mit Telefon lag näher als sein Geschäft. Panik stieg in ihm auf; er ging schneller, auf den roten, schrägen Zylinder der Leuchtreklame vor dem *tabac* zwei Straßen weiter zu. Er würde auf der Wahrheit bestehen. Jonathan nickte dem jungen Mann hinter dem Tresen zu, den er flüchtig kannte, zeigte auf das Telefon und dann auf das Regal mit den Telefonbüchern: »Fontainebleau!«, rief er. Es war laut in dem Laden, auch eine Musikbox lärmte. Jonathan suchte die Nummer heraus und wählte.

Dr. Perrier meldete sich; er erkannte Jonathan an der Stimme.

»Ich würde am liebsten einen weiteren Test machen lassen. Gleich jetzt, wenn Sie eine Probe nehmen könnten.«

»Heute abend noch?«

»Ich könnte sofort vorbeikommen. In fünf Minuten.«

»Ist es … Fühlen Sie sich schwach?«

»Ja, und – ich dachte, wenn die Probe morgen in Paris wäre …« Jonathan wusste, dass Dr. Perrier gewöhnlich jeden Samstagmorgen diverse Proben nach Paris schickte. »Vielleicht könnten Sie heute Abend oder morgen früh eine Probe nehmen …«

»Morgen früh bin ich nicht in der Praxis, da mache ich Krankenbesuche. Wenn Sie so beunruhigt sind, Monsieur Trevanny, dann kommen Sie gleich zu mir nach Hause.«

Jonathan bezahlte das Gespräch und war schon fast an der Tür, als ihm der Kaugummi einfiel. Er kaufte zwei Päckchen und steckte sie in die Jackentasche. Perrier wohnte drüben am Boulevard Maginot, fast zehn Minuten zu Fuß. Jonathan ging schnell, verfiel in Laufschritt. Er war noch nie in der Wohnung des Arztes gewesen.

Das Haus war groß und düster, die Concierge alt, hager und langsam. Sie saß in ihrem kleinen Glaskasten voller Plastikblumen und sah fern. Während Jonathan vor dem Fahrstuhl auf den wackligen Käfig wartete, kam sie in den Flur geschlichen und fragte neugierig: »Bekommt Ihre Frau ein Kind, *M'sieur*?«

»Nein, nein«, sagte Jonathan lächelnd. Ihm fiel ein, dass Dr. Perrier praktischer Arzt war.

Er fuhr hinauf.

»Also, was ist los?«, fragte Dr. Perrier. Er winkte ihn durch das Esszimmer weiter. »Kommen Sie, hier herein.«

Die Wohnung war spärlich beleuchtet. Irgendwo lief der Fernseher. Sie betraten ein Zimmer, das einem kleinen Büro glich: Regale voller medizinischer Bücher und ein Schreibtisch, auf dem die schwarze Tasche des Doktors stand.

»*Mon dieu,* man könnte meinen, Sie würden jeden Moment zusammenbrechen! Sie müssen gelaufen sein – Sie haben ganz rote Backen. Haben Sie etwa schon wieder ein Gerücht gehört, dass Sie mit einem Bein im Grab stehen!«

Jonathan zwang sich zur Ruhe. »Ich hätte nur gerne Sicherheit. Ehrlich gesagt, so großartig geht es mir wirklich nicht. Ich weiß, der letzte Test liegt erst zwei Monate zurück, aber was kann es schaden, wenn der nächste Ende April ansteht ...« Achselzuckend brach er ab. »Außerdem lässt sich das Mark doch leicht entnehmen, und die Probe kann morgen früh eingeschickt werden ...« Jonathan dachte, wie unbeholfen sein Französisch klang, dachte an das Wort *moelle,* »Mark«, das er nicht mehr leiden konnte, weil es ihn daran erinnerte, dass sein eigenes Knochenmark abnorm weiß war. Er spürte, dass Dr. Perrier ihm als Patienten seinen Willen lassen wollte.

»Sicher, ich kann die Probe nehmen. Das Ergebnis wird wahrscheinlich nicht anders ausfallen als beim letzten Mal. Monsieur Trevanny, völlige Sicherheit bekommen Sie von den Medizinern niemals ...« Der Arzt redete weiter, während Jonathan seinen Pullover auszog und sich auf den Wink des Doktors auf ein altes Ledersofa legte. Der Arzt injizierte die Betäubungsspritze. »Aber ich kann Ihre Besorgnis verstehen«, sagte er kurz darauf, während er auf die Kanüle drückte und klopfte, die er in Jonathans Brustbein eingeführt hatte.

Das knirschende Geräusch war Jonathan zuwider, doch den leichten Schmerz fand er durchaus erträglich. Vielleicht würde er diesmal Genaues erfahren. Bevor er ging, konnte er sich die Frage nicht verkneifen: »Doktor Perrier, ich muss die Wahrheit wissen. Sie glauben doch nicht, dass uns das Labor einen falschen Abschlussbericht geben könnte, oder? Dass dessen Werte stimmen, will ich gerne glauben, aber –«

»Mein lieber junger Mann, genau das, eine abschließende Beurteilung oder Prognose, können Sie nicht bekommen!«

Jonathan ging nach Hause. Er hatte daran gedacht, Simone zu erzählen, dass er zum Arzt gegangen war, dass er wieder Angst gehabt hatte, aber er brachte es nicht über sich. Er hatte ihr schon genug zugemutet. Was sollte sie auch sagen, wenn er es ihr erzählte? Sie würde sich nur noch mehr ängstigen, genau wie er.

Georges lag schon oben im Bett, und Simone las ihm vor: wieder einmal *Asterix*. Georges gegen die Kissen gelehnt, Simone auf einem Schemel im Lampenlicht: Die beiden waren ein Bild von Häuslichkeit, gemalt etwa 1880. Nur Simones Hose passte nicht dazu. Im Licht der Lampe leuchtete das Haar des Jungen goldgelb wie Mais.

»Le schuing gomm?« Georges grinste ihn an.

Lächelnd zog Jonathan ein Päckchen hervor. Das zweite würde er ihm bei anderer Gelegenheit geben.

»Du kommst spät«, sagte Simone.

»Ich war noch auf ein Bier in der Bar«, sagte er.

Wie Dr. Perrier ihm geraten hatte, rief Jonathan am Nachmittag darauf das Labor Ebberle-Valent in Neuilly an. Er nannte seinen Namen, buchstabierte ihn und sagte, er sei ein Patient von Dr. Perrier in Fontainebleau. Während er darauf wartete, zur richtigen Abteilung durchgestellt zu werden, hörte er jede Minute ein *blip* für die nächste Gesprächseinheit durchlaufen. Stift und Papier hielt er bereit. Ob er bitte seinen Namen noch einmal buchstabieren könne? Dann eine Frauenstimme am anderen Ende. Die Frau las den Befund vor, Jonathan notierte hastig die Zahlen. Hyperleukozytose: 190 000. War das nicht mehr als zuletzt?

»Selbstverständlich schicken wir Ihrem Arzt einen schriftlichen Bericht. Dienstag sollte er ihn haben.«

»Der Befund ist ungünstiger als der letzte, nicht?«

»Der letzte Befund liegt mir nicht vor, *M'sieur*.«

»Ist vielleicht ein Arzt in der Nähe? Könnte ich mit einem Arzt sprechen?«

»Ich *bin* Ärztin, *M'sieur*!«

»Oh. Also, dieser Befund, auch wenn Sie den alten nicht vorliegen haben – er ist nicht gut, oder?«

Sie antwortete wie aus dem Lehrbuch: »Sie haben eine potenziell gefährliche Krankheit, die mit einer verminderten Widerstandskraft einhergeht …«

Jonathan hatte vom Laden aus angerufen, das Schild auf FERMÉ gedreht und den Türvorhang zugezogen, auch wenn man ihn nach wie vor durch das Schaufenster sehen konnte. Als er nun das Schild wieder umdrehte, merkte er, dass er gar nicht abgeschlossen hatte. Da am Nachmittag kein Kunde ein Bild abholen wollte, konnte er sich leisten, früher zu schließen. Es war fünf vor fünf.

Er ging zu Dr. Perriers Praxis, bereit, eine Stunde oder länger zu warten, wenn es sein musste. Samstags war die

Praxis immer voll, weil die meisten nicht arbeiten mussten und Zeit hatten, zum Arzt zu gehen. Drei waren vor ihm an der Reihe, doch als ihn die Sprechstundenhilfe fragte, ob es bei ihm lange dauern würde, und er verneinte, schob sie ihn mit einer Entschuldigung an den nächsten Patienten dazwischen. Hatte der Doktor vielleicht mit der Sprechstundenhilfe über ihn gesprochen?

Dr. Perrier zog die schwarzen Augenbrauen hoch, als er Jonathans hingekritzelte Zahlen las: »Aber das ist nicht vollständig!«

»Ich weiß, aber die Zahlen besagen doch etwas, oder? Es ist ein bisschen schlimmer geworden, nicht?«

»Man könnte meinen, Sie wollten, dass es Ihnen schlechter geht!«, sagte der Doktor in seiner gewohnt aufmunternden Art, der Jonathan nun nicht mehr traute. »Kurz und gut, ja, die Werte sind schlechter, aber nur ein bisschen. Völlig unerheblich.«

»In Prozent, was würden Sie sagen? Zehn Prozent schlechter?«

»Monsieur Trevanny, Sie sind kein Auto! Und es wäre unvernünftig, mehr zu sagen, bis ich am Dienstag den vollständigen Bericht in den Händen habe.«

Jonathan ging langsam nach Hause, durch die Rue des Sablons, nur für den Fall, dass ein Kunde vor seinem Laden wartete. Da war niemand. Nur in der Wäscherei herrschte Hochbetrieb; am Eingang drängten sich Leute mit Wäschebündeln im Arm. Es war kurz vor sechs. Simone musste heute bis nach sieben im Schuhgeschäft bleiben, länger als sonst, weil ihr Chef Brezard sich keinen Franc entgehen lassen wollte, bevor er bis Dienstagmorgen schloss. Und

Wister war immer noch im Aigle Noir. Wartete er nur auf ihn, nur darauf, dass er es sich anders überlegte und Ja sagte? Wäre es nicht komisch, wenn Dr. Perrier mit Stephen Wister unter einer Decke steckte, wenn beide es so arrangiert hätten, dass Ebberle-Valent ihm falsche Laborwerte nannte? Und wenn auch Gauthier eingeweiht wäre, als Überbringer der schlimmen Botschaft? Wie ein Albtraum, in dem sich die seltsamsten Gestalten gegen den Träumenden verbündeten. Doch Jonathan wusste, dass er nicht träumte. Dr. Perrier hatte von Stephen Wister kein Geld genommen. Und Ebberle-Valent auch nicht. Überdies war es kein Traum, dass sich sein Zustand verschlimmert hatte, dass der Tod ein bisschen näher gerückt war, ein wenig schneller eintreten würde, als er erwartet hatte. Allerdings traf das für jeden zu, der einen neuen Tag erlebte. Jonathan dachte an den Tod, an das Altern als einen Prozess, einen Verfall, einen Pfad, der unweigerlich nach unten führte. Den meisten Menschen war es vergönnt, den Pfad langsam hinabzuschreiten, etwa ab Mitte fünfzig oder je nachdem, wann einer langsamer wurde. Und dann stiegen sie hinab, bis sie siebzig waren oder die ihnen bemessene Zahl an Jahren erreicht hatten. Sein Tod dagegen wäre wie der Sturz von einer Klippe. Sobald er versuchte, sich »darauf vorzubereiten«, wankte sein Geist und wich davor zurück. Sein Geist, oder seine Seele, war immer noch vierunddreißig Jahre alt und wollte leben.

In dem in der Dämmerung blaugrauen Haus der Trevannys brannte kein Licht. Das Haus war ziemlich düster, was Jonathan und Simone amüsant gefunden hatten, als sie es vor fünf Jahren kauften. »Das Sherlock-Holmes-Haus«

hatte er es genannt, als es noch darum ging, ob sie dieses oder ein anderes Haus in Fontainebleau kaufen sollten. »Ich bin immer noch für das Sherlock-Holmes-Haus«, hatte er einmal gesagt. Das wusste er noch. Das Haus wirkte wie aus dem späten neunzehnten Jahrhundert; man dachte an Gaslampen und blank polierte Geländer, obwohl im ganzen Haus kein Stückchen Holz poliert war, als sie einzogen. Dennoch glaubten beide, sie könnten es in ein Haus mit dem Charme der Jahrhundertwende verwandeln: Die Zimmer waren zwar klein, aber ungewöhnlich angeordnet, der schmale Gartenstreifen zwar völlig verwildert, aber voller Rosenbüsche und brauchte eigentlich nur gründlich gelichtet zu werden. Und der gläserne Portikus mit der Muschelkuppel über der Hintertreppe, diese kleine Veranda, hatte ihn damals an Vuillard und Bonnard erinnert. Jetzt aber stellte er fest, dass es ihnen auch nach fünf Jahren nicht gelungen war, die Düsterkeit aus dem Haus zu vertreiben. Sicher würde das Schlafzimmer mit neuen Tapeten heller, doch das war nur ein Zimmer. Das Haus war noch nicht abbezahlt; sie brauchten noch drei Jahre, um die Hypothek ganz zu tilgen. Eine Wohnung wie die in Fontainebleau, die sie im ersten Jahr ihrer Ehe gemietet hatten, wäre billiger gewesen, aber Simone war an ein Haus mit kleinem Garten gewöhnt (in Nemours hatte sie ihr Leben lang einen Garten gehabt), und Jonathan als Engländer wollte ebenfalls gern einen eigenen Garten. Dass das Haus einen so großen Teil ihres Einkommens verschlang, hatte er nie bereut.

Als Jonathan die Stufen zur Haustür nahm, dachte er weniger an die noch nicht getilgte Hypothek als daran, dass er in diesem Haus wahrscheinlich sterben würde. Gewiss würde er niemals erfahren, wie es wäre, mit Simone in einem anderen, heitereren Haus zu wohnen. Das Sherlock-Holmes-Haus hatte schon Jahrzehnte vor seiner Geburt gestanden, und es würde noch Jahrzehnte nach seinem Tod stehen. Es war ihm vorherbestimmt gewesen, das spürte er, sich für dieses Haus zu entscheiden. Eines Tages würden sie ihn mit den Füßen voran hinaustragen, vielleicht gerade noch am Leben, aber schon dem Tode nahe, und er würde das Haus nie wieder betreten.

Zu seiner Überraschung war Simone in der Küche. Sie saß mit Georges am Tisch und spielte Karten. Lächelnd sah sie auf, doch dann verdüsterte sich ihre Miene. Sicher war ihr eingefallen, dass er am Nachmittag das Pariser Labor hatte anrufen sollen. Aber vor Georges konnte sie nichts sagen.

»Der alte Bock hat heute früher zugemacht«, sagte Simone. »Keine Kundschaft.«

»Schön.« Jonathan klang gut gelaunt. »Und, wie steht's in der Spielhölle?«

»Ich gewinne!«, verkündete Georges auf Französisch.

Simone stand auf und folgte Jonathan in den Flur hinaus, wo er seinen Regenmantel aufhängte. Fragend sah sie ihn an.

»Kein Grund zur Sorge«, sagte er. Sie aber ging weiter ins Wohnzimmer und bedeutete ihm, ihr zu folgen. »Die Werte sind ein bisschen schlechter, aber es geht mir nicht schlechter, also was soll's? Es steht mir bis hier. Komm, wir trinken was, einen Cinzano.«

»Jon, diese Geschichte hat dir auf der Seele gelegen, nicht wahr?«

»Ja, das stimmt.«

»Ich wüsste zu gern, wer sie in die Welt gesetzt hat.« Verbittert kniff sie die Augen zusammen. »Das ist eine Gemeinheit. Hat dir Gauthier nie gesagt, vom wem er die Geschichte hat?«

»Nein. Er meinte, irgendwer hätte sich geirrt, hätte übertrieben, so etwa.« Jonathan wiederholte, was er schon einmal zu ihr gesagt hatte. Dabei wusste er, dass es kein Irrtum gewesen war, sondern kalte Berechnung.

5

Jonathan stand am Schlafzimmerfenster im ersten Stock und sah zu, wie Simone im Garten Wäsche auf die Leine hängte: Kissenbezüge, Georges' Schlafanzüge, ein Dutzend Paar Strümpfe, seine und die des Jungen, zwei weiße Nachthemden, BHs, Jonathans hellbraune Arbeitshosen – alles bis auf die Bettlaken, die Simone in die Wäscherei gab, weil sie Wert auf gut gebügelte Bettwäsche legte. Sie trug Tweedhosen und einen dünnen, roten, eng anliegenden Pullover. Ihr Rücken wirkte kräftig und biegsam, wie sie sich über den großen Wäschekorb beugte, um die Geschirrtücher aufzuhängen. Es war ein schöner, sonniger Tag; die sanfte Brise brachte eine Ahnung vom Sommer.

Jonathan hatte sich um die Fahrt nach Nemours und das Mittagessen mit Simones Eltern, den Foussadiers, erfolgreich herumgedrückt. Grundsätzlich gingen sie jeden zweiten Sonntag alle zusammen hin. Wenn Simones Bruder Gérard sie nicht mit dem Auto abholte, nahmen sie den Bus nach Nemours. Dort, im Haus der Foussadiers, gab es dann ein großes Essen, an dem auch Gérard mit Frau und zwei Kindern teilnahm. Sie wohnten ebenfalls in Nemours. Simones Eltern konnten von Georges nicht genug bekommen und hatten jedes Mal ein Geschenk für ihn. Gegen drei setzte sich Jean-Noël, Simones Vater, dann vor den Fernseher. Meist langweilte sich Jonathan, aber er kam mit, weil sich das eben so gehörte und weil er die engen Familienbande der Franzosen respektierte.

»Geht's dir nicht gut?«, hatte Simone gefragt, als Jonathan sagte, er wolle nicht mitkommen.

»Doch, mein Schatz. Aber ich bin heute einfach nicht in der Stimmung, außerdem möchte ich das Gemüsebeet für die Tomaten umgraben. Geh du doch diesmal mit Georges alleine, ja?«

Also nahmen Simone und Georges den Mittagsbus. Simone hatte den Rest *bœuf bourguignon* in einem kleinen roten Topf auf den Herd gestellt. Jonathan brauchte es nur noch aufzuwärmen, wenn er Hunger bekam.

Er hatte allein sein wollen. Der geheimnisvolle Stephen Wister mit seinem Vorschlag ging ihm nicht aus dem Kopf. Nicht dass er Wister heute im Aigle Noir anrufen wollte, obwohl er sehr wohl wusste, dass Wister noch dort war, keine dreihundert Meter von ihm entfernt. Er hatte durchaus nicht die Absicht, mit dem Mann Verbindung aufzunehmen, doch gleichzeitig war der Gedanke daran seltsam erregend und verwirrend, wie ein Blitz aus heiterem Himmel, ein farbiger Lichtstrahl in der Monotonie seines Lebens. Er wollte weiter beobachten, was da passierte, es gewissermaßen genießen. Außerdem hatte Jonathan das Gefühl (das sich oft bestätigt hatte), Simone könne seine Gedanken lesen oder wisse zumindest, wenn ihn etwas beschäftigte. Sollte er an diesem Sonntag geistesabwesend wirken, wollte er nicht, dass Simone etwas bemerkte und ihn fragte, was los sei. Also stürzte er sich in die Gartenarbeit und träumte vor sich hin. Er dachte an die vierzigtausend Pfund: Mit einer solchen Summe könnte er die Hypothek auf einen Schlag tilgen, die Raten für etliche Anschaffungen abbezahlen, das Haus innen neu streichen, soweit erforderlich; er könnte einen Fernsehapparat kaufen, ein Sparkonto für Georges' Studium anlegen und für Simone und sich ein paar neue Sachen kaufen – ah, welche Erleichterung, einfach keine Sorgen mehr zu haben! Er sah ihn vor sich, den Mann von der Mafia, vielleicht auch den zweiten: stämmige, schwarzhaarige Schlägertypen, die im Tod die Arme hochwarfen und zusammenbrachen. Was er sich aber ganz und gar nicht vorstellen konnte, während er den Spaten in die Erde seines Gartens stieß, war er selber, wie er auf den Rücken eines Mannes zielte und abdrückte. Interessanter, geheimnisvoller und gefährlicher war die Frage, wie Wister an seinen Namen gekommen war. In Fontainebleau gab es eine Verschwörung gegen ihn, und etwas davon musste nach Hamburg durchgesickert sein. Ausgeschlossen, dass ihn Wister verwechselte, denn der Mann hatte seine Krankheit erwähnt, seine Frau, seinen kleinen Sohn. Irgendjemand, den er für einen Freund oder doch jedenfalls einen guten Bekannten hielt, war ihm alles andere als freundlich gesonnen.

Wahrscheinlich würde Wister so gegen fünf Uhr nachmittags aus Fontainebleau abreisen. Um drei hatte Jonathan zu Mittag gegessen, die Schublade des runden Wohnzimmertischs aufgeräumt, in der sie alle alten Unterlagen und Quittungen sammelten, und sich dann, voller Genugtuung darüber, dass er gar nicht erschöpft war, mit Schaufel und Feger über die Rohre und den Fußboden rund um ihren Ölofen hergemacht.

Kurz nach fünf, als er sich gerade über der Spüle in der

Küche den Ruß abschrubbte, kam Simone zurück, zusammen mit Georges, ihrem Bruder Gérard, dessen Frau Yvonne und ihren beiden Kindern. Sie nahmen einen Drink in der Küche. Georges hatte von den Großeltern eine runde Schachtel mit Osterüberraschungen geschenkt bekommen, darunter ein golden eingewickeltes Osterei, ein Schokoladenhäschen und Weingummi in allen Farben, das Ganze noch unter gelbem Zellophan verschlossen, weil Simone ihm verboten hatte, es aufzumachen (er hatte in Nemours genug Süßigkeiten bekommen). Georges verschwand mit den Foussadier-Kindern im Garten.

»Tritt mir nicht auf die weiche Erde, Georges!«, rief Jonathan. Er hatte das umgegrabene Beet geharkt, die Steine aber für Georges liegen lassen. Wahrscheinlich würde der Kleine seine beiden Kameraden dazu bringen, ihm beim Füllen des roten Wägelchens zu helfen. Jonathan gab ihm fünfzig Centimes für jede volle Ladung – richtig voll war es nie, doch immerhin so weit gefüllt, dass die Steine den Boden bedeckten.

Es begann zu regnen. Erst vor wenigen Minuten hatte Jonathan die Wäsche von der Leine genommen.

»Der Garten sieht toll aus!«, sagte Simone. »Sieh nur, Gérard!« Sie winkte ihren Bruder hinaus auf die kleine Terrasse hinter dem Haus.

Mittlerweile dürfte Wister schon im Zug nach Paris sitzen, dachte Jonathan. Vielleicht hatte er auch ein Taxi von Fontainebleau nach Orly genommen, schließlich schien er Geld genug zu haben. Oder er war schon in der Luft, unterwegs nach Hamburg. Es schien ihm, als werde Wister durch Simones Gegenwart, durch Gérards und Yvonnes

Stimmen, aus dem Hôtel de l'Aigle Noir ausradiert oder doch beinahe zu einer Eingebung seiner eigenen Fantasie reduziert. Dass er Wister nicht angerufen hatte, empfand er als einen gewissen Triumph, so als habe er dadurch einer Versuchung erfolgreich widerstanden.

Gérard Foussadier war Elektriker, ein korrekter, ernsthafter Mann, etwas älter als Simone, mit hellerem Haar als seine Schwester und einem sorgsam gestutzten braunen Schnurrbart. Seekriegsgeschichte war sein Hobby; er baute Modellschiffe, Fregatten aus dem 18. und 19. Jahrhundert, in denen er winzige Glühbirnen anbrachte, sodass er über einen Schalter im Wohnzimmer die Schiffe ganz oder teilweise beleuchten konnte. Er lachte selber über den Anachronismus, elektrisches Licht in seine Fregatten zu legen, aber es sah einfach schön aus, wenn alle anderen Lichter im Haus gelöscht waren und das knappe Dutzend Schiffe im Wohnzimmer über eine dunkle See dahinzusegeln schien.

»Simone sagte, du machst dir Sorgen um deine Gesundheit, Jon«, sagte Gérard ernst. »Das tut mir leid zu hören.«

»Nichts Besonderes. Noch eine Untersuchung, nur zur Sicherheit«, sagte Jonathan. »Die Werte sind kaum verändert.« Er hatte sich an diese Phrasen gewöhnt. Sie bedeuteten nicht mehr als das »Gut, danke«, das man von sich gab, wenn man nach dem Befinden gefragt wurde. Gérard war mit der Antwort zufrieden, also hatte Simone offensichtlich nicht viel verraten.

Sie und Yvonne unterhielten sich über Linoleum: In der Küche war der Linoleumbelag vor dem Herd und der Spüle stark abgenutzt. Schon beim Kauf des Hauses war er nicht mehr neu gewesen.

»Geht es dir auch wirklich gut, mein Schatz?«, fragte Simone ihren Mann, als die Foussadiers gegangen waren.

»Bestens. Ich hab sogar den Ruß im Heizungsraum abgekratzt.« Jonathan lächelte.

»Du bist ja verrückt. Na, wenigstens bekommst du heute Abend etwas Anständiges zu essen. Mama wollte unbedingt, dass ich drei *paupiettes* vom Mittag für dich aufhebe. Sie schmecken fantastisch!«

Dann aber, kurz vor elf, sie wollten gerade zu Bett gehen, zog es ihn auf einmal nieder, als wären seine Beine, sein ganzer Unterkörper in zähem Schleim versunken, als watete er durch hüfthohen Schlamm. War er einfach nur erschöpft? Doch das Gefühl war eher im Kopf als im Körper. Er war froh, als das Licht gelöscht war und in Simones Armen die Anspannung von ihm abfiel. So lagen sie immer, bevor sie einschliefen, die Arme umeinander geschlungen. Er dachte an Stephen Wister (oder wie immer er wirklich hieß), der vielleicht jetzt gerade gen Osten flog, die schlaksige Gestalt in den Flugzeugsitz gegossen. Er sah sein verstörtes, angespanntes Gesicht vor sich, die rötliche Narbe, aber Wister dachte sicher nicht mehr an Jonathan Trevanny, sondern an jemand anderen. Bestimmt hatte er etliche weitere Kandidaten in petto.

Der Morgen war kalt und neblig. Kurz nach acht ging Simone mit Georges zum Kindergarten, während sich Jonathan in der Küche die Hände an einer zweiten Schale Milchkaffee wärmte. Die Heizung funktionierte nicht richtig. Sie hatten auch diesen Winter mit einigen Unannehmlichkeiten überstanden, doch selbst im Frühjahr war das Haus morgens manchmal kalt. Den Ölofen hatten sie beim

Kauf des Hauses übernommen; er reichte für die fünf Heizkörper im Erdgeschoss, nicht aber für die weiteren fünf, die sie hoffnungsvoll im ersten Stock hatten einbauen lassen. Sie waren gewarnt worden, aber ein größerer Ofen hätte dreitausend neue Franc gekostet, und das Geld hatten sie damals nicht gehabt.

Drei Briefe lagen unter dem Schlitz in der Haustür. Einer enthielt die Stromrechnung. Den nächsten, einen weißen, quadratischen Umschlag, drehte Jonathan um und las auf der Rückseite: Hôtel de l'Aigle Noir. Er öffnete ihn, eine Visitenkarte fiel heraus. Jonathan hob sie auf. »Stephen Wister, c/o« stand da, handschriftlich eingefügt über dem Aufdruck:

Reeves Minot
Agnesstraße 159
Winterhude a. d. Alster
Hamburg 56
629–6757

Da war auch ein Brief:

1. April, 19–

Lieber Mr. Trevanny,
schade, dass ich bis heute Nachmittag nichts von Ihnen gehört habe. Für den Fall, dass Sie Ihre Meinung ändern sollten, lege ich eine Karte mit meiner Hamburger Adresse bei. Sollten Sie es sich also anders überlegen, dann rufen Sie mich bitte jederzeit mit R-Gespräch an. Oder kommen Sie nach Hamburg, und wir

reden darüber. Das Geld für Hin- und Rückflug kann ich Ihnen anweisen, sobald ich von Ihnen höre.
Wäre es nicht sowieso eine gute Idee, wegen Ihrer Beschwerden in Hamburg einen Spezialisten aufzusuchen und eine zweite Meinung einzuholen? Vielleicht ist Ihnen dann wohler.
Sonntagabend kehre ich nach Hamburg zurück.

Mit freundlichen Grüßen,
Ihr Stephen Wister

Jonathan war überrascht, amüsiert und verärgert, alles auf einmal. Das mit dem »wohler fühlen« war komisch, denn schließlich ging Wister davon aus, dass er bald sterben werde. Falls nun ein Hamburger Hämatologe sagte: »Ach ja, übrigens bleiben Ihnen nur noch ein, zwei Monate« – wäre ihm dann wohler? Jonathan steckte Brief und Visitenkarte in die Gesäßtasche seiner Hose. Einmal gratis nach Hamburg und zurück. Wister ließ auch nichts unversucht, ihn zu locken. Merkwürdig, dass der Brief am Samstagnachmittag abgeschickt worden war, sodass er am Montagmorgen ankommen musste – Jonathan hätte Wister doch am Sonntag noch jederzeit anrufen können. Aber sonntags wurden die Briefkästen in Fontainebleau nicht geleert.

Acht Minuten vor neun. Was war zu tun? Er brauchte Karton für Passepartouts von einer Firma in Melun, dann musste er mindestens zwei Kunden eine Postkarte schicken, deren Bilder seit mehr als einer Woche fertig waren. Für gewöhnlich ging Jonathan auch montags ins Geschäft und arbeitete ab, was sonst liegen blieb, hielt aber den Laden geschlossen, weil laut französischem Gesetz kein Geschäft an mehr als fünf Tagen in der Woche geöffnet sein durfte.

Um Viertel nach neun war Jonathan im Laden. Er zog die grüne Jalousie an der Tür auf und schloss hinter sich zu. Das Schild ließ er auf FERMÉ. Er erledigte Kleinigkeiten, in Gedanken immer noch bei der Reise nach Hamburg: Vielleicht keine schlechte Idee, einen deutschen Facharzt zurate zu ziehen. Vor zwei Jahren hatte er in London einen Hämatologen aufgesucht. Dessen Befund war nicht anders ausgefallen als der französische und hatte Jonathan überzeugt, dass die Diagnosen stimmten. Vielleicht waren die Deutschen ja ein bisschen gründlicher und fortschrittlicher? Mal angenommen, er nähme Wisters Angebot einer Reise nach Hamburg an, was dann? (Jonathan adressierte gerade eine Karte an einen Kunden.) Allerdings stünde er damit in Wisters Schuld. Er erkannte, dass er schon mit der Idee spielte, für Wister jemanden zu töten – das heißt nicht für Wister, sondern für das Geld. Und zwar ein Mitglied der Mafia. Das waren doch selbst allesamt Verbrecher, oder etwa nicht? Natürlich könnte er Wister immer noch das Geld für Hin- und Rückflug wiedergeben. Das Problem war nur, dass er im Moment die nötige Summe nicht abheben konnte, weil nicht genug auf dem Konto war. Wenn er wirklich Gewissheit über seinen Zustand wollte, dann würde er sie in Deutschland (oder der Schweiz) finden. Dort hatten sie immer noch die besten Ärzte der Welt, oder? (Jonathan legte die Geschäftskarte des Papierlieferanten neben sein Telefon, damit er nicht vergaß, morgen in Melun anzurufen; auch diese Firma war heute geschlossen.) Und wer weiß, vielleicht war Wisters Plan ja praktikabel.

Für einen Augenblick sah sich Jonathan nach einem Kreuzfeuer der deutschen Polizei, die ihn sofort nach dem Schuss auf den Italiener gestellt hatte, zerfetzt am Boden liegen. Doch auch bei seinem Tod würden Simone und Georges die vierzigtausend bekommen. – Jonathan riss sich in die Wirklichkeit zurück: Nein, er würde niemanden umbringen. Aber die Reise nach Hamburg, das könnte nett werden, mal was anderes, auch falls er dort schlimme Neuigkeiten erfahren sollte. Zumindest wären das handfeste Tatsachen. Und wenn Wister jetzt für ihn auslegte, konnte er ihm den Flugpreis binnen drei Monaten zurückzahlen, wenn er sich das Geld vom Mund absparte, keine neuen Sachen kaufte und auch auf das gelegentliche Bier in der Bar verzichtete. Allerdings hatte er Angst, Simone davon zu erzählen, obwohl sie natürlich nichts dagegen hätte, da es darum ging, einen neuen, anscheinend hervorragenden Arzt aufzusuchen. Er würde sich das Geld aus der eigenen Tasche absparen.

Gegen elf meldete Jonathan ein Gespräch mit Wister in Hamburg an, aber auf eigene Rechnung, nicht als R-Gespräch. Drei, vier Minuten später klingelte es bei ihm, und er hatte eine klare Verbindung, viel besser als zumeist nach Paris.

»Ja? Hier Wister.« Dieselbe hohe, angespannte Stimme.

»Heute Morgen hab ich Ihren Brief bekommen«, begann Jonathan. »Sie schreiben, dass ich nach Hamburg kommen soll …«

»Ja, warum nicht?«, sagte Wister leichthin.

»Ich meine, das mit dem Termin beim Spezialisten …«

»Ich weise Ihnen das Geld sofort telegrafisch an. Sie

können es sich auf der Post in Fontainebleau abholen. In ein paar Stunden sollte es da sein.«

»Das – das ist sehr freundlich von Ihnen. Wenn ich in Hamburg bin …«

»Können Sie heute noch kommen? Heute Abend? Sie könnten bei mir schlafen.«

»Heute? Ich weiß nicht. Andererseits, warum nicht?«

»Rufen Sie wieder an, wenn Sie den Flugschein haben, damit ich weiß, wann Sie ankommen. Ich bin den ganzen Tag zu Hause.«

Als Jonathan auflegte, schlug sein Herz schneller.

Am Mittag zu Hause ging er ins Schlafzimmer hinauf. War sein Koffer griffbereit? Da lag er, oben auf dem Schrank, seit ihrem letzten Urlaub in Arles, fast ein Jahr war das jetzt her.

Er sagte zu Simone: »Schatz, eine wichtige Sache: Ich habe beschlossen, einen Facharzt in Hamburg aufzusuchen.«

»Ach ja? Ist das Perriers Idee?«

»Na ja, eigentlich nicht. Eher meine. Ich möchte hören, was ein deutscher Arzt dazu sagt. Ich weiß, dass es Geld kostet.«

»Ach, Jon, vergiss das Geld! Hast du heute Morgen etwas Neues gehört? Denn der Laborbericht kommt doch erst morgen, oder?«

»Ja. Aber die sagen doch immer das Gleiche, *chérie*. Ich möchte eine andere Meinung einholen.«

»Wann willst du fahren?«

»Bald. Noch diese Woche.«

Kurz vor fünf betrat Jonathan das Postamt von Fontainebleau. Das Geld war eingetroffen, Jonathan zeigte seine *carte d'identité* und bekam sechshundert Franc ausbezahlt. Er ging ein paar Straßen weiter zum *Syndicat d'Initiatives* an der Place Franklin Roosevelt und buchte einen Flug nach Hamburg auf einer Maschine, die noch am selben Abend um 21:25 Uhr ging. Er würde sich beeilen müssen, was ihm ganz recht war, denn damit war jedes Grübeln und Zögern ausgeschlossen. Jonathan ging zu seinem Laden zurück und rief Hamburg an, diesmal mit R-Gespräch.

Wieder war Wister am Apparat. »Ah, sehr gut. Um fünf vor zwölf also. Nehmen Sie den Flughafenbus bis zur Endstation in der Stadt, ja? Ich hole Sie dort ab.«

Danach rief Jonathan noch bei einem Kunden an, der ein wichtiges Bild abholen wollte: Er habe Dienstag und Mittwoch »aus familiären Gründen« geschlossen, eine gängige Ausrede. Ein gleich lautendes Schild würde er für die nächsten paar Tage vor die Tür hängen müssen. Nicht weiter wichtig, dachte er; die Geschäftsleute der Stadt schlossen oft aus dem einen oder anderen Grund. Einmal hatte er ein Schild gesehen, auf dem stand: »Wegen Katers geschlossen«.

Er schloss ab und ging nach Hause, packen. Sicher höchstens für zwei Tage, wenn ihn das Hamburger Krankenhaus wegen Untersuchungen nicht länger dabehalten wollte. Er hatte sich schon eine passende Verbindung herausgesucht: erst mit dem Zug nach Paris, dann weiter zum Bahnhof Les Invalides und von dort mit dem Bus nach Orly. Als Simone mit Georges nach Hause kam, stand Jonathan schon mit dem Koffer im Flur.

»Heute Abend?«, fragte Simone.

»Je eher, desto besser, Schatz. Ganz spontan. Mittwoch bin ich zurück, vielleicht auch schon morgen Abend.«

»Aber wo kann ich dich erreichen? Hast du ein Hotelzimmer?«

»Nein. Ich schicke dir ein Telegramm. Keine Sorge.«

»Hast du das alles denn mit dem Arzt dort abgesprochen? Wer ist das überhaupt?«

»Das weiß ich noch nicht. Ich habe nur von dem Krankenhaus gehört.« Jonathan wollte den Pass in die innere Jackentasche stecken. Er fiel ihm aus den Händen.

»So hab ich dich noch nie gesehen!«, sagte Simone.

Jonathan lächelte ihr zu. »Na ja, wenigstens stehe ich noch.«

Simone hätte ihn gerne zum Bahnhof Fontainebleau-Avon begleitet und dann den Bus allein zurückgenommen, doch er wollte davon nichts wissen.

»Ich schick dir gleich ein Telegramm«, sagte er.

»Wo ist Hamburg?«, fragte Georges schon zum zweiten Mal.

»*En Allemagne* – in Deutschland!«, sagte Jonathan.

Zum Glück bekam Jonathan ein Taxi auf der Rue de France. Der Zug fuhr gerade ein, als er den Bahnhof erreichte; er hatte kaum Zeit, die Fahrkarte zu lösen und einzusteigen. An der Gare de Lyon nahm er wiederum ein Taxi bis Les Invalides. Jonathan hatte von den sechshundert Franc noch einiges übrig. Vorerst würde er sich um Geld keine Sorgen machen müssen.

Im Flugzeug döste er mit einer Zeitschrift auf dem Schoß vor sich hin. Er stellte sich vor, ein anderer zu sein. Es war, als reiße die Maschine sein neues Ich rasend schnell von dem Mann fort, der in dem dunklen, grauen Haus in der Rue Saint-Merry zurückgeblieben war. Im Geiste sah er einen anderen Jonathan, wie er in diesem Augenblick Simone beim Geschirrspülen half und über langweiliges Zeug redete, etwa die Kosten eines neuen Linoleumbodens für die Küche.

Das Flugzeug landete. Die Luft draußen war beißend kalt, viel kälter als daheim. Eine lange, beleuchtete Autobahn, dann die Straßen der Stadt, mächtige Häuser, die hinauf in den Nachthimmel ragten, Straßenlampen von anderer Form und Farbe als in Frankreich.

Und da war Wister. Lächelnd kam er auf ihn zu, die rechte Hand ausgestreckt. »Willkommen, Mr. Trevanny. Wie war der Flug? Mein Wagen steht gleich draußen. Hoffentlich hat es Ihnen nichts ausgemacht, den Bus in die Stadt zu nehmen. Mein Fahrer – eigentlich ist er das nicht, aber er fährt mich manchmal – hatte bis eben anderweitig zu tun.«

Sie traten hinaus auf die Straße. Wister redete weiter in seinem eintönigen, amerikanisch gefärbten Englisch. Bis auf die Narbe wies nichts an ihm auf Gewalttätigkeit hin. Jonathan kam er sehr ruhig vor, ein Psychiater fände ihn vielleicht zu ruhig. Oder hatte er nur ein Magengeschwür und musste sich schonen? Neben einem glänzenden schwarzen Mercedes blieb Wister stehen. Ein älterer Mann ohne Mütze nahm Jonathan den nicht sehr großen Koffer ab und öffnete den Wagenschlag.

»Das ist Karl«, sagte Wister.

»Guten Abend.«

Karl lächelte und murmelte etwas auf Deutsch.

Sie fuhren ziemlich lange. Wister zeigte Jonathan das Rathaus (»das älteste in Europa, die Bomben haben es verfehlt«) und eine große Kirche oder Kathedrale, deren Namen er nicht mitbekam. Dann fuhren sie durch einen eher ländlich geprägten Stadtteil, überquerten eine weitere Brücke und bogen in eine kaum erleuchtete Straße ein.

»Da wären wir«, bemerkte Wister. »Mein Zuhause.«

Der Wagen hielt am Ende einer Auffahrt vor einem großen Wohnhaus. Nur wenige Fenster waren erleuchtet, doch über dem vornehmen Eingang brannte Licht.

»Ein altes Haus mit vier Wohnungen. Eine davon gehört mir«, erklärte Wister. »In Hamburg gibt es viele solcher umgebauten ehemaligen Einfamilienhäuser. Von meiner Wohnung habe ich einen schönen Blick auf die Alster, beziehungsweise die Außenalster. Morgen sehen Sie mehr davon.«

In einem modernen Lift fuhren sie nach oben. Karl trug Jonathans Koffer, klingelte, und eine Frau mittleren Alters in schwarzem Kleid und weißer Schürze öffnete die Tür.

»Das ist Gaby«, sagte Wister zu Jonathan. »Sie hilft im Haushalt. Eigentlich arbeitet sie für eine andere Familie im Haus und schläft auch dort, aber ich sagte ihr, wir bräuchten heute Abend vielleicht etwas zu essen. Gaby: Herr Trevanny aus Frankreich.«

Die Frau begrüßte ihn zuvorkommend und nahm ihm den Mantel ab. Ihr Gesicht war rund und weich, wie ein Pudding, und sie sah aus wie die Gutmütigkeit in Person.

»Dort können Sie sich frischmachen, wenn Sie wollen.« Wister deutete auf das Badezimmer. Das Licht brannte schon. »Ich hole Ihnen einen Scotch. Haben Sie Hunger?«

Als er aus dem Badezimmer kam, saß Wister in dem großen, quadratischen, von vier Lampen erleuchteten Wohnzimmer auf dem Sofa und rauchte eine Zigarre. Zwei Scotch standen vor ihm auf dem Couchtisch. Sofort kam auch Gaby und brachte ein Tablett mit Schnittchen und einem runden, gelben Käselaib.

»Ach, Gaby, vielen Dank.« Zu Jonathan sagte er: »Es ist spät für sie, doch als ich ihr sagte, ich würde einen Gast erwarten, wollte sie unbedingt noch bleiben und die Sandwiches servieren.« Trotz dieser gut gelaunten Bemerkung lächelte er nicht, sondern runzelte die Stirn, während die Haushälterin den Tisch mit Tellern und Tafelsilber deckte. Als Gaby gegangen war, fuhr er fort: »Geht es Ihnen gut? Also, das Wichtigste ist, dass Sie sich einem Spezialisten vorstellen. Ich denke da an einen guten Mann, Dr. Heinrich Wentzel, einen Hämatologen am Eppendorfer Krankenhaus, dem größten der Stadt. Weltberühmt, der Mann. Ich habe morgen um zwei einen Termin für Sie vereinbart, wenn Ihnen das passt.«

»Sicher. Vielen Dank«, sagte Jonathan.

»Dann können Sie sich erst mal richtig ausschlafen. Ihrer Frau hat es doch hoffentlich nicht zu viel ausgemacht, dass Sie so mir nichts, dir nichts abgereist sind? Andererseits ist es schließlich nur klug, bei einem ernsten Leiden mehr als einen Arzt zurate zu ziehen …«

Jonathan hörte gar nicht richtig zu. Er war halb benommen, auch die Einrichtung verwirrte ihn, die so durch und durch *deutsch* war. Und dass er überhaupt zum ersten Mal in Deutschland war. Die Einrichtung war konventionell, die Möbel waren eher modern als antik, nur an der Wand ihm gegenüber stand ein schöner Biedermeier-Sekretär. Sonst überall an den Wänden niedrige Regale mit Büchern, vor den Fenstern lange, grüne Vorhänge und in den Ecken Lampen, die ein angenehmes Licht warfen. Ein Humidor aus tiefrotem Holz stand offen auf dem gläsernen Couchtisch, in den Fächern diverse Zigarren und Zigaretten. Ein weißer Kamin mit Messingzubehör, in dem noch kein Feuer brannte. Über dem Kamin ein interessantes Bild, sah aus wie ein Derwatt. Und wo war Minot? Vermutlich war Wister Reeves Minot. Ob der Mann es ihm sagen würde? Oder sollte er selbst darauf kommen? Jonathan dachte auf einmal daran, dass Simone und er das ganze Haus weiß streichen oder tapezieren sollten. Und dass er sie von der Idee abbringen musste, Jugendstiltapeten wären das Richtige für das Schlafzimmer. Wenn sie mehr Licht wollten, war Weiß die logische –

»Vielleicht haben Sie ja schon über den anderen Vorschlag nachgedacht«, sagte Wister mit seiner sanften Stimme. »Den ich in Fontainebleau erwähnte.«

»Bedauere, aber ich habe meine Meinung nicht geändert«, erwiderte Jonathan. »Womit ich Ihnen sechshundert Franc schulde.« Er lächelte gezwungen. Der Scotch wirkte schon, nervös trank er noch einen Schluck. »Ich kann Ihnen das Geld binnen drei Monaten zurückzahlen. Das Wichtigste ist für mich jetzt der Facharzt. Alles andere kommt später.«

»Selbstverständlich«, sagte Wister. »Und vergessen Sie das mit der Rückzahlung. Das ist Unsinn.«

Jonathan wollte nicht widersprechen, doch er spürte etwas wie Scham. Vor allem aber hatte er das merkwürdige

Gefühl, zu träumen oder jemand anders zu sein. Das ist nur, weil hier alles so fremd ist, dachte er.

»Dieser Italiener, den wir ausschalten wollen, hat einen Beruf wie jeder andere.« Wister verschränkte die Hände hinter dem Kopf und schaute zur Decke hinauf. »Ha, sehr lustig! Er tut nur so, als ginge er einer geregelten Arbeit nach. Hängt in den Clubs um die Reeperbahn herum, tut so, als ob ihn das Spielen dorthin zieht, tut so, als ob er als Weinprüfer arbeitet. Ich bin sicher, er hat einen Kumpan in dieser – wie auch immer so eine Weinfirma hier heißt. Jeden Nachmittag geht er in die Firma, aber jeden Abend ist er in irgendeinem privaten Casino, setzt ein bisschen und sieht, wer so da ist. Vormittags schläft er, weil er die ganze Nacht auf den Beinen ist. Der Punkt ist der:« – Wister setzte sich auf – »Jeden Nachmittag fährt er mit der U-Bahn nach Hause, in seine Mietwohnung. Gemietet für sechs Monate, solange sein Arbeitsvertrag mit der Weinfirma läuft, damit alles nach außen seine Richtigkeit hat. – Greifen Sie doch zu!«

Wister reichte ihm die Platte, als habe er die Schnittchen eben erst bemerkt.

Jonathan nahm eines mit Zungenwurst. Dazu gab es Weißkohlsalat und saure Gurken.

»Jedenfalls steigt er jeden Tag gegen Viertel nach sechs an der U-Bahn-Station Steinstraße aus, und zwar allein. Wirkt wie ein ganz gewöhnlicher Geschäftsmann, ein höherer Angestellter, der aus dem Büro kommt. Genau dann wollen wir ihn erwischen.« Wister legte die Hände auf den Tisch, die knochigen Finger gespreizt. »Der Schütze feuert nur einmal, wenn er ihn mitten in den Rücken trifft, notfalls auch zweimal, um sicherzugehen, lässt die Waffe fallen – und *bingo*! Ich glaube, ihr Engländer sagt ›*Bob's your uncle*‹, nicht?«

Die Redensart war ihm tatsächlich vertraut, aus einer fernen, ganz fernen Vergangenheit. »Wenn die Sache so einfach ist, wieso dann ich?« Jonathan rang sich ein Lächeln ab. »Gelinde gesagt, ich bin ein Amateur. Ich würd's verbocken.«

Wister schien nur halb hingehört zu haben. »Kann sein, dass man die Leute in der U-Bahn-Station festhält. Jedenfalls einen Teil, wer weiß, dreißig oder vierzig vielleicht. Wenn die Polizei schnell genug da ist. Die Station ist riesig, sie liegt unter dem Hauptbahnhof. Vielleicht sieht sie sich die Leute kurz an. Aber selbst wenn, was kann Ihnen schon passieren?« Wister zuckte die Achseln. »Die Kanone haben Sie fallen gelassen. Über der Schusshand haben Sie einen dünnen Damenstrumpf getragen, auch den haben Sie kurz nach dem Schuss fallen gelassen. Keine Schmauchspuren am Körper, kein Fingerabdruck auf der Waffe. Keine Verbindung zwischen Ihnen und dem Toten. Ach, aber so weit wird's gar nicht kommen. Ein Blick auf Ihren französischen Personalausweis, dazu der bestätigte Termin bei Dr. Wentzel, und Sie sind aus dem Schneider. Worauf es mir, nein *uns* ankommt: Wir wollen keinen Mann mit Verbindungen zu uns oder den Clubs …«

Jonathan hörte nur zu, sagte aber nichts. Am Tag der Tat würde er in ein Hotel ziehen müssen, er durfte dann nicht mehr Wisters Gast sein; schließlich könnte ihn ein Beamter fragen, wo er in Hamburg wohne. Und was war mit Karl und der Haushaltshilfe? Wussten sie etwas über die Sache?

Konnte er ihnen vertrauen? Das alles war völlig absurd. Er verkniff sich ein Lächeln.

»Sie sind müde«, stellte Wister fest. »Soll Gaby Ihnen Ihr Zimmer zeigen? Ihr Koffer ist schon dort.«

Eine Viertelstunde später, nach einer heißen Dusche, stand Jonathan im Pyjama am Fenster, das zur Straße hinausging, wie die beiden Fenster des Wohnzimmers auch, und sah hinaus auf das Wasser, auf die Lichter am Ufer vor dem Haus und die roten und grünen Positionsleuchten vertäuter Segelboote. Das Wasser wirkte weit, dunkel und friedlich. Der Strahl eines Suchscheinwerfers wanderte schützend über den Himmel. Sein Bett war fast breit genug für zwei und ordentlich aufgeschlagen. Auf dem Nachttisch standen ein Glas mit Wasser, oder jedenfalls einer klaren Flüssigkeit, und ein Aschenbecher; daneben lagen eine Schachtel Gitanes *maïs*, seine Marke, und Streichhölzer. Jonathan nahm einen kleinen Schluck: Es war tatsächlich Wasser.

6

Jonathan saß auf der Bettkante und nippte am Kaffee, den Gaby gerade gebracht hatte. Genau so mochte er ihn, stark mit einem Schuss Sahne. Gegen sieben war er aufgewacht, dann noch einmal eingeschlafen, bis Wister um halb elf an die Tür geklopft hatte.

»Sie brauchen sich nicht zu entschuldigen. Freut mich, dass Sie gut geschlafen haben«, sagte Wister. »Gaby bringt Ihnen gleich einen Kaffee. Oder hätten Sie lieber Tee?«

Dann sagte er noch, er habe für Jonathan ein Zimmer im zentral gelegenen Hotel Viktoria reserviert. Vor dem Mittagessen würden sie hinfahren. Jonathan dankte ihm. Das Hotel wurde nicht mehr erwähnt. Aber das war der Anfang, genau wie er gestern Abend gedacht hatte: Wenn er Wisters Plan ausführen sollte, durfte er hier nicht mehr wohnen. Dennoch war er froh, in ein paar Stunden Wisters Wohnung verlassen zu können.

Am Mittag erschien ein Freund oder Bekannter von Wister, ein Mann namens Rudolf, jung, schlank, glattes schwarzes Haar. Er war nervös und höflich. Wister stellte ihn als Medizinstudenten vor. Offenbar sprach er kein Englisch. Er erinnerte Jonathan an Franz Kafka. Alle drei stiegen in den Wagen, und Karl chauffierte sie zu Jonathans Hotel. Alles hier sah so neu aus, verglichen mit Frankreich, doch dann fiel ihm ein, dass die Bomben damals Hamburg dem Erdboden gleichgemacht hatten. Der Wagen hielt in einer Geschäftsstraße, vor dem Hotel Viktoria.

»Im Hotel sprechen alle Englisch«, sagte Wister. »Wir warten hier auf Sie.«

Jonathan ging hinein. Ein Page nahm ihm an der Tür den Koffer ab. Er zückte seinen britischen Pass und trug die Nummer in das Anmeldeformular ein. Dann bat er darum, ihm den Koffer aufs Zimmer zu bringen. Das hatte Wister ihm geraten. Augenscheinlich ein Hotel der mittleren Preisklasse.

Dann fuhren sie zu einem Restaurant. Karl würde nicht mitessen. Vor dem Mittagessen tranken sie zu dritt eine Flasche Wein, und Rudolf entspannte sich. Er sprach deutsch, Wister übersetzte ein paar seiner scherzhaften Bemerkungen. Jonathan dachte daran, dass er um zwei im Krankenhaus sein musste.

»Reeves –« Rudolf brach ab.

Jonathan meinte, das von ihm schon einmal gehört zu haben. Diesmal hatte er sich nicht verhört. Wister, oder Minot, nahm es gelassen. Jonathan ebenfalls.

»Anämie?«, fragte ihn Rudolf.

»Schlimmer.« Jonathan lächelte.

Minot übersetzte das und redete mit Rudolf auf Deutsch weiter. Sein Deutsch kam Jonathan nicht weniger unbeholfen vor als sein Französisch, aber wahrscheinlich kam er damit genauso gut durch.

Das Essen war ausgezeichnet, die Portionen gewaltig. Reeves hatte seine eigenen Zigarren mitgebracht, doch bevor sie fertiggeraucht hatten, mussten sie aufbrechen.

Das Krankenhaus, ein riesiger Gebäudekomplex, war umgeben von Bäumen und Wegen mit Blumenrabatten. Wieder fuhr Karl sie. Jonathan musste in einen Flügel des Krankenhauses, der an ein futuristisches Labor erinnerte: Zimmer links und rechts eines Korridors, wie in einem Hotel, nur dass in diesen Zimmern vollverchromte Stühle und Betten standen und jeder Raum von bläulich fluoreszierenden oder andersfarbigen Leuchten erhellt wurde. Es roch nicht nach Desinfektionsmittel, sondern nach einem unheimlichen Gas, ähnlich wie damals vor fünf Jahren, als Jonathan unter der Bestrahlungskanone gelegen hatte, die gegen die Leukämie so wirkungslos gewesen war. Einer dieser Orte, wo sich Laien bedingungslos allwissenden Spezialisten ausliefern, dachte Jonathan, und sofort wurde ihm so flau, dass er hätte umfallen können. Er ging über einen scheinbar endlos langen Korridor, der den Schall seiner Schritte schluckte, neben sich Rudolf, der bei Bedarf für ihn übersetzen sollte. Reeves war mit Karl im Auto geblieben, doch wusste Jonathan weder, ob sie warten würden, noch, wie lange die Untersuchung dauern dürfte.

Dr. Wentzel war ein massiger Mann mit grauem Haar und buschigem Schnauzbart. Er sprach etwas Englisch, versuchte sich aber gar nicht erst an langen Sätzen. »Wie lange?« Sechs Jahre. Er stellte Jonathan auf die Waage, fragte ihn, ob er in letzter Zeit Gewicht verloren habe, bat ihn, den Oberkörper frei zu machen und tastete seine Milz ab. Dabei murmelte der Arzt die ganze Zeit über halblaut auf Deutsch vor sich hin, während eine Schwester sich Notizen machte. Er maß Jonathans Blutdruck und hob seine Augenlider, ließ Urin- und Blutproben nehmen. Schließlich gewann er aus Jonathans Brustbein die Knochenmarkprobe, und zwar mit einem Instrument ähnlich einem Lochstanzer, das schneller und schmerzärmer arbeitete als Dr. Perriers Sonde. Die Ergebnisse, sagte er, könne Jonathan morgen früh erfragen. Die Untersuchung hatte nur eine Dreiviertelstunde gedauert.

Jonathan und Rudolf verließen das Krankenhaus. Der Wagen stand zusammen mit anderen Autos auf einem Parkplatz ein paar Meter weiter.

»Wie war's? Wann bekommen Sie die Ergebnisse?«, fragte Reeves. »Wollen Sie lieber mit zu mir zurück oder in Ihr Hotel?«

»Lieber ins Hotel, bitte.« Erleichtert sank Jonathan in eine Ecke der Rückbank.

Rudolf lobte Wentzel gegenüber Reeves offenbar in den höchsten Tönen. Sie hielten vor dem Hotel.

»Wir holen Sie zum Essen ab«, verkündete Reeves fröhlich. »Um sieben!«

Jonathan ließ sich den Schlüssel geben und ging auf sein Zimmer, zog das Jackett aus und ließ sich bäuchlings aufs Bett fallen. Nach ein paar Minuten raffte er sich auf. Er ging zum Schreibtisch. In einer Schublade lag Briefpapier, Jonathan setzte sich hin und schrieb:

4. April 19–

Meine liebe Simone,
gerade habe ich eine Untersuchung hinter mir. Die Ergebnisse bekomme ich morgen früh. Sehr gut organisiertes Krankenhaus, der Arzt sieht aus wie Kaiser Franz Joseph. Angeblich der beste Hämatologe der

Welt! Wie der Befund morgen auch ausfallen wird, es wird mich beruhigen, dass ich Bescheid weiß. Mit ein bisschen Glück bin ich morgen vielleicht schon zu Hause, noch bevor du diesen Brief bekommst, wenn Dr. Wentzel nicht noch weitere Tests mit mir vorhat. Schicke gleich ein Telegramm, nur damit du weißt, dass es mir gut geht. Du fehlst mir. Ich denke an dich und an Cailloux.

A bientôt, *in Liebe,*
dein Jon

Er hängte seinen besten, dunkelblauen Anzug in den Schrank, ließ die restlichen Sachen im Koffer und ging hinunter, den Brief aufzugeben. Am Abend zuvor hatte er am Flughafen einen seiner wenigen uralten Reiseschecks zu zehn Pfund eingelöst. Er schrieb Simone ein kurzes Telegramm: Es gehe ihm gut, ein Brief sei unterwegs. Dann trat er hinaus. Vor dem Hotel merkte er sich den Straßennamen, prägte sich die Umgebung ein – vor allem die riesige Bierreklame fiel ihm auf – und begab sich auf einen Spaziergang.

Auf dem Gehweg herrschte dichtes Gedränge: Passanten, die einkaufen wollten oder Dackel an der Leine führten, Händler an jeder Straßenecke, die Obst oder Zeitungen verkauften. Jonathan blieb vor einer Auslage voller schöner Pullover stehen. Ein eleganter Morgenrock aus blauer Seide hing vor weißen Schaffellen. Er fing an, den Preis in Franc umzurechnen, gab aber gleich wieder auf. So gut gefiel ihm der Morgenrock nun doch nicht. Er überquerte eine breite verkehrsreiche Straße mit Bussen und Straßenbahnen, kam zu einer Fußgängerbrücke, die über einen Kanal führte, und blieb stehen. Er wollte nicht hinübergehen. Vielleicht einen Kaffee. Er steuerte auf ein einladendes Café mit Gebäck und Kuchen im Schaufenster zu, mit einem Tresen und kleinen Tischen davor, konnte sich aber nicht überwinden einzutreten. Er hatte schreckliche Angst vor dem Befund morgen früh, das war es, und auf einmal überkam ihn wieder das alte Gefühl, innerlich völlig ausgehöhlt zu sein, dünn wie Seidenpapier, und seine Stirn fühlte sich kalt an, als entweiche alles Leben aus ihm.

Jonathan wusste, oder argwöhnte doch mindestens, dass der Befund morgen gefälscht sein würde. Rudolfs Anwesenheit bei der Untersuchung war ihm suspekt gewesen. Ein Medizinstudent, der nicht helfen konnte, weil er nicht gebraucht wurde, denn Wentzels Krankenschwester hatte Englisch gesprochen. Vielleicht schrieb Rudolf ja heute noch einen falschen Bericht und schob ihn ihm irgendwie unter? Er malte sich sogar aus, wie sich Rudolf am Nachmittag im Krankenhaus Papier mit dem Briefkopf der Klinik beschafft hatte. Vielleicht verlor er aber auch allmählich den Verstand, sagte er sich.

Jonathan kehrte um und ging auf dem kürzesten Weg zum Hotel Viktoria zurück. Dort ließ er sich den Schlüssel geben und ging auf sein Zimmer, zog die Schuhe aus, ging ins Bad und feuchtete ein Handtuch an, das er sich auf dem Bett über Augen und Stirn legte. Müde war er nicht, ihm war nur seltsam zumute. Reeves Minot war auch seltsam: Einem völlig Unbekannten sechshundert Franc vorzuschießen, um ihm dann einen so aberwitzigen Vorschlag zu unterbreiten und mehr als vierzigtausend Pfund zu versprechen. Das konnte nicht wahr sein. Reeves würde nie zahlen können. Offenbar lebte er in einer Traumwelt. Vielleicht war er nicht einmal ein Gauner, nur ein bisschen durchgedreht, einer, der in und von dem Wahn lebte, wichtig und mächtig zu sein.

Das Klingeln des Telefons weckte ihn. Ein Mann sagte auf Englisch: »Unten wartet ein Tschentleman auf Sie, Sir.«

Ein Blick auf die Uhr zeigte ihm, dass es kurz nach sieben war. »Würden Sie ihm ausrichten, ich bin in zwei Minuten unten?«

Jonathan wusch sich das Gesicht, zog einen Rollkragenpulli an, darüber ein Jackett. Den Mantel nahm er auch mit.

Karl war allein gekommen. Im Wagen fragte er auf Englisch: »Hatten Sie einen angenehmen Nachmittag, Sir?«

Während der Unterhaltung stellte Jonathan fest, dass Karl im Englischen über einen bemerkenswert großen Wortschatz verfügte. Wie viele Fremde er wohl schon für Reeves herumgefahren hatte? Welche Art von Geschäften machte der Mann Karls Meinung nach? Vielleicht war ihm das schlicht und einfach egal. Welchem Geschäft ging Reeves eigentlich offiziell nach?

Karl hielt wieder oben am Ende der Auffahrt, doch diesmal fuhr Jonathan allein mit dem Aufzug in den zweiten Stock.

Reeves Minot, in Pullover und grauer Flanellhose, begrüßte ihn an der Tür. »Kommen Sie herein! Haben Sie sich einen ruhigen Nachmittag gemacht?«

Sie tranken Scotch. Der Tisch war für zwei gedeckt. Anscheinend würden sie heute Abend zu zweit essen.

»Ich möchte Ihnen ein Foto von dem Mann zeigen, den ich meine.« Reeves drückte seinen schlaksigen Körper aus dem Sofa hoch und ging zu dem Biedermeiersekretär. Aus einer Schublade nahm er zwei Fotos. Das eine zeigte den Mann von vorn, das andere im Profil zusammen mit anderen, die sich über einen Tisch beugten. Einen Roulettetisch.

Jonathan betrachtete das Foto, das den Mann von vorne zeigte, so klar und deutlich wie auf einem Passbild: um die vierzig, mit dem kantigen, fleischigen Gesicht, das sich bei Italienern so oft fand, erste Falten von den Nasenflügeln zu den Mundwinkeln, dicke Lippen. Etwas Misstrauisches, fast Erschrockenes im Blick der dunklen Augen, doch da war auch ein dünnes Lächeln, als wolle er sagen: »Komm schon, was hab ich verbrochen?« Salvatore Bianca, bemerkte Reeves.

Er zeigte auf das Gruppenbild. »Das hier wurde vor ungefähr einer Woche in Hamburg aufgenommen. Er spielt selber gar nicht, schaut nur zu. Einer der seltenen Momente, wenn er auf den Spieltisch sieht … Bianca hat bestimmt eigenhändig ein halbes Dutzend Leute umgelegt, sonst hätte er es nicht mal zum Fußsoldaten gebracht. Aber als Mafiamann ist er nicht weiter wichtig. Leicht ersetzbar. Verstehen Sie, wir wollen die Sache nur ins Rollen bringen …« Reeves redete weiter, während Jonathan sein Glas leerte und neu eingeschenkt bekam. »Bianca trägt stets einen Hut – draußen, meine ich. Einen Homburg. Und für gewöhnlich einen Tweedmantel …«

Reeves besaß einen Plattenspieler. Jonathan hätte gern Musik gehört, fand es aber unhöflich zu fragen, obwohl er den Mann schon vor sich sah, wie er zur Stereoanlage stürzte und genau die Musik auflegte, die sein Gast hören wollte. Irgendwann unterbrach Jonathan den Redefluss: »Wie soll ich einen ganz gewöhnlichen Mann mit aufgestelltem Matelkragen, den Hut tief in die Stirn gezogen, von zwei Fotos her in einer Menschenmenge wiedererkennen?«

»Ein Freund von mir wird zusammen mit Bianca an der U-Bahn-Station Rathaus zusteigen und bis Messberg mitfahren, das ist die nächste und einzige Station vor Steinstraße. Schauen Sie, hier!«

Wieder war Reeves nicht zu bremsen. Er zeigte Jonathan einen Faltplan von Hamburg, auf dem die U-Bahnlinien blau gepunktet markiert waren.

»Sie steigen mit Fritz an der Station Rathaus zu. Fritz kommt nach dem Essen hier vorbei.«

»Leider muss ich Sie enttäuschen«, wollte Jonathan sagen. Ganz frei von Schuld fühlte er sich nicht, weil er Reeves so lange im Unklaren gelassen hatte. Aber stimmte das wirklich? Nein. Reeves hatte ein aberwitziges Spiel gespielt, wahrscheinlich war er daran gewöhnt. Und vielleicht hatte er es vor ihm schon bei anderen versucht. Jonathan wollte schon fragen, ob er der Erste sei, doch Reeves redete immer weiter.

»Unter Umständen wird ein zweiter Schuss fällig. Kann durchaus sein. Ich will Ihnen da nichts vormachen …«

Jonathan war froh, dass es eine Kehrseite gab. Reeves hatte alles in den rosigsten Farben ausgemalt: ein kinderleichter Mord, dann die Taschen voller Geld, ein besseres Leben in Frankreich oder anderswo, eine Kreuzfahrt um die Welt, nur das Beste für Georges (er hatte nach dem Namen gefragt) und ein gesicherteres Leben für Simone. – Wie sollte er ihr jemals so viel Geld erklären?

»Das ist Aalsuppe.« Reeves nahm den Löffel zur Hand.

»Eine Hamburger Spezialität. Gaby kocht sie für ihr Leben gern.«

Die Suppe war ausgezeichnet. Dazu gab es einen erstklassigen, gut gekühlten Moselwein.

»Hamburg hat einen berühmten Zoo, wissen Sie. Hagenbecks Tierpark, in Stellingen. Auch die Fahrt dahin ist schön. Wir könnten morgen hin. Das heißt« – Reeves machte ein sorgenvolles Gesicht –, »wenn mir nichts dazwischenkommt. Womit ich schon fast rechne. Das erfahre ich aber heute Abend, spätestens jedoch morgen früh.«

Als ob der Zoo wichtig wäre. Jonathan sagte: »Morgen Vormittag bekomme ich im Krankenhaus den Befund. Um elf soll ich dort sein.« Verzweiflung ergriff ihn, als wäre elf Uhr seine Todesstunde.

»Ach ja, natürlich. Na, vielleicht dann am Nachmittag. Die Tiere werden dort in einer, wie sagt man, artgerechten Umgebung gehalten …«

Sauerbraten. Mit Rotkohl.

Es klingelte an der Tür. Reeves blieb sitzen. Kurz darauf kam Gaby herein und verkündete, »der Herr Fritz« sei da.

Fritz hielt die Mütze in der Hand und trug einen schon recht schäbigen Mantel. Er war um die fünfzig.

»Fritz, das ist Paul.« Reeves deutete auf Jonathan. »Aus England. Paul: Fritz.«

»Guten Abend«, sagte Jonathan.

Fritz hob grüßend die Hand. Ein harter Hund, dachte Jonathan, aber ein freundliches Lächeln.

»Setz dich doch, Fritz. Ein Glas Wein? Einen Scotch?«, fragte Reeves auf Deutsch. »Paul ist unser Mann«, fuhr er auf Englisch fort. Er reichte Fritz ein Glas Weißwein.

Fritz nickte. Jonathan fand die Szene amüsant. Die überdimensionalen Weingläser glichen Kelchen aus einer Wagneroper. Reeves saß nun seitwärts in seinem Sessel.

»Fritz ist Taxifahrer«, sagte er. »Hast Herrn Bianca oft abends nach Haus gebracht, was, Fritz?«

Fritz brummelte etwas und lächelte.

»Nicht oft, nur zweimal«, übersetzte Reeves. »Klar, wir wollen ja nicht –« Er zögerte, als überlege er, in welcher Sprache er fortfahren sollte, und sagte dann zu Jonathan: »Bianca würde Fritz wahrscheinlich nicht wiedererkennen. Falls doch, ist das nicht weiter schlimm, weil Fritz am Messberg aussteigt. Wichtig ist nur, dass Sie sich morgen vor der U-Bahn-Station Rathaus mit Fritz treffen, dann zeigt er Ihnen den … unsern Bianca.«

Fritz nickte. Offenbar verstand er jedes Wort.

Morgen also. Jonathan hörte schweigend zu.

»Also, Sie steigen beide am Rathaus zu, so gegen Viertel nach sechs. Seien Sie lieber schon vor sechs da – Bianca könnte aus irgendeinem Grund einen Zug früher nehmen, obschon er normalerweise immer um Viertel nach sechs kommt. Karl wird Sie hinfahren, Paul, machen Sie sich darum keine Sorgen. Sie und Fritz sollten sich nicht zu nahe kommen, aber es kann sein, dass Fritz mit Bianca und Ihnen mitfahren muss, damit er ihn eindeutig identifizieren kann. Auf jeden Fall steigt Fritz an der nächsten Station, Messberg, wieder aus.« Reeves sagte auf Deutsch etwas zu Fritz und streckte die Hand aus.

Aus einer Innentasche zog Fritz eine kleine schwarze Pistole hervor und gab sie Reeves. Der blickte zur Tür, als habe er Angst, Gaby könne hereinkommen, doch allzu groß schien die Angst nicht zu sein; außerdem passte die Waffe fast in seine Handfläche. Nach einigem Herumhantieren zog er den Schlitten zurück und warf einen Blick ins Rohr.

»Geladen und gesichert. Hier. Verstehen Sie etwas von Schusswaffen, Paul?«

Jonathan wusste sehr wenig darüber. Reeves erklärte ihm die Pistole, Fritz half ihm dabei. Wichtig war vor allem der Sicherungshebel. Und wie er vorher die Waffe entsicherte. Von dieser italienischen Pistole hatte Reeves gesprochen.

Fritz musste gehen. Er nickte Jonathan zum Abschied zu: »Bis morgen um sechs!«

Reeves brachte ihn zur Tür und kam mit einem rotbraunen, nicht mehr ganz neuen Tweedmantel zurück. »Der ist sehr weit«, sagte er. »Schlüpfen Sie mal rein.«

Jonathan wollte den Mantel nicht anprobieren, dennoch stand er auf und zog ihn an. Die Ärmel waren ein bisschen zu lang. Jonathan steckte die Hände in die Taschen und stellte fest, dass das Futter der rechten Tasche durchtrennt war, wie Reeves auch gerade sagte. Er solle die Pistole in der rechten Jackentasche tragen, sie durch die Manteltasche ziehen, feuern, am besten nur einmal, und die Waffe fallen lassen.

»Sie werden eine Menge Menschen um sich sehen«, sagte Reeves, »einige Hundert ungefähr. Hinterher weichen Sie zurück, genau wie alle andern, weil der Schuss Sie erschreckt hat.« Reeves machte es ihm vor, indem er rückwärts ging und sich dabei nach hinten lehnte.

Zum Kaffee tranken sie Steinhäger. Reeves fragte nach dem Leben in Fontainebleau, nach Simone und Georges. Ob der Junge nur Französisch oder auch Englisch spreche?

»Er kann schon ein paar Brocken«, erwiderte Jonathan. »Ich kann ihm nicht so viel beibringen, weil ich ihn zu wenig sehe.«

7

Am nächsten Morgen kurz nach neun rief Minot Jonathan im Hotel an: Karl werde ihn um zwanzig vor elf abholen und zum Krankenhaus fahren. Rudolf werde mitkommen. Was Jonathan nicht überraschte.

»Viel Glück«, sagte Reeves. »Bis später.«

Jonathan saß unten in der Hotelhalle und las die Londoner *Times,* als Rudolf hereinkam, einige Minuten zu früh. Rudolf lächelte sein verschüchtertes Mäuselächeln, Kafka ähnlicher denn je.

»Guten Morgen, Herr Trevanny«, sagte er.

Rudolf und Jonathan setzten sich in den Fond des großen Wagens.

»Viel Glück mit dem Befund«, sagte Rudolf liebenswürdig.

»Ich möchte auch noch mit dem Doktor sprechen«, gab Jonathan ebenso liebenswürdig zurück.

Er war überzeugt, dass Rudolf ihn verstanden hatte, obgleich dieser nun etwas verunsichert wirkte und auf Deutsch antwortete: »Wir werden versuchen …«

Jonathan begleitete Rudolf ins Krankenhaus, obwohl dieser gesagt hatte, er könne den Befund abholen und auch fragen, ob der Arzt Zeit habe. Karl hatte übersetzt, sodass Jonathan alles verstanden hatte. Karl schien neutral zu sein, dachte Jonathan, und war es wahrscheinlich auch. Aber irgendetwas kam ihm seltsam vor, so als spiele jeder eine Rolle, sogar er selber, und zwar schlecht. In der Eingangshalle sprach Rudolf mit einer Krankenschwester, die an der Anmeldung hinter einem Schreibtisch saß, und fragte nach dem Arztbrief für Herrn Trevanny.

Die Schwester sah in einem Kasten voll verschieden großer Briefumschläge nach und zog einen Umschlag im Format eines Geschäftsbriefs hervor, auf dem Jonathans Name stand.

»Und Dr. Wentzel? Könnte ich ihn sprechen?«, fragte Jonathan.

»Dr. Wentzel?« Die Schwester sah in einem Ordner mit Klarsichtreitern nach, drückte auf einen Knopf und hob den Telefonhörer ab. Nach ein paar Sätzen auf Deutsch legte sie wieder auf und sagte auf Englisch zu Jonathan: »Dr. Wentzel hat heute den ganzen Tag keine Zeit, sagt seine Stationsschwester. Wollen Sie einen Termin für morgen Vormittag, zehn Uhr dreißig?«

»Ja, bitte«, erwiderte Jonathan.

»Gut, ich merke Sie vor. Aber die Schwester sagt, Sie würden in dem Bericht schon viele … Informationen finden.«

Jonathan ging mit Rudolf zum Wagen zurück. War Rudolf enttäuscht oder bildete er sich das nur ein? Wie dem auch sei, Jonathan hielt den dicken Umschlag in der Hand, den echten Bericht.

Im Wagen sagte Jonathan zu Rudolf: »Sie entschuldigen?«, und öffnete den Umschlag: drei maschinengeschriebene Seiten. Jonathan sah auf den ersten Blick, dass viele

Wörter mit den ihm vertrauten französischen und englischen Fachausdrücken übereinstimmten. Die letzte Seite dagegen bestand aus zwei langen Absätzen auf Deutsch, darunter dasselbe lange Wort für diese Unterart der weißen Blutkörperchen. Jonathan stockte das Herz, als er las: »Leukozyten: 210 000«, höher als im letzten französischen Befund und höher als je zuvor. Er gab sich keine Mühe, weiterzulesen. Während er die Blätter wieder zusammenfaltete, sagte Rudolf ein paar höfliche Worte zu ihm, streckte die Hand aus, und Jonathan reichte ihm den Bericht, ungern zwar, doch was blieb ihm anderes übrig, und außerdem war es sowieso egal.

Rudolf sagte zu Karl, er solle losfahren.

Jonathan sah zum Fenster hinaus. Er hatte nicht die Absicht, Rudolf um irgendwelche Erklärungen zu bitten. Lieber würde er selber in einem Wörterbuch nachschlagen oder Reeves fragen. Jonathan dröhnten die Ohren; er lehnte sich zurück und atmete tief durch. Rudolf warf ihm einen kurzen Blick zu und kurbelte sofort sein Fenster herunter.

Karl sagte über die Schulter: »Meine Herren, Herr Minot erwartet Sie beide zum Mittagessen. Danach geht es vielleicht in den Zoo.«

Rudolf musste lachen und antwortete auf Deutsch.

Jonathan dachte daran, Karl zu bitten, ihn zum Hotel zurückzufahren. Doch was sollte er dort? Über die Werte brüten, ohne den ganzen Bericht zu verstehen? Irgendwo unterwegs wollte Rudolf abgesetzt werden. Karl hielt an einem Kanal; Rudolf streckte die Hand aus, ergriff Jonathans Rechte und schüttelte sie kräftig. Dann fuhr Karl weiter zu Reeves. Die Alster funkelte in der Sonne, kleine Boote tanzten fröhlich vor Anker, und ein paar Segelboote glitten über das Wasser, glatt und weiß wie neue Spielzeugschiffchen.

Gaby ließ Jonathan herein. Reeves telefonierte gerade, legte aber bald auf.

»Hallo, Jonathan. Was gibt's Neues?«

»Nichts allzu Gutes«, sagte Jonathan. Er blinzelte, geblendet vom Sonnenlicht in dem weißen Zimmer.

»Und der Bericht? Darf ich ihn mal sehen? Konnten Sie alles verstehen?«

»Nein, nicht alles.« Jonathan gab Reeves den Umschlag.

»Haben Sie auch mit dem Arzt gesprochen?«

»Er hatte keine Zeit.«

»Setzen Sie sich, Jonathan. Sie sehen aus, als könnten Sie einen Drink gebrauchen.« Reeves ging zu dem Regal, auf dem die Flaschen standen.

Jonathan setzte sich auf das Sofa und legte den Kopf zurück. Er fühlte sich leer und mutlos, aber nicht schwach, wenigstens nicht im Moment.

»Ist der Befund schlimmer als der französische?« Reeves kam mit einem Scotch und Soda zurück.

»Im Grunde ja«, sagte Jonathan.

Reeves warf einen Blick auf die letzte Seite mit dem zusammenhängenden Text. »Sie müssen sich vorsehen vor kleinen Verletzungen. Das ist interessant.«

Und nicht weiter neu, dachte Jonathan. Er blutete leicht. Jonathan wartete auf Minots Bemerkungen dazu, ja eigentlich auf seine Übersetzung.

»Hat Rudolf Ihnen diesen Teil übersetzt?«

»Nein. Aber ich hatte ihn auch nicht darum gebeten.«

»›… lässt sich nicht entscheiden, ob sich der Zustand des Patienten verschlechtert hat, da ich keinen früheren Befund einsehen konnte … durchaus lebensbedrohlich angesichts der Dauer der Krankheit …‹ und so weiter. Wenn Sie wollen, gehe ich das Wort für Wort durch«, fuhr Reeves fort. »Für einige dieser langen Fachausdrücke brauche ich ein Wörterbuch, aber das Wichtigste habe ich verstanden.«

»Dann nur das Wichtigste bitte.«

»Ich muss schon sagen, die hätten das für Sie auch auf Englisch schreiben können.« Reeves überflog die Seite noch einmal: »›… eine erhebliche Granulation der Zellen wie auch der … weißen Blutkörperchen. Da der Patient bereits bestrahlt wurde, ist eine Wiederholung zurzeit nicht ratsam, weil die von Leukämie befallenen Zellen eine Resistenz dagegen entwickeln …‹«

Reeves las noch ein Weilchen weiter. Jonathan fand keine Andeutung, wann Schluss sein könnte.

»Da Sie Wentzel heute nicht sprechen konnten – soll ich versuchen, Ihnen für morgen einen Termin zu besorgen?« Reeves klang ehrlich besorgt.

»Danke, aber ich habe schon einen Termin ausgemacht. Morgen Vormittag, halb elf.«

»Gut. Sie sagen, die Stationsschwester spricht Englisch, dann brauchen Sie Rudolf nicht mehr. Warum legen Sie sich nicht ein bisschen hin?« Reeves schob ihm ein Kissen in die Sofaecke.

Jonathan lehnte sich zurück, einen Fuß auf dem Boden, den anderen über der Sofalehne. Er fühlte sich schwach und schläfrig, so als könne er stundenlang schlafen. Reeves schlenderte zum Fenster, durch das die Sonne ins Zimmer fiel, erzählte vom Zoo, sprach von einer seltenen Tierart (deren Namen Jonathan sofort wieder vergaß), einem Neuzugang aus Südamerika. Zwei Tiere derselben Art, ein Pärchen. Die müssten sie sich unbedingt ansehen. Jonathan dachte an Georges, wie er sein Wägelchen zog. *Cailloux.* Er würde ihn nicht aufwachsen sehen, nie seinen Stimmbruch erleben. Abrupt setzte er sich auf und biss die Zähne zusammen.

Gaby kam mit einem großen Tablett herein.

»Ich habe Gaby um ein kaltes Mittagessen gebeten, damit wir essen können, wenn Ihnen danach ist«, sagte Reeves.

Sie aßen kalten Lachs mit Mayonnaise. Jonathan bekam nicht viel herunter, doch das Schwarzbrot mit Butter und der Wein schmeckten gut. Reeves sprach über Salvatore Bianca, über die Verbindungen der Mafia zur Prostitution: Gewöhnlich beschäftigten die Italiener Huren in ihren Spielcasinos und nahmen den Mädchen neunzig Prozent ihrer Einnahmen ab. »Alles Erpressung«, sagte Reeves. »Ihr Ziel ist Geld, ihr Mittel die Einschüchterung. Wie in Las Vegas. Die Hamburger Jungs dagegen haben mit Prostitution nichts am Hut.« Ein Hauch von Selbstgerechtigkeit schwang in seiner Stimme. »Ein paar Mädchen gibt es schon, zugegeben, helfen an der Bar aus oder so. Vielleicht sind sie auch zu haben, aber nicht in den Casinos, das ganz gewiss nicht.« Jonathan hörte kaum zu, was Reeves sagte, und dachte erst recht nicht darüber nach. Er stocherte in seinem Essen herum; das Blut stieg ihm ins Gesicht, während er im Stillen mit sich rang: Er würde versuchen, den Mann zu erschießen. Und das nicht, weil er annahm, in wenigen Tagen oder Wochen zu sterben, sondern schlicht und einfach, weil er das Geld gut gebrauchen konnte, für Simone und Georges. Vierzigtausend Pfund, sechsundneunzigtausend Dollar oder auch nur die Hälfte, falls es bei dem einen Mal bliebe oder er beim ersten geschnappt würde.

»Aber Sie tun es doch, oder?«, fragte Minot, der sich die Lippen mit einer frischgestärkten weißen Serviette abtupfte, und meinte, am Abend auf den Mann schießen.

»Wenn mir etwas zustößt«, sagte Jonathan, »sorgen Sie dann dafür, dass meine Frau das Geld bekommt?«

»Was soll Ihnen schon zustoßen?« Minots Narbe zuckte, als er lächelte. »Ja, ich sorge dafür, dass Ihre Frau das Geld bekommt.«

»Aber wenn trotzdem etwas passiert? Oder wenn nur einer erschossen werden soll?«

Reeves presste die Lippen zusammen, als wolle er die Frage lieber nicht beantworten. »Dann gibt es das halbe Geld. Doch ehrlich gesagt, zwei sind wahrscheinlicher. Die volle Summe wird nach dem zweiten Mann fällig. – Aber das ist ja wunderbar!« Er lächelte – das erste Mal, dass Jonathan ihn ungezwungen lächeln sah. »Heute Abend werden Sie sehen, wie leicht es ist. Und danach feiern wir, sofern Ihnen danach ist.«

Er klatschte über dem Kopf in die Hände. Eine triumphierende Geste, dachte Jonathan, doch es war ein Signal an Gaby.

Sie kam und räumte die Teller weg.

Zwanzigtausend Pfund: Keine allzu eindrucksvolle Summe, aber besser als ein toter Mann plus Bestattungskosten.

Kaffee. Dann zum Zoo. Die beiden Tiere, die Reeves ihm

zeigen wollte, ähnelten kleinen, nussbraunen Bären. Eine kleine Menschenmenge stand vor dem Gehege, sodass Jonathan die Tiere nie gut zu sehen bekam. Sie interessierten ihn auch nicht. Dafür konnte er einige Löwen beobachten, die scheinbar frei umherspazierten. Reeves sorgte sich, Jonathan könne müde werden. Es war fast vier Uhr.

Zurück in seiner Wohnung, bestand Reeves darauf, dass Jonathan eine winzige weiße Pille einnahm, ein »mildes Beruhigungsmittel«, wie er sagte.

»Aber ich brauche doch keins«, protestierte Jonathan. Er war völlig ruhig, fühlte sich sogar richtig wohl.

»Ist besser so, glauben Sie mir!«

Jonathan schluckte die Pille. Reeves sagte, er solle sich für ein Weilchen im Gästezimmer hinlegen. Hellwach lag er auf dem Bett. Um fünf kam Reeves herein und sagte, bald werde es Zeit, sich von Karl zum Hotel fahren zu lassen. Jonathan hatte seinen Mantel dort. Reeves reichte ihm eine Tasse Tee mit Zucker: Sie schmeckte ganz normal, also war es wohl tatsächlich nur Tee. Dann gab ihm Reeves die Pistole und zeigte noch einmal auf den Sicherungshebel. Jonathan steckte die Waffe in die Hosentasche.

»Bis heute Abend also!«, sagte Reeves gut gelaunt.

Karl fuhr Jonathan zum Hotel zurück. Er werde warten, sagte er. Jonathan blieben wohl fünf oder zehn Minuten. Er putzte sich die Zähne – mit Seife, denn die Zahnpasta hatte er bei Simone und Georges gelassen und noch keine neue gekauft –, dann zündete er sich eine Gitane an und blickte aus dem Fenster, bis er merkte, dass er nichts wahrnahm, ja nicht einmal etwas dachte. Er ging zum Schrank und holte den weitgeschnittenen Mantel heraus. Der Mantel war nicht mehr neu, doch noch nicht abgetragen. Wem mochte er gehört haben? Wie passend, dachte Jonathan, konnte er doch so tun, als spiele er eine Rolle in einem Stück, in den Kleidern eines anderen, und als sei die Pistole nur eine Attrappe. Aber Jonathan wusste genau, was er tat und dass er sich nichts vormachen konnte. Für den Mafioso, den er – hoffentlich – töten würde, empfand er kein Mitleid. Und auch für sich selbst nicht: Tod war gleich Tod. Biancas und sein eigenes Leben waren wertlos geworden, wenn auch aus verschiedenen Gründen. Nur dass Jonathan Geld dafür bekam, dass er Bianca umbrachte. Jonathan steckte die Pistole zusammen mit dem Nylonstrumpf in seine Jackentasche. Er merkte, dass er den Strumpf mit den Fingern nur einer Hand überstreifen konnte. Nervös wischte er mit dieser Hand echte und eingebildete Fingerabdrücke von der Waffe. Beim Feuern würde er den Mantel ein Stückchen zur Seite halten müssen, wollte er ein Durchschussloch im Mantel vermeiden. Einen Hut hatte er nicht. Merkwürdig, dass Reeves nicht daran gedacht hatte. Nun war es zu spät, sich darüber den Kopf zu zerbrechen.

Jonathan ging hinaus und zog die Zimmertür fest hinter sich zu.

Karl stand auf dem Gehweg neben dem Auto. Er hielt Jonathan die Wagentür auf. Wie viel wusste Karl? Womöglich alles? Jonathan beugte sich auf der Rückbank vor und wollte Karl gerade bitten, zur U-Bahn-Station Rathaus zu fahren, als dieser über die Schulter sagte:

»Sie sollen Fritz an der Station Rathaus treffen, nicht wahr, Sir?«

»Ja.« Erleichtert sank Jonathan in eine Ecke der Rückbank und spielte mit der kleinen Waffe, schob den Sicherungshebel nach vorn und nach unten. Nach vorn bedeutete entsichert, das hatte er nicht vergessen.

»Herr Minot schlug vor, hier zu halten, Sir. Der Eingang ist gleich gegenüber auf der anderen Straßenseite.« Karl öffnete Jonathans Tür, stieg aber wegen des dichten Verkehrs- und Menschengewühls nicht aus. »Herr Minot sagte, ich soll Sie um halb acht in Ihrem Hotel abholen, Sir.«

»Danke.« Als Jonathan die Wagentür zuschlagen hörte, stand er einen Augenblick lang verloren da und sah sich nach Fritz um. Den Straßenschildern zufolge befand er sich an der großen Kreuzung von »Gr. Johannisstraße« und »Rathausstraße«. Wie in Londons Piccadilly Station hatten die U-Bahn-Stationen in Hamburg offensichtlich mindestens vier Eingänge, wegen der vier Straßenarme, die hier zusammenstießen. Jonathan hielt Ausschau nach Fritz' untersetzter Gestalt mit der Mütze auf dem Kopf. Ein Pulk von Männern, wie eine Fußballmannschaft in Mänteln, stürzte die Stufen zur U-Bahn hinunter, und dahinter kam Fritz zum Vorschein, der gelassen am eisernen Treppengeländer lehnte, und Jonathan hüpfte das Herz in der Brust, als träfe er eine Geliebte zu einem heimlichen Rendezvous. Fritz deutete auf die Treppe und ging voran.

Obwohl jetzt mehr als ein Dutzend Leute zwischen ihnen waren, behielt Jonathan die Mütze des Mannes fest im Auge. Fritz wich der Menge zur einen Seite aus. Offenbar war Bianca noch nicht erschienen, und sie mussten auf ihn warten. Ringsum ein Gewirr deutscher Stimmen, Gelächter, ein hinterhergerufenes »Wiedersehen, Max!«.

Ein paar Meter weiter lehnte Fritz an einer Wand. Jonathan ließ sich in seine Richtung treiben, blieb aber in sicherer Entfernung, und noch bevor er die Wand erreichte, sah er Fritz nicken und auf einen schräg gegenüberliegenden Schalter zustreben. Jonathan kaufte eine Fahrkarte. Fritz schob sich mit der Menge vorwärts. Die Fahrkarten wurden gelocht. Fritz musste Bianca erspäht haben, aber Jonathan sah ihn noch nicht.

Ein Zug war eingefahren. Als Fritz auf einen bestimmten Wagen zulief, rannte auch Jonathan los. In dem nur mäßig besetzten Wagen blieb Fritz stehen und hielt sich an einer senkrechten Chromstange fest. Er zog eine Zeitung aus der Manteltasche. Mit einer Kopfbewegung deutete er nach vorn, ohne Jonathan anzuschauen.

Jetzt entdeckte auch Jonathan den Italiener, der sogar näher bei ihm stand als bei Fritz; ein dunkelhaariger Mann mit kantigem Gesicht in einem eleganten grauen Regenmantel mit braunen Lederknöpfen, einen grauen Homburg auf dem Kopf, der verdrossen und gedankenverloren vor sich hin starrte. Jonathan sah wieder zu Fritz hinüber, der so tat, als wäre er in seine Zeitung vertieft, und als er seinen Blick auffing, lächelte er bestätigend und nickte.

An der nächsten Station, Messberg, stieg Fritz aus. Jonathan blickte nur ganz kurz zu dem Italiener hinüber, der allerdings nichts zu merken schien und weiter ins Leere starrte. Wenn Bianca nun nicht am nächsten Halt den Zug verließ, sondern weiterfuhr, immer weiter, bis zu einer entlegenen Station, wo fast keiner ausstieg?

Doch als der Zug abbremste, schob sich Bianca zur Tür. Steinstraße. Jonathan hatte Mühe, dicht hinter ihm zu bleiben, ohne jemanden anzustoßen. Eine Treppe führte nach oben. Gut achtzig bis hundert Leute stauten sich vor den Stufen und schoben sich dann langsam nach oben. Biancas grauer Mantel war unmittelbar vor ihm; sie hatten die Treppe beinahe erreicht. Er sah die grauen Strähnen im schwarzen Nackenhaar des Mannes, auch eine gezackte Delle im fleischigen Hals, wie von einer Furunkelnarbe.

Jonathan zog die Pistole mit der Rechten aus seiner Jackentasche und entsicherte sie. Er schlug seinen Mantel beiseite und zielte mitten auf den Mantel des Mannes.

Die Waffe bellte auf, ein raues *Krawummm.*

Jonathan ließ sie fallen. Er war stehen geblieben und wich nun nach links zurück, während die Menge wie aus einem Mund aufschrie. Jonathan war wohl einer der wenigen, die keinen Laut von sich gaben.

Bianca war auf dem Boden zusammengesackt, die Leute bildeten einen losen Kreis um ihn.

»... Pistole ...!«

»... erschossen ...!«

Die Waffe lag auf dem Boden, jemand wollte sie schon aufheben, wurde aber von mindestens drei Leuten daran gehindert, sie anzufassen. Viele andere hasteten gleichgültig die Stufen hinauf. Jonathan wich nach links aus und ging dann an der Gruppe um Bianca vorbei zur Treppe. Ein Mann schrie: »Polizei!« Jonathan ging schnell, doch nicht schneller als einige andere, die nach oben zum Ausgang strebten.

Er trat hinaus, ans Tageslicht, ging einfach weiter, geradeaus, mäßig schnell, zielstrebig ins Leere. Zu seiner Rechten ein riesiger Bahnhof, den hatte Reeves erwähnt.

Keine Schritte hinter ihm, nichts von einer Verfolgung. Mit der Rechten streifte er den abgeschnittenen Nylonstrumpf ab; so nahe der U-Bahn-Station wollte er ihn nicht wegwerfen.

»Taxi!« Jonathan hatte eines gesehen, das frei war und in Richtung Bahnhof fuhr. Die Taxe hielt, er stieg ein und nannte dem Fahrer die Straße seines Hotels.

Jonathan lehnte sich zurück, doch er konnte nicht anders, als andauernd nach beiden Seiten durch die Fenster zu spähen, als rechne er jeden Augenblick damit, einen Polizisten zu sehen, der wild gestikulierend auf das Taxi zeigte und den Fahrer anhalten wollte. Unsinn! Nichts konnte ihm mehr passieren, gar nichts.

Und doch überkam ihn beim Betreten des Hotels Viktoria wieder das gleiche Gefühl – dass die Polizei irgendwie seine Adresse ausfindig gemacht haben und in der Halle auf ihn warten könnte. Aber nein: Unbehelligt ging er auf sein Zimmer und schloss die Tür. Er suchte in der Tasche, in der Jackentasche, nach dem Strumpfstück. Es war weg, unterwegs irgendwo rausgefallen.

Zwanzig nach sieben. Jonathan zog den Mantel aus, warf ihn über einen Polstersessel und holte sich seine Zigaretten, die er vergessen hatte mitzunehmen. Tief sog er den beruhigenden Rauch einer Gitane ein. Im Badezimmer legte er die Zigarette auf dem Beckenrand ab, wusch sich Gesicht und Hände, zog dann Hemd und Jackett aus, nahm einen Waschlappen und wusch sich auch den Oberkörper mit heißem Wasser.

Als er gerade in einen Pullover schlüpfte, klingelte das Telefon.

»Ein Herr Karl wartet hier unten auf Sie, Sir.«

Jonathan ging hinunter. Den Mantel trug er über dem Arm. Er wollte ihn Reeves zurückgeben, ihn sofort loswerden.

»Einen wunderschönen guten Abend, Sir!« Karl strahlte, als habe er schon gehört, was passiert war, und finde es gut.

Im Wagen zündete sich Jonathan eine zweite Zigarette an. Heute war Mittwoch: Er hatte Simone geschrieben, vielleicht sei er schon heute Abend wieder zurück, aber wahrscheinlich bekam sie seinen Brief erst morgen früh. Er dachte an die beiden Bücher aus der Stadtbibliothek neben der Kirche von Fontainebleau, die er bis Samstag zurückbringen musste.

Wieder stand er in Minots gemütlicher Wohnung. Er reichte diesmal Reeves, nicht Gaby, seinen Mantel, ihm war nicht wohl in seiner Haut.

»Wie geht es Ihnen, Jonathan?« Reeves klang angespannt und besorgt. »Wie war's?«

Gaby verschwand. Jonathan und Reeves standen im Wohnzimmer.

»Soweit ganz gut«, gab Jonathan zurück.

Reeves lächelte: Nur die Andeutung eines Lächelns, doch sein Gesicht strahlte. »Sehr gut! Wunderbar! Sehen Sie, ich hatte noch nichts gehört. Darf ich Ihnen ein Glas Sekt anbieten, Jonathan? Oder lieber einen Scotch? Setzen Sie sich.«

»Lieber Scotch.«

Über die Flaschen gebeugt, fragte Reeves leise: »Wie oft … Wie viele Schüsse, Jonathan?«

»Einer.« Und wenn er nun nicht tot war?, durchfuhr

es Jonathan. War das nicht immerhin denkbar? Jonathan nahm den Scotch, den Reeves ihm reichte.

Reeves hob das Sektglas, prostete Jonathan schweigend zu und trank. »Keine Probleme? Hat Fritz seine Sache gut gemacht?«

Jonathan nickte, mit einem kurzen Blick zur Tür, durch die jeden Moment Gaby kommen konnte. »Hoffentlich ist er tot. Ich musste gerade denken, was ist, wenn er's überlebt hat, wenn er gar nicht tot ist?«

»Und selbst wenn nicht, es reicht bestimmt. Sie haben ihn fallen sehen?«

»O ja.« Jonathan seufzte auf und merkte, dass er seit einer Weile kaum geatmet hatte.

»Womöglich wissen die in Mailand schon, was passiert ist«, fuhr Reeves gut gelaunt fort. »Eine italienische Pistole. Nicht dass die Mafia immer italienische Waffen benutzt, doch ich fand, das passte. Der Kerl gehörte zur Di-Stefano-Familie. Inzwischen sind auch einige Genottis in Hamburg, und wir hoffen auf einen Bandenkrieg.«

Das hatte er schon einmal gesagt. Jonathan setzte sich auf das Sofa. Reeves ging auf und ab und sonnte sich in seinem Glück. »Wenn es Ihnen recht ist, machen wir uns hier einen ruhigen Abend«, sagte er. »Wenn jemand anruft, sagt Gaby einfach, ich bin nicht zu Hause.«

»Weiß Karl oder Gaby ... Wie viel wissen die beiden?«

»Gaby weiß gar nichts. Und bei Karl ist es egal, ob er etwas weiß. Es interessiert ihn einfach nicht. Außer für mich arbeitet er noch für andere Leute, und ich bezahle ihn gut. Ist besser für ihn, nichts zu wissen, wenn Sie verstehen, was ich meine.«

Jonathan verstand schon, aber ihm wurde deswegen nicht wohler. »Übrigens würde ich morgen gern nach Frankreich zurückkehren.« Das bedeutete zweierlei: Reeves sollte ihm noch heute Abend das Geld geben oder die Bezahlung veranlassen, und jeder weitere Auftrag musste heute Abend besprochen werden. Jonathan war fest entschlossen, jeden weiteren Auftrag abzulehnen, egal wie die Sache finanziell aussah; allerdings fand er, für seine Tat stehe ihm die Hälfte der vierzigtausend Pfund zu.

»Wenn Sie wollen, warum nicht«, meinte Reeves. »Nur denken Sie an den Termin morgen Vormittag.«

Aber Jonathan wollte nicht noch einmal zu Dr. Wentzel gehen. Er fuhr sich mit der Zunge über die Lippen. Der Befund war schlecht, sein Zustand noch schlechter. Und zudem verkörperte Dr. Wentzel mit seinem Walrossschnäuzer für Jonathan gewissermaßen die Autorität schlechthin, und er spürte, dass es gefährlich werden könnte, Wentzel noch einmal gegenüberzutreten. Er dachte nicht logisch, das wusste er, doch er wurde das ungute Gefühl nicht los. »Eigentlich gibt es keinen Grund mehr, noch einmal zu ihm zu gehen. Ich bleibe sowieso nicht länger. Morgen früh sage ich den Termin ab. Die Rechnung kann er mir nach Fontainebleau schicken. Meine Adresse dort hat er.«

Reeves lächelte. »Sie können aus Frankreich keine Franc ins Ausland überweisen. Wegen der Rechnung machen Sie sich bitte keine Sorgen. Schicken Sie sie einfach an mich.«

Jonathan ließ die Sache auf sich beruhen. Minots Namen auf einem Scheck an Wentzel, das wollte er allerdings ganz und gar nicht. Zur Sache jetzt, mahnte er sich, nämlich zum Geld, das Reeves *ihm* zu zahlen hatte. Stattdessen lehnte er sich zurück und fragte liebenswürdig: »Was tun Sie hier – ich meine Ihre Arbeit?«

»Arbeit ...« Reeves zögerte, doch die Frage brachte ihn keineswegs aus der Fassung. »Verschiedenes. Zum Beispiel bin ich für New Yorker Kunsthändler tätig. All die Bücher dort ...« Er deutete auf die unterste Reihe im Bücherregal. »Kunstbücher, vor allem deutsche Bilder, mit Namen und Adressen der Eigentümer. Deutsche Maler sind in New York sehr gefragt. Dann schaue ich mir natürlich die jungen Maler vor Ort an und empfehle sie Galerien und Sammlern in den Staaten. Sie würden sich wundern, wie viel allein nach Texas geht.«

Jonathan wunderte sich tatsächlich. Wenn das alles stimmte, beurteilte Reeves Minot Bilder mit der Kälte eines Geigerzählers. Womöglich auch mit Sachverstand? Jonathan war aufgefallen, dass das Bild über dem Kamin, eine Szene mit einem alten, offenbar im Sterben liegenden Menschen in einem Bett, tatsächlich ein Derwatt war, sicher ein sehr wertvolles Stück. Allem Anschein nach gehörte es ihm.

»Eine Neuerwerbung«, sagte Reeves, der Jonathans Blick gefolgt war. »Ein Geschenk ... Sagen wir, von einem dankbaren Freund –« als wolle er mehr sagen, habe sich dann aber anders besonnen.

Beim Abendessen wollte Jonathan erneut auf das Geld zu sprechen kommen und brachte es wieder nicht fertig. Sein Gastgeber redete über andere Dinge: Schlittschuhlaufen auf der Alster im Winter, Fahrten mit Eisseglern, die so schnell waren wie der Wind und manchmal zusammenstießen. Erst als sie fast eine Stunde später auf dem Sofa beim Kaffee saßen, sagte Reeves:

»Heute Abend kann ich Ihnen nur fünftausend Franc geben. Eine lächerliche Summe, nicht mehr als ein Taschengeld.« Reeves ging zu seinem Sekretär und zog eine Schublade auf. »Aber wenigstens sind es Franc.« Mit den Banknoten in der Hand kam er zurück. »Ich könnte Ihnen heute Abend noch dieselbe Summe in Mark besorgen.«

Jonathan wollte keine Mark, die er in Frankreich wechseln müsste. Die Franc waren Hunderter, gebündelt zu je zehn Noten, so wie französische Banken sie ausgaben. Reeves legte die fünf Bündel auf den Couchtisch, doch Jonathan rührte sie nicht an.

»Sehen Sie, mehr bekomme ich erst, wenn die anderen ihren Teil beigesteuert haben. Vier oder fünf Leute sind das«, fuhr Reeves fort. »Aber ich bekomme die Summe zusammen, so viel ist sicher.«

Jonathan schoss ein Gedanke durch den Kopf – eher ein vager Verdacht, weil er selbst überhaupt nicht feilschen konnte. Reeves musste in einer schwachen Verhandlungsposition sein, wenn er die anderen erst nach vollbrachter Tat um ihren Beitrag anging. Hätten seine Freunde nicht vorher das ganze Geld aufbringen können, mindestens aber eine größere Summe, mit ihm gewissermaßen als Treuhänder? »Danke, aber ich möchte keine Mark«, sagte er.

»Selbstverständlich nicht, ich verstehe. Da ist noch etwas: Ihr Geld sollte in der Schweiz auf einem Nummernkonto liegen, meinen Sie nicht? Sie wollen doch bestimmt nicht, dass es auf Ihrem französischen Konto auftaucht. Und es in einen Strumpf stecken wie die Franzosen wollen Sie sicher auch nicht, oder?«

»Das nicht gerade … Wie schnell können Sie die Hälfte

beschaffen?«, fragte Jonathan, als sei er sicher, das Geld zu bekommen.

»Binnen einer Woche. Denken Sie daran, es kann sein, dass Sie noch einen Auftrag erledigen müssen, damit der erste richtig Wirkung zeigt. Wir müssen abwarten.«

Jonathan versuchte, seine Gereiztheit zu verbergen. »Wann wissen Sie das?«

»Ebenfalls binnen einer Woche. Vielleicht schon in vier Tagen. Ich melde mich.«

»Offen gestanden finde ich, mehr als die fünftausend wären nur fair. Sofort, meine ich.« Jonathan spürte, wie ihm das Blut ins Gesicht schoss.

»Das finde ich auch. Deshalb habe ich mich ja für diese armselige Summe entschuldigt. Ich verspreche Ihnen, ich tue, was ich kann, und als Nächstes werden Sie von mir – oder über mich – die angenehme Nachricht von der Eröffnung eines Schweizer Kontos sowie einen Kontoauszug erhalten.«

Das klang schon besser. »Wann?«, fragte Jonathan.

»Innerhalb einer Woche. Ehrenwort.«

»Das heißt, die Hälfte?«

»Ich weiß nicht, ob ich die Hälfte des Geldes beschaffen kann, bevor … Ich habe es Ihnen doch erklärt, Jonathan: Dies ist ein zweischneidiges Geschäft. Wer so viel Geld zahlt, will ein bestimmtes Ergebnis.« Reeves sah ihn an.

Jonathan las die stumme Frage in seinem Blick: Erschießen Sie den zweiten Mann oder nicht? Wenn nicht, sagen Sie es jetzt. »Ich verstehe«, sagte er. Ein bisschen mehr von dem Geld, selbst nur ein Drittel, wäre schon nicht schlecht. Ungefähr vierzehntausend Pfund. Ein hübsches Sümmchen für die Arbeit, die er geleistet hatte. Jonathan beschloss, fest zu bleiben und sich an diesem Abend auf keine Verhandlungen mehr einzulassen.

Tags darauf flog er mit der Mittagsmaschine zurück nach Paris. Minot hatte gesagt, er werde den Termin bei Dr. Wentzel absagen, also hatte Jonathan das ihm überlassen. Minot hatte auch gesagt, er werde ihn übermorgen, Samstag, im Laden anrufen. Er hatte Jonathan zum Flugplatz gebracht und ihm die Morgenzeitung gezeigt mit einem Foto von Bianca auf dem Bahnsteig der U-Bahn-Station. In Minots Gesicht las er stillen Triumph: Dem Bericht zufolge fehlte außer der italienischen Pistole jeder Hinweis auf den Täter; man vermutete einen Mafia-Killer. Bianca wurde als Fußsoldat oder Wasserträger der Mafia bezeichnet. Jonathan hatte schon morgens beim Zigarettenholen am Kiosk die Titelseiten gesehen, jedoch keine Tageszeitung kaufen wollen. Jetzt, im Flugzeug, wurde ihm die Zeitung von der lächelnden Stewardess überreicht. Jonathan legte sie noch gefaltet in den Schoß und schloss die Augen.

Mit Zug und Taxi wurde es fast sieben, bis er zu Hause war. Er schloss selbst auf.

»Jon!« Simone kam ihm im Flur entgegen.

Er nahm sie in die Arme. »Hallo, Schatz!«

»Irgendwie wusste ich, dass du genau jetzt kommen würdest.« Sie lachte. »Was gibt's Neues? Leg doch ab. Erst heute Morgen kam dein Brief, und da stand, dass du gestern Abend hier sein wolltest. Bist du nicht ganz bei Trost?«

Jonathan warf seinen Mantel über den Haken und hob Georges hoch, der seine Beine umschlungen hielt. »Und wie geht's meiner kleinen Nervensäge Cailloux?« Er küsste

Georges auf die Wange. Er hatte ihm ein Spielzeugauto mitgebracht, einen Kipplader, in derselben Plastiktüte, in der auch der Whisky steckte. Der Lastwagen konnte warten. Er zog die Flasche hervor.

»Ah, quel luxe!«, rief Simone. »Wollen wir sie gleich aufmachen?«

»Aber sicher!«, erwiderte Jonathan.

Sie gingen in die Küche. Simone trank ihren Scotch gern mit Eis, Jonathan war es egal.

»Was haben die Ärzte gesagt? Erzähl schon!« Simone holte die Eiswürfelschale heraus und trat an die Spüle.

»Ach, eigentlich das Gleiche wie die Ärzte hier. Aber sie wollen ein paar neue Medikamente an mir ausprobieren. Sie werden sich wieder melden.« Im Flugzeug hatte Jonathan sich diese Version für Simone zurechtgelegt. Damit ließ er sich die Möglichkeit offen, noch einmal nach Deutschland zu reisen. Was nützte es schon, wenn er ihr beichtete, dass es ihm zumindest dem Anschein nach ein klein bisschen schlechter ging? Was konnte sie schon tun, außer sich noch mehr Sorgen zu machen? Jonathans Zuversicht war während des Fluges gewachsen: Wenn er das erste Mal heil überstanden hatte, warum dann nicht auch ein zweites?

»Heißt das, du musst da noch mal hin?«, fragte sie.

»Schon möglich.« Jonathan sah zu, wie sie ihnen großzügig einschenkte. »Aber sie wollen mich dafür bezahlen. Sie melden sich bei mir.«

»Wirklich?«, fragte Simone erstaunt.

»Ist das Scotch? Und was krieg *ich*?«, fragte Georges in so korrektem Englisch, dass Jonathan lachen musste.

»Willst du auch was? Aber nur einen winzigen Schluck.« Jonathan hielt ihm sein Glas hin.

Simone fiel ihm in den Arm. »Hier, Georgie, Orangensaft!« Sie schenkte dem Kleinen ein Glas ein. »Du meinst, sie probieren eine bestimmte Therapie bei dir aus, die dich wieder gesund macht?«

Jonathan runzelte die Stirn, innerlich immer noch Herr der Lage. »Schatz, ein wirkliches Heilmittel gibt es nicht. Sie ... sie werden eine Menge neuer Tabletten ausprobieren. Viel mehr weiß ich auch nicht. *Santé!*« Jonathan spürte einen Anflug von Euphorie: Innen in seiner Jackentasche steckten die fünftausend Franc; er war, jedenfalls vorerst, sicher im Schoß seiner Familie, und wenn alles gut ging, waren die Fünftausend nur ein Taschengeld, genau wie Reeves Minot gesagt hatte.

Simone lehnte sich in ihrem Stuhl zurück. »Sie *geben dir Geld dafür,* dass du zurückgehst? Das heißt, es ist nicht ungefährlich, stimmt's?«

»Nein. Ich glaube, ein paar Unannehmlichkeiten sind damit schon verbunden, wie zum Beispiel, dass ich noch einmal nach Deutschland fahren muss. Sie übernehmen die Reisekosten, das wollte ich damit nur sagen.« So weit hatte Jonathan noch nicht gedacht. Er konnte behaupten, Dr. Perrier werde die Spritzen setzen und die Tabletten verabreichen. Doch fürs Erste hatte er wohl das Richtige gesagt.

»Du meinst, Sie halten dich für einen besonderen Fall?«

»Gewissermaßen schon, ja. Was ich natürlich nicht bin.« Jonathan lächelte. Er war tatsächlich keiner, und Simone wusste das. »Doch es könnte sein, dass sie ein paar Tests an mir durchführen wollen. Ich weiß es noch nicht, mein Schatz.«

»Jedenfalls scheinst du richtig glücklich darüber. Das freut mich, *chéri.*«

»Lass uns heute Abend essen gehen. Im Restaurant gleich um die Ecke. Nein, Georges nehmen wir mit«, beharrte er. »Na komm, wir können es uns leisten.«

8

Jonathan steckte vier- von den fünftausend Franc in einen Umschlag und legte ihn in eine der acht gleichen Schubladen der Kommode hinten im Laden. Diese Schublade, die zweite von unten, enthielt nur Drahtenden, Schnurreste und Anhänger mit verstärkten Löchern: Krimskrams, wie ihn nur ein sparsamer oder verschrobener Mensch aufbewahren würde, dachte er. Sie und die Schublade darunter (von der Jonathan nicht einmal ahnte, was sie enthielt) öffnete er normalerweise nie, also würde Simone das auch nicht tun, wenn sie im Laden aushalf, was sowieso nur selten vorkam. Jonathans eigentliche Geldschublade war die oberste rechts unter dem Ladentisch. Die restlichen tausend Franc zahlte Jonathan am Freitagmorgen auf ihr gemeinsames Konto bei der Société Générale ein. Gut möglich, dass Simone diese zusätzlichen Franc erst in ein paar Wochen bemerken würde; und etwas dazu sagen würde sie auch nicht unbedingt, selbst wenn die Summe in einem Kontoauszug auftauchte. Und falls sie doch fragte, konnte er immer noch sagen, mehrere Kunden hätten endlich ihre Ausstände beglichen. Jonathan zahlte alle ihre Rechnungen gewöhnlich per Scheck; das Scheckbuch lag immer in der Schublade des *écritoire* im Wohnzimmer, außer wenn einer von ihnen es mitgenommen hatte, um etwas zu bezahlen, was aber höchstens einmal im Monat vorkam.

Schon am Freitagnachmittag hatte Jonathan eine Verwendung für einen Teil der Tausend gefunden. In einem Geschäft in der Rue de France kaufte er für 395 Franc ein senffarbenes Tweedkostüm für Simone. Schon vor Tagen, noch vor Hamburg, hatte er das Kostüm gesehen und gleich an Simone gedacht, weil es wie für sie gemacht schien: der runde Kragen, der dunkelgelbe, braunkarierte Tweed und die vier braunen, im Quadrat gesetzten Jackenknöpfe. Der Preis war ihm zuerst horrend vorgekommen – richtig happig, hatte er gedacht, während er es jetzt plötzlich fast günstig fand und voller Vorfreude zusah, wie der neue Stoff vorsichtig gefaltet und in Lagen schneeweißen Seidenpapiers verpackt wurde. Dass es dann Simone so gefiel, freute ihn doppelt. Seit Jahren ihr erstes schönes Stück, denn die Kleider vom Markt oder vom Prisunic zählten nicht.

»Aber war das nicht schrecklich teuer, Jon?«

»Nein, gar nicht. Die Ärzte in Hamburg haben mir einen Vorschuss gegeben, für den Fall, dass ich wiederkommen muss. Sie waren ziemlich großzügig. Mach dir darüber keine Gedanken.«

Das wollte sie auch nicht, er sah es ihr an. Jedenfalls nicht jetzt. Lächelnd sagte sie: »Ich nehme es als Geburtstagsgeschenk.«

Auch Jonathan musste lächeln: Ihr Geburtstag lag fast zwei Monate zurück.

Am Samstagvormittag klingelte in Jonathans Laden das Telefon. Nicht zum ersten Mal an diesem Morgen, diesmal aber anders, wie bei einem Ferngespräch.

»Hier ist Reeves ... Wie geht es Ihnen?«

»Danke, gut.« Mit einem Mal war Jonathan hellwach und angespannt. Er hatte gerade Kundschaft, einen Mann, der eingehend die Musterstücke für Rahmenholz an der Wand betrachtete. Aber Jonathan sprach englisch.

Reeves sagte: »Ich komme morgen nach Paris und würde Sie gern treffen. Ich habe etwas für Sie – Sie wissen schon.« Er klang so ruhig wie immer.

Simone wollte, dass sie am Sonntag gemeinsam ihre Eltern in Nemours besuchten. »Geht es auch abends? Sagen wir, gegen sechs? Das Mittagessen morgen wird länger dauern.«

»Sicher, verstehe. Diese Sonntagsessen in Frankreich! Klar, gegen sechs. Sie finden mich im Hotel Cayré am Boulevard Raspail.«

Von dem Hotel hatte Jonathan schon gehört. Er sagte, er werde versuchen, zwischen sechs und sieben dort zu sein. »Sonntags fahren weniger Züge.«

Reeves sagte: »Kein Problem. Bis morgen dann.«

Offenbar brachte Reeves Geld mit. Jonathan wandte sich wieder seinem Kunden zu, der einen Rahmen brauchte.

Simone sah fantastisch aus in ihrem neuen Kostüm, als sie sich am Sonntag auf den Weg zu den Foussadiers machten. Jonathan hatte sie gebeten, nicht zu erwähnen, dass er von den deutschen Ärzten bezahlt werde.

»Ich bin doch nicht blöd!«, verkündete Simone. Ihre bereitwillige Scheinheiligkeit amüsierte ihn. Dann stand Simone doch mehr auf seiner Seite als auf der ihrer Eltern. Oft hatte er es umgekehrt empfunden.

»Sogar heute«, bemerkte Simone bei seinen Schwiegereltern, »muss Jon nach Paris und mit einem Kollegen der Deutschen sprechen.«

Es wurde ein besonders vergnügtes Sonntagsessen. Jonathan und Simone hatten eine Flasche Johnny Walker mitgebracht.

Er nahm den 16:49-Uhr-Zug von Fontainebleau, weil von Saint Pierre-Nemours kein passender Zug fuhr, und traf gegen halb sechs in Paris ein. Am Bahnhof stieg er in die Métro um; das Hotel lag ganz in der Nähe einer Station.

Reeves hatte am Empfang hinterlassen, man solle Jonathan auf sein Zimmer schicken. Er war in Hemdsärmeln, hatte anscheinend auf dem Bett gelegen und Zeitungen gelesen. »Hallo, Jonathan! Wie geht's so? – Setzen Sie sich doch! Ich muss Ihnen etwas zeigen.« Er ging zu seinem Koffer. »Zunächst einmal das hier.« Er hielt einen weißen Umschlag hoch, entnahm ihm ein maschinegeschriebenes Blatt und reichte es Jonathan.

Der Brief war auf Englisch an den Schweizerischen Bankverein gerichtet und von einem Ernst Hildesheim unterzeichnet, der um die Eröffnung eines Bankkontos auf den Namen Jonathan Trevanny ersuchte, Rue des Sablons (die Geschäftsadresse) in Fontainebleau; ein Scheck über achtzigtausend Mark liege bei. Der Brief war ein Durchschlag, jedoch eigenhändig unterzeichnet.

»Wer ist Hildesheim?«, fragte Jonathan, während er schon nachrechnete: Die deutsche Mark war ungefähr einen Franc und sechzig Centimes wert, also entsprachen achtzigtausend D-Mark fast einhundertdreißigtausend französischen Franc.

»Ein Geschäftsmann aus Hamburg, dem ich gelegentlich

einen Gefallen getan habe. Hildesheim wird nicht überwacht, die Summe taucht auch nicht in den Geschäftsbüchern seiner Firma auf, also braucht er sich keine Sorgen zu machen. Er hat einen Barscheck geschickt. Jonathan, für Sie zählt nur, dass das Geld gestern von Hamburg auf Ihr Schweizer Konto überwiesen wurde. Sie dürften also nächste Woche Ihre geheime Kontonummer bekommen. Das sind einhundertachtundzwanzigtausend französische Franc!« Reeves lächelte nicht, wirkte aber hochzufrieden. Er griff nach einer Kiste auf dem Schreibtisch. »Eine holländische Zigarre? Sie sind wirklich gut.«

Zigarren, das war mal etwas anderes, und Jonathan nahm lächelnd eine. Er sog daran, bis sie brannte, während Reeves ihm das Streichholz hinhielt. »Danke. Auch für das Geld.« Es war nicht ganz ein Drittel, und die Hälfte erst recht nicht. Aber das konnte Jonathan nicht laut sagen.

»Für den Anfang war das nicht schlecht. Die Hamburger Jungs mit ihren Casinos sind ganz zufrieden. Die anderen Mafiamänner vor Ort, Leute von der Genotti-Familie, behaupten, sie wüssten gar nichts über Salvatore Biancas Tod, aber das müssen sie ja sagen. Als Nächstes soll ein Genotti dran glauben, als Rache für Bianca sozusagen. Diesmal ein großes Tier, ein Capo, ein Boss, nur knapp unter dem großen Chef, verstehen Sie? Einer namens Vito Marcangelo fährt fast jedes Wochenende von München nach Paris. Dort hat er eine Freundin. Er überwacht den Rauschgifthandel in München, zumindest den seiner Familie. Übrigens ist München mittlerweile noch heißer als Marseille, was Drogen angeht …«

Beklommen hörte Jonathan zu. Er wartete darauf, einhaken zu können, um zu sagen, dass er keinen zweiten Auftrag übernehmen wolle. In den vergangenen achtundvierzig Stunden hatte er es sich anders überlegt. Auch reichte merkwürdigerweise Minots bloße Gegenwart aus, Jonathans Widerstand zu brechen – vielleicht, weil die Tat dadurch einfach wirklicher wurde. Außerdem hatte er jetzt offenbar bereits einhundertachtundzwanzigtausend Franc in der Schweiz sicher. Jonathan hockte sich auf eine Stuhllehne.

»… am Tag, in einem fahrenden Zug, dem Mozart-Express.«

Jonathan schüttelte den Kopf. »Tut mir leid, Reeves. Ich glaube, das trau ich mir wirklich nicht zu.« Da schoss ihm durch den Kopf, dass Reeves den deutschen Scheck sperren lassen konnte. Ein Telegramm genügte. Und wenn schon.

Reeves schien am Boden zerstört. »Oh. Tja, dann … Mir tut das auch leid, ehrlich. Wir werden uns eben einen anderen Mann suchen müssen, wenn Sie es nicht machen wollen. Und leider kriegt der dann auch den Löwenteil vom Geld.« Reeves schüttelte den Kopf, sog an seiner Zigarre und blickte kurz zum Fenster hinaus. Dann beugte er sich vor und packte ihn bei der Schulter. »Jon, das erste Mal ist es doch so glatt gegangen!«

Als Reeves ihn losließ, lehnte Jonathan sich zurück. Er wand sich wie einer, der sich zu einer Entschuldigung durchringen muss. »Schon, aber … jemanden im Zug erschießen?« Jonathan stellte sich vor, wie er sofort geschnappt wurde und nicht mehr fliehen konnte.

»Nein, nicht erschießen. Zu laut, das geht nicht. Ich dachte an eine Garrotte.«

Jonathan traute seinen Ohren nicht.

Gelassen fuhr Reeves fort: »Eine Methode der Mafia. Eine dünne Schnur, völlig lautlos – eine Schlinge, Sie ziehen fest zu, das ist alles!«

Die Finger um einen warmen Hals zu legen war eine abstoßende Vorstellung für Jonathan. Er sagte: »Kommt gar nicht infrage. Das könnte ich nie.«

Reeves atmete tief durch. Er schaltete um: »Dieser Mann wird gut bewacht. In der Regel von zwei Leibwächtern. Aber in einem Zug … Die Leute langweilen sich, spazieren im Korridor auf und ab, gehen mal aufs Klo oder in den Speisewagen, vielleicht auch alleine. Kann sein, es klappt nicht, Jonathan; kann sein, Sie finden keine … Gelegenheit, aber versuchen könnten Sie es. Sie könnten ihn einfach zur Tür hinausstoßen. Diese Zugtüren lassen sich während der Fahrt öffnen, wissen Sie. Aber er würde sicher schreien und womöglich sogar überleben.«

Lächerlich, dachte Jonathan, doch ihm war nicht nach Lachen zumute. Reeves starrte schweigend zur Decke hinauf und träumte weiter. Jonathan dachte daran, dass Simone nichts von dem Geld anrühren würde, sollte er nach einem Mord oder einem versuchten Mord gefasst werden. Sie wäre schockiert und beschämt. »Ich kann Ihnen einfach nicht helfen.« Er stand auf.

»Aber Sie könnten doch wenigstens mitfahren! Wenn sich keine Gelegenheit ergibt, müssen wir uns eben etwas anderes einfallen lassen. Vielleicht nehmen wir einen anderen Capo oder wählen eine andere Methode. Doch dieser Kerl wäre uns am liebsten! Rauschgift ist für ihn nur ein Sprungbrett, er will die Hamburger Casinos übernehmen, dort alles aufmischen – so hört man jedenfalls.« Leiser fragte er: »Würden Sie es mit der Pistole machen, Jon?«

Jonathan schüttelte den Kopf. »Herrgott, nein, das bring ich nicht fertig. Nicht im Zug.«

»Dann schauen Sie sich diese Garrotte mal an!« Rasch zog Reeves die Linke aus der Hosentasche. In der Hand hielt er eine dünne weiße Schnur. Das Ende der Schnur führte durch eine Schlinge, die durch einen kleinen Knoten gesichert war. Reeves warf die Schlinge über den Bettpfosten und zog sie mit einem kräftigen Ruck zu.

»Sehen Sie? Nylon. Fast so stark wie Draht. Die meisten können nicht mal mehr röcheln …« Er verstummte.

Jonathan war entsetzt. Musste man das Opfer mit der freien Hand nicht irgendwo anfassen? Und dauerte das Ganze nicht rund drei Minuten?

Reeves hatte offenbar aufgegeben. Er schlenderte zum Fenster und drehte sich um. »Denken Sie darüber nach. Sie können mich anrufen, sonst rufe ich in ein paar Tagen Sie an. Gewöhnlich fährt Marcangelo so gegen Mittag in München los. Am besten geht die Sache nächstes Wochenende über die Bühne.«

Jonathan machte einen Schritt auf die Tür zu und drückte die Zigarre im Aschenbecher auf dem Nachttisch aus.

Reeves musterte ihn durchdringend, vielleicht starrte er aber auch durch ihn hindurch, in Gedanken schon bei jemand anderem, der den Auftrag erledigen könnte. In diesem Licht wirkte seine lange Narbe wulstiger als sonst. Gut möglich, dass er Frauen gegenüber deswegen einen Minderwertigkeitskomplex hatte. Doch seit wann hatte er sie? Zwei Jahre, drei – schwer zu sagen.

»Ein Drink, unten an der Bar?«

»Nein, danke«, sagte Jonathan.

»Ach, ich wollte Ihnen noch ein Buch zeigen.« Reeves trat noch einmal an seinen Koffer und kramte daraus ein Buch mit einem leuchtend roten Umschlag hervor. »Schauen Sie mal rein. Behalten Sie's. Ausgezeichnete Reportage. Ein Dokumentarbericht. Da sehen Sie, mit was für Leuten wir's zu tun haben. Aber sie sind auch nur aus Fleisch und Blut, wie wir alle. Nicht unverwundbar, meine ich.«

Das Buch hieß *Die Sensenmänner. Anatomie des organisierten Verbrechens in Amerika.*

»Mittwoch rufe ich Sie an«, fuhr Reeves fort. »Sie könnten am Donnerstag nach München kommen, im selben Hotel übernachten wie ich und am Freitagabend den Zug nach Paris zurücknehmen.«

Jonathans Hand lag auf dem Türknauf. Er drehte ihn. »Tut mir leid, Reeves, aber ich fürchte, das geht nicht. Alles Gute.«

Er verließ das Hotel und ging quer über die Straße zur Métrostation. Auf dem Bahnsteig las er den Klappentext, während er auf den Zug wartete. Hinten auf dem Umschlag zeigten Polizeifotos ein halbes Dutzend unangenehmer Gestalten, im Profil und von vorne, die Mundwinkel herabgezogen, die Gesichter schlaff und grausam hart zugleich, alle mit dunklen Augen und stechendem Blick. Seltsam, wie sich die Mienen glichen, ob die Gesichter nun rund waren oder hager. Das Buch enthielt fünf, sechs Seiten mit Fotos. Die Kapitel waren nach amerikanischen Städten benannt: Detroit, New York, New Orleans, Chicago. Am Ende des Buches fand sich, außer einem Register, eine Art Stammbaum der verschiedenen Mafia-Familien, nur dass alle diese Leute noch lebten: große Bosse, kleine Bosse, Leutnants und einfache Soldaten. Allein die Genovese-Familie, von der Jonathan schon gehört hatte, zählte fünfzig bis sechzig Soldaten. Die Namen waren echt; oft wurde auch eine Adresse in New York oder New Jersey angegeben. Im Zug nach Fontainebleau blätterte Jonathan das Buch durch. Er las von »Icepick Willi« Alderman, den Reeves in Hamburg erwähnt hatte: Er tötete seine Opfer, indem er sich über sie beugte, als wolle er etwas sagen, und ihnen einen Eisstecher durch das Trommelfell rammte. Das Foto zeigte einen grinsenden »Icepick Willie« in Las Vegas, inmitten einer Bruderschaft von Glücksspielern, einem halben Dutzend Männern mit italienischen Namen, sowie einem Kardinal, einem Bischof und einem Priester (auch ihre Namen wurden genannt). Den Geistlichen war gerade »eine Spende über 7500 Dollar, verteilt auf fünf Jahre, zugesichert worden«. Deprimiert schloss Jonathan das Buch, starrte eine Weile aus dem Fenster und blätterte dann doch weiter darin. Schließlich waren das Tatsachen, und zwar faszinierende Tatsachen.

Jonathan nahm den Bus von der Station Fontainebleau-Avon bis zum Platz am *château* und ging die Rue de France entlang zu seinem Geschäft. Den Schlüssel hatte er dabei; er betrat den Laden und legte das Mafia-Buch in die Schublade, in der er die Franc versteckt hatte. Dann machte er sich auf den Heimweg zur Rue Saint-Merry.

9

An einem Dienstag im April hatte Tom das Schild FERMETURE PROVISOIRE POUR RAISONS FAMILIALES im Schaufenster von Jonathan Trevannys Laden gesehen und sich gefragt, ob Trevanny vielleicht nach Hamburg geflogen sei. Er war neugierig, ob seine Vermutung stimmte, aber nicht neugierig genug, um Reeves anzurufen. Kurz darauf, an einem Donnerstagmorgen gegen zehn, rief Reeves aus Hamburg an und verkündete mit mühsam unterdrücktem Triumph in der Stimme:

»So, Tom, die Sache ist erledigt! Alles ist … Alles bestens. Tom, ich danke Ihnen.«

Ausnahmsweise war Tom sprachlos. Hatte Trevanny es wirklich geschafft? Héloïse saß mit ihm im Wohnzimmer, deshalb konnte er kaum mehr sagen als: »Gut. Freut mich zu hören.«

»Den gefälschten Arztbericht haben wir gar nicht gebraucht. Alles ist glatt gegangen! Gestern Abend.«

»Dann kommt er also jetzt nach Hause?«

»Ja. Heute Abend.«

Tom beendete das Gespräch bald darauf. Er hatte die Idee gehabt, Reeves solle Trevanny einen Befund unterschieben, der seinen Zustand schlimmer aussehen ließ, als er tatsächlich war, und das zum Spaß auch vorgeschlagen.

Einer wie Reeves war allerdings in der Lage, damit Ernst zu machen – ein gemeiner Trick und gar nicht witzig. Nun war das nicht einmal nötig gewesen. Tom lächelte verblüfft. Aus Minots Freude war zu schließen, dass der Mann, auf den er es abgesehen hatte, tatsächlich tot war. Und Trevanny hatte ihn getötet! Tom konnte nur noch staunen. Der arme Reeves hatte sich so danach gesehnt, für seine Organisation des Coups ein lobendes Wort von Tom zu hören, doch der hatte nichts sagen können. Héloïse verstand Englisch ganz gut, und Tom wollte kein Risiko eingehen. Auf einmal kam ihm der Gedanke, einen Blick in Madame Annettes *Parisien Liberé* zu werfen, den sie sich jeden Morgen holte, aber sie war noch beim Einkaufen.

»Wer war das?«, fragte Héloïse. Sie saß am Couchtisch und sortierte alte Zeitschriften zum Wegwerfen aus.

»Reeves«, sagte Tom. »Nicht weiter wichtig.«

Reeves langweilte sie. Ihm fehlte jedes Talent zur Konversation, und er konnte das Leben nicht genießen.

Tom hörte den Kies vor dem Haus unter Madame Annettes energischen Schritten knirschen und ging ihr entgegen.

Sie betrat die Küche durch den Seiteneingang.

»Möchten Sie noch einen Kaffee, *Monsieur Tomme*?«, fragte sie lächelnd und stellte den vollen Korb auf dem Küchentisch ab. Eine Artischocke kullerte über die Holzplatte.

»Nein danke, Madame Annette. Ich wollte einen Blick in Ihren *Parisien* werfen, wenn ich darf. Die Pferderennen, wissen Sie …«

Auf der zweiten Seite fand er die Meldung. Kein Foto.

Ein Italiener namens Salvatore Bianca, 48, war in einer Hamburger U-Bahn-Station erschossen worden. Der Täter war nicht bekannt. Am Tatort hatte man eine Pistole italienischen Fabrikats gefunden. Vom Toten wusste man, dass er ein Mafioso aus Mailand war, ein Mitglied der Di-Stefano-Familie. Die Meldung war keine zehn Zentimeter lang. Möglicherweise ein vielversprechender Anfang: Der harmlos, ja geradezu spießig wirkende Jonathan Trevanny war der Versuchung des Geldes (was sonst) erlegen und hatte einen Mordauftrag erfolgreich ausgeführt! Auch Tom war der Versuchung einst erlegen, damals bei Dickie Greenleaf. War Trevanny möglicherweise *einer wie wir*? Für Tom aber hieß »wir« nur Tom Ripley. Er lächelte.

Am letzten Sonntag hatte ein niedergeschlagener Reeves aus Orly Tom angerufen: Trevanny lehne den Auftrag bislang ab, ob Tom nicht jemand anders wisse. Nein, hatte er geantwortet. Reeves sagte, er habe Trevanny einen Brief geschrieben, der ihn am Montagmorgen erreichen sollte, und ihn eingeladen, zu einer ärztlichen Untersuchung nach Hamburg zu kommen. Darauf hatte Tom dann jenen Satz gesagt: »Falls er kommt, könnten Sie vielleicht dafür sorgen, dass der Befund ein bisschen ungünstiger ausfällt.«

Am Freitag oder Samstag hätte Tom nach Fontainebleau fahren können, um seine Neugier zu befriedigen und einen Blick auf Trevanny in dessen Laden zu erhaschen, vielleicht auch, um eine Zeichnung rahmen zu lassen (sofern Trevanny nicht für den Rest der Woche dichtgemacht hatte, weil er sich erholen musste). Eigentlich hatte Tom auch fest vorgehabt, am Freitag in Fontainebleau Keilrahmen bei Gauthier zu besorgen; doch Héloïses Eltern hatten sich zum Wochenende für zwei Nächte angesagt, Freitag und Samstag, was das ganze Haus in helle Aufregung versetzte. Madame Annette machte sich, völlig zu Unrecht, Sorgen wegen des Menüs, genauer, um die Qualität der frischen *moules* für Freitagabend. Nachdem sie das Gästezimmer perfekt hergerichtet hatte, trug Héloïse ihr auf, die Bettwäsche wie auch die Handtücher im Bad zu wechseln, weil sie alle Toms Monogramm trugen, TPR, nicht das der Familie Plissot. Die Plissots hatten den Ripleys zur Hochzeit aus dem Familienbestand zwei Dutzend prächtiger Laken aus schwerem reinen Leinen geschenkt, alte Erbstücke, und Héloïse hielt es für höflich und taktisch klug, sie bei Besuchen ihrer Eltern aufzuziehen. Daran hatte Madame Annette diesmal nicht gedacht, wofür sie aber keineswegs getadelt wurde, weder von Héloïse noch von Tom. Das Wechseln der Bettwäsche hatte außerdem damit zu tun, dass Héloïse ihre Eltern, wenn sie ins Bett gingen, nicht durch Toms Monogramm an die Ehe mit ihm erinnern wollte. Die Plissots waren nörgelnde Spießer, was noch dadurch verschlimmert wurde, dass Arlène Plissot, eine schlanke, immer noch attraktive Frau in den Fünfzigern, angestrengt versuchte, sich zwanglos zu geben, der Jugend gegenüber aufgeschlossen zu sein, und so weiter. Was sie schlicht nicht war. Für Tom wurde das Wochenende eine einzige Quälerei: Herrgott noch mal, wenn Belle Ombre nicht gut geführt sein sollte, welches Haus dann? Das silberne Teeservice (noch ein Hochzeitsgeschenk der Plissots) wurde von Madame Annette stets auf Hochglanz poliert. Selbst das Vogelhäuschen im Garten wurde täglich ausgefegt, wie ein Gästehaus *en miniature*, das zum

Anwesen gehörte. Jedes Stückchen Holz im Haus glänzte und roch angenehm nach dem Lavendel-Duftwachs, das Tom aus England mitbrachte. Und dennoch: Als Arlène in einem lila Hosenanzug ausgestreckt auf dem Bärenfell vor dem Kamin lag und sich die bloßen Füße wärmte, hatte sie verkündet: »Für solche Böden reicht Bohnerwachs nicht, Héloïse. Die muss man ab und zu mit Leinöl und Spiritus behandeln, und zwar angewärmt, damit es besser einzieht.«

Kaum waren die Plissots am Sonntagnachmittag nach dem Tee wieder gefahren, riss sich Héloïse ihre Matrosenbluse vom Leib und warf sie gegen die Flügeltür: Ein hässliches Knacken, wegen der schweren Brosche an der Bluse, doch das Glas hielt.

»Champagner!«, rief sie. Tom lief in den Keller hinunter und holte eine Flasche. Sie tranken Champagner, obwohl das Teegeschirr noch nicht abgeräumt war (Madame Annette legte gerade ausnahmsweise einmal die Füße hoch). Dann klingelte das Telefon.

Reeves Minot klang niedergeschlagen. »Bin in Orly, fliege gleich nach Hamburg zurück. Habe mich heute in Paris mit unserem gemeinsamen Freund getroffen, und er hat Nein gesagt zum nächsten – Sie wissen schon, zur nächsten Sache. Die muss aber sein, das weiß ich. Hab ich ihm auch erklärt.«

»Haben Sie ihn schon bezahlt?« Tom sah zu, wie Héloïse mit dem Champagnerglas in der Hand herumtanzte. Sie summte den großen Walzer aus dem *Rosenkavalier.*

»Ja, rund ein Drittel, das ist nicht schlecht, finde ich. Hab es für ihn in die Schweiz überwiesen.«

Tom meinte sich zu erinnern, Minot hätte fast fünfhunderttausend Franc versprochen. Ein Drittel war nicht gerade großzügig, aber wohl durchaus angemessen. »Sie meinen, er soll noch jemanden erschießen.«

Héloïse drehte sich singend im Kreise: »La-di-da, la-di-di ...«

»Nein.« Reeves versagte die Stimme. Leise fuhr er fort: »Eine Garrotte muss es sein. In einem Zug. Ich glaube, das ist der Haken.«

Tom war entsetzt: Selbstverständlich würde Trevanny sich weigern. »Muss es im Zug sein?«

»Ich habe da einen Plan ...«

Reeves hatte immer einen Plan. Höflich hörte Tom zu. Was Reeves vorschwebte, schien ihm gefährlich, der Ausgang ungewiss. Er unterbrach ihn: »Vielleicht hat unser Freund jetzt einfach genug.«

»Nein, ich glaube, er ist interessiert. Aber er will nicht nach München kommen, und die Sache muss nächstes Wochenende über die Bühne gehen.«

»Sie haben wieder den *Paten* gelesen, Reeves. Lassen Sie sich was anderes einfallen, etwas mit einer Kanone.«

»Zu laut«, erwiderte Reeves ohne einen Funken Humor. »Ich weiß auch nicht ... Entweder finde ich wen anders, Tom, oder jemand muss Jonathan überreden.«

Unmöglich, dachte Tom und sagte ungeduldig: »Geld ist immer das überzeugendste Argument. Wenn das nichts nützt, kann ich Ihnen nicht helfen.« Er fühlte sich unangenehm an den Besuch der Plissots erinnert: Hätten Héloïse und er sich fast drei Tage lang für die beiden ein Bein ausgerissen, wenn sie die fünfundzwanzigtausend Franc nicht bräuchten, die Jacques Plissot Héloïse Jahr für Jahr zahlte?

»Ich fürchte, wenn er mehr Geld bekommt, steigt er wirklich aus«, erwiderte Reeves. »Wie ich Ihnen schon sagte: Womöglich krieg ich's nicht zusammen – den Rest vom Geld, meine ich –, wenn er die zweite Sache nicht durchzieht.«

Anscheinend verkannte Minot einen Menschen wie Trevanny völlig. Sollte Trevanny das gesamte Geld erhalten, würde er den Auftrag entweder erledigen oder die Hälfte davon zurückgeben.

»Wenn Ihnen zu Trevanny etwas einfallen sollte ...« – Reeves tat sich hörbar schwer – »oder wenn Sie sonst jemanden kennen, der das erledigen könnte, würden Sie mich dann anrufen? Morgen oder übermorgen vielleicht?«

Tom legte erleichtert auf. Er schüttelte kurz den Kopf, blinzelte ein paarmal. Minots Einfälle ließen Tom oft verwirrt zurück, wie benebelt nach einem schlechten Traum, der noch wirklichkeitsferner war als andere Träume.

Héloïse schwang sich über die Rückenlehne des gelben Sofas, die eine Hand leicht darauf gelegt, die andere ihr Champagnerglas haltend, und glitt lautlos in die Polster. Anmutig hob sie ihr Glas und prostete ihm zu. *»Grâce à toi, ce week-end a été très réussi, mon trésor!«*

»Danke, mein Schatz.«

Ja, das Leben war wieder schön, sie waren wieder allein; wenn sie wollten, konnten sie heute Abend barfuß dinieren. Freiheit!

Tom dachte an Trevanny. Um Reeves machte er sich eigentlich keine Sorgen, der fiel immer auf die Füße oder sprang im letzten Moment ab, wenn es wirklich brenzlig wurde. Trevanny dagegen ... Der Mann war ihm ein Rätsel.

Tom suchte nach einem Weg, ihn besser kennenzulernen. Was nicht einfach sein dürfte, weil er wusste, dass Trevanny ihn nicht mochte. Am einfachsten wäre wohl, ihm ein Bild zum Rahmen zu bringen.

Am Dienstag fuhr Tom nach Fontainebleau, zuerst zu Gauthier, um Keilrahmen zu besorgen. Gauthier würde womöglich von sich aus von Trevanny anfangen, von dessen Hamburgreise etwa – schließlich hatte er dort einen Facharzt aufsuchen wollen. Tom kaufte, was er brauchte, doch Gauthier erwähnte Trevanny mit keinem Wort. Schon fast an der Tür, fragte Tom:

»Und wie geht's unserem Freund, Monsieur Trevanny?«

»*Ah, oui.* Letzte Woche war er in Hamburg bei einem Spezialisten.« Gauthiers Glasauge funkelte Tom an, während das gesunde Auge traurig dreinblickte und feucht schimmerte. »Der Befund ist anscheinend nicht sehr gut. Es geht ihm wohl ein bisschen schlechter, als sein hiesiger Arzt meint. Aber er hat Courage. Sie kennen die Engländer, die zeigen nie ihre wahren Gefühle.«

»Tut mir leid, das zu hören«, sagte Tom.

»Tja, so hat er's mir wenigstens erzählt. Aber er lässt sich nicht unterkriegen.«

Tom legte die Keilrahmen in den Wagen und nahm eine Bildermappe vom Rücksitz. Er hatte ein Aquarell mitgebracht, das Trevanny rahmen sollte. Unter Umständen würde sein heutiges Gespräch mit Trevanny keine gute Wendung nehmen, doch irgendwann musste er sein Bild wieder abholen, also bekam er mit Sicherheit noch einmal Gelegenheit, mit dem Mann zu sprechen. Tom ging zur Rue des Sablons und betrat den kleinen Laden. Trevanny hielt gerade einen Holzleisten an die Oberkante einer Radierung und erörterte mit einer Kundin einen geeigneten Rahmen dafür. Sein Blick streifte Tom nur kurz, doch der war sicher, dass er ihn erkannt hatte.

»Jetzt wirkt es vielleicht zu streng, aber mit einem weißen Passepartout …« Trevannys Französisch war fast akzentfrei.

Tom hielt Ausschau nach Anzeichen einer Veränderung an dem Mann, nach Angstsymptomen etwa, doch auf den ersten Blick fiel ihm nichts auf. Endlich war er an der Reihe. »*Bonjour*. Guten Morgen. Ich bin Tom Ripley.« Er lächelte. »Ich war bei Ihnen zu Hause – im Februar, nicht? Beim Geburtstag Ihrer Frau.«

»Ach ja.«

Trevannys Gesichtsausdruck verriet, dass er noch das Gleiche von ihm hielt wie an jenem Februarabend, als er gesagt hatte: »Ach ja, von Ihnen hab ich schon gehört.« Tom klappte seine Bildermappe auf. »Ich habe hier ein Aquarell. Von meiner Frau. Ich hatte vielleicht an einen schmalen, dunkelbraunen Rahmen mit einem Passepartout gedacht, sagen wir, unten höchstens sechs Zentimeter?«

Trevanny wandte seine Aufmerksamkeit dem Aquarell zu, das zwischen ihnen auf dem abgenutzten, schartigen Ladentisch lag.

Das Bild, vorwiegend in Grün und Purpur gehalten, zeigte Héloïses freie Interpretation einer Ecke von Belle Ombre vor einem winterlichen Kiefernwald. Nicht schlecht, wie Tom fand, weil sie gewusst hatte, wann sie aufhören musste. Dass er es aufbewahrt hatte, wusste sie nicht. Er hoffte, sie wäre angenehm überrascht, es gerahmt zu sehen.

»Vielleicht etwas in der Art«, sagte Trevanny. Dabei zog er ein Stück Holz aus einem Regal voller kreuz und quer liegender Leisten. Er legte die Latte in der Breite des Passepartouts über dem Bild an.

»Ja, das gefällt mir.«

»Den Karton in Eierschale oder in Weiß, so wie hier?«

Tom traf seine Wahl. Trevanny schrieb Toms Namen und Adresse sorgfältig in Druckbuchstaben auf einen Notizblock. Tom nannte ihm auch seine Telefonnummer.

Und jetzt? Wie weiter? Tom spürte Trevannys Kälte fast körperlich. Er wusste, Trevanny würde ablehnen, aber da er nichts zu verlieren hatte, sagte er: »Kommen Sie doch einmal mit Ihrer Frau auf einen Drink zu uns. Villeperce ist nicht weit. Ihren kleinen Sohn können Sie mitbringen.«

»Danke. Ich habe kein Auto.« Trevanny lächelte höflich. »Wir gehen leider nicht oft aus.«

»Kein Problem. Ich könnte Sie mit meinem Wagen abholen. Selbstverständlich sollten Sie dann auch zum Abendessen bleiben.« Die Worte sprudelten nur so aus Tom heraus. Trevanny vergrub die Hände in die Taschen seiner langen Wolljacke und trat unsicher und hin- und hergerissen von einem Bein aufs andere. Trevanny war neugierig auf ihn, das spürte Tom.

»Meine Frau ist schüchtern.« Zum ersten Mal lächelte Jonathan. »Sie spricht nicht gut Englisch.«

»Genau wie meine Frau, ehrlich gesagt. Sie ist auch Französin, wissen Sie. Aber wenn Ihnen mein Haus zu weit ist, warum dann nicht auf einen Pastis, gleich hier und jetzt? Wollten Sie nicht gerade schließen?«

Das stimmte. Es war kurz nach zwölf.

Sie gingen in ein Restaurant mit Bar an der Ecke Rue de France und Rue Saint-Merry. Unterwegs kaufte Jonathan Brot in einer Bäckerei. Er bestellte Bier vom Fass. Tom ebenfalls. Er legte einen Zehnfrancschein auf die Theke.

»Was hat Sie nach Frankreich verschlagen?«, fragte er.

Trevanny erzählte ihm von dem Antiquitätengeschäft, das er in Frankreich mit einem englischen Freund aufgezogen hatte. »Und Sie?«, fragte er zurück.

»Oh, meiner Frau gefällt's hier. Mir auch. Ich kann mir eigentlich kein angenehmeres Leben vorstellen. Ich kann reisen, wann ich will, habe jede Menge freie Zeit – Sie würden sagen Muße. Für Gartenarbeit und Malerei. Ich male wie ein Sonntagsmaler, doch mir macht es Spaß. Wenn ich Lust habe, fahre ich für ein paar Wochen nach London.« Damit hatte er, harmlos und blauäugig, seine Karten auf den Tisch gelegt. Nur dass Trevanny sich fragen könnte, woher das Geld kam. Wahrscheinlich hatte er die Dickie-Greenleaf-Geschichte gehört und den Großteil vergessen, so wie die meisten, bis auf bestimmte Dinge, die man eben nicht vergaß, wie Dickie Greenleafs »geheimnisvolles Verschwinden« – und das, obwohl später offiziell erklärt wurde, Dickie Greenleaf habe Selbstmord begangen. Möglicherweise wusste Trevanny, dass Tom einen Teil seines Einkommens aus dem Geld bezog, das Dickie ihm in seinem Letzten (von Tom gefälschten) Willen hinterlassen hatte; die Zeitungen hatten darüber berichtet. Dann war da im letzten Jahr noch die Derwatt-Affäre gewesen: In den französischen Zeitungen war es weniger um Derwatt gegangen als um das merkwürdige Verschwinden Thomas Murchisons, eines Amerikaners, der Tom zuvor besucht hatte.

»Klingt angenehm, so ein Leben«, bemerkte Trevanny trocken und wischte sich den Schaum von der Oberlippe.

Tom spürte, dass Trevanny ihn etwas fragen wollte. Was wohl? Könnte Trevanny trotz seiner englischen Gelassenheit Gewissensbisse bekommen und beichten, entweder seiner Frau oder der Polizei? Tom glaubte, mit seiner Annahme richtigzuliegen, dass Trevanny seiner Frau nicht erzählt hatte, was er getan hatte, und dies auch nicht tun würde. Vor gerade einmal sechs Tagen hatte er auf einen Mann geschossen und ihn getötet. Reeves dürfte ihm natürlich den Rücken gestärkt und ihn zur Tat ermuntert haben, indem er ihm Vorträge über die Verderbtheit der Mafia hielt und ihm sagte, er tue wirklich etwas Gutes, wenn er einen von denen ausschaltete. Dann dachte Tom an die Garrotte: Nein, er konnte sich nicht vorstellen, dass Trevanny mit ihr arbeiten würde. Wie er sich wohl fühlte nach dem Mord, den er begangen hatte? Ob er überhaupt Zeit gehabt hatte, etwas zu fühlen? Womöglich nicht. Trevanny zündete sich eine Gitane an. Er hatte große Hände. Einer wie er konnte alte Kleider, ungebügelte Hosen tragen und dennoch wie ein Gentleman wirken. Und er sah überhaupt gut aus, auf eine ungehobelte Art, was ihm anscheinend gar nicht bewusst war.

Trevanny sah Tom aus seinen ruhigen, blauen Augen an: »Kennen Sie zufällig einen Amerikaner namens Reeves Minot?«

»Nein«, sagte Tom. »Wohnt er hier in Fontainebleau?«

»Das nicht. Aber ich glaube, er ist viel unterwegs.«

»Nein.« Tom nahm einen Schluck Bier.

»Ich muss gehen. Meine Frau erwartet mich.«

Sie verließen die Bar. Draußen trennten sich ihre Wege.

»Danke für das Bier«, sagte Trevanny.

»Aber gern!«

Tom ging zu seinem Wagen auf dem Parkplatz vor dem Hôtel de l'Aigle Noir und fuhr los in Richtung Villeperce. Er dachte an Trevanny: ein frustrierter Mann, vom Leben enttäuscht. Sicher hatte er in seiner Jugend nach Höherem gestrebt. Tom sah Trevannys attraktive Frau vor sich, die ausgeglichen wirkte und Jonathan treu ergeben schien. Eine wie sie würde ihren Mann nie bedrängen, mehr aus sich zu machen, ihm nie in den Ohren liegen, mehr Geld zu verdienen. Auf ihre Art war Trevannys Frau wahrscheinlich genauso ehrlich und anständig wie ihr Mann. Und dennoch war Trevanny der Versuchung von Minots Vorschlag erlegen. Was bedeutete, dass Trevanny zu denen gehörte, die man ziehen und schieben konnte, wohin man wollte, wenn man es klug anstellte.

Madame Annette begrüßte Tom mit der Nachricht, Héloïse werde ein bisschen später kommen: Sie hatte in einem Antiquitätenladen in Chilly-en-Bière eine englische *commode de bateau* entdeckt und mit Scheck bezahlt, dann aber den Händler zur Bank begleiten müssen. »Sie dürfte jeden Moment kommen, mit der Kommode!« Madame Annettes blaue Augen funkelten. »Sie bittet Sie, mit dem Mittagessen zu warten, *Monsieur Tomme*.«

»Aber natürlich!«, erwiderte Tom im gleichen fröhlichen Ton. Das Konto war wohl leicht überzogen; wahrscheinlich hatte Héloïse den Mann deswegen zur Bank begleiten müssen – nur wie, wenn die Bank über Mittag geschlossen war? Und Madame Annette freute sich vermutlich, weil sie noch ein Möbelstück ins Haus bekam, das sie nun unermüdlich auf Hochglanz wachsen und polieren konnte. Héloïse hatte seit Monaten nach einer messingbeschlagenen Schiffskommode für Tom gesucht; das war eine ihrer fixen Ideen, so eine *commode de bateau* für sein Zimmer.

Tom beschloss, die Gunst der Stunde zu einem Anruf bei Minot zu nutzen, und lief die Treppe hinauf in sein Zimmer. Es war 13:22 Uhr. Seit ungefähr drei Monaten verfügte Belle Ombre über zwei neue Telefone mit Durchwahl, sodass Ferngespräche nicht länger über die Vermittlung laufen mussten.

Minots Haushälterin meldete sich. Auf Deutsch fragte Tom, ob Herr Minot zu Hause sei. Er war da.

»Hallo, Reeves. Hier ist Tom. Ich kann nicht lange sprechen, wollte nur sagen, ich habe mich mit unserem Freund getroffen. Wir haben etwas getrunken, in einer Bar in Fontainebleau. Ich glaube …« Tom stand auf, trat ans Fenster und starrte angespannt auf die Bäume jenseits der Straße, ins leere Blau des Himmels. Er wusste nicht recht, was er sagen sollte, nur dass er Reeves ermuntern wollte, nicht aufzugeben. »Ich weiß nicht, aber mit ihm könnte es klappen. Ist nur so ein Gefühl. Doch Sie sollten es weiter versuchen.«

»Ach ja?« Reeves hing an seinen Worten, als sei er ein unfehlbares Orakel.

»Wann sehen Sie ihn wieder?«

»Tja, ich hoffe, er kommt am Donnerstag nach München. Übermorgen. Ich will ihn überreden, sich dort noch einem Arzt vorzustellen. Und dann … Sehen Sie, der Zug nach Paris verlässt München am Freitag gegen zehn nach zwei.«

Tom war schon einmal mit dem Mozart-Express gefahren, allerdings von Salzburg aus. »Ich würde sagen, Sie lassen ihn zwischen einer Pistole und ... und dem andern Ding wählen, raten ihm aber von der Kanone ab.«

»Das hab ich schon versucht!«, erwiderte Reeves. »Sie glauben, er könnte es sich doch noch anders überlegen, ja?«

Tom hörte einen, nein zwei Wagen über den Kies vor dem Haus fahren: sicher Héloïse mit dem Antiquitätenhändler. »Ich muss auflegen, Reeves. Sofort.«

Später, allein in seinem Zimmer, besah sich Tom das schöne Stück näher, das nun zwischen den beiden Fenstern zur Straße stand. Die niedrige Kommode war aus Eichenholz, stabil gebaut, mit Eckbeschlägen und versenkten Schubladengriffen aus schimmerndem Messing. Das polierte Holz der Kommode wirkte lebendig, wie beseelt von den Händen des Schreiners, vielleicht auch von denen des Kapitäns oder der Offiziere, die sie benutzt hatten. Einige glänzende, dunkle Kerben im Holz glichen den Narben, die das Leben bei jedem hinterlässt. Oben war eine ovale Silberplakette eingelassen; darauf stand in verschnörkelten Buchstaben: Capt. Archibald L. Partridge, Plymouth 1734, und darunter, viel kleiner, der Name des Tischlers. Handwerkerstolz. Eine nette Geste, fand Tom.

10

Am Mittwoch rief Reeves, wie versprochen, Jonathan im Laden an. Jonathan hatte ausnahmsweise gerade viel zu tun und musste ihn bitten, kurz nach zwölf wieder anzurufen.

Beim zweiten Anruf fragte er Jonathan nach den üblichen Höflichkeiten, ob er tags darauf nach München kommen könne.

»Auch in München gibt es Ärzte, wissen Sie, sogar sehr gute. Ich denke da besonders an einen, Doktor Max Schröder. Er könnte Ihnen einen Termin für Freitag früh geben, so gegen acht Uhr. Ich brauche bloß noch zu bestätigen. Wenn Sie …«

»Meinetwegen«, sagte Jonathan. Das Gespräch nahm genau den Verlauf, den er sich vorgestellt hatte. »Gut, Reeves. Ich werde einen Flug buchen.«

»Nur den Hinflug, Jonathan. Na ja, das überlasse ich Ihnen.«

Jonathan verstand. »Ich rufe Sie an, sobald ich die Abflugszeit weiß.«

»Die weiß ich schon. Es gibt eine Maschine von Orly nach München um Viertel nach eins, wenn Sie die erreichen könnten.«

»In Ordnung. Ich werd's versuchen.«

»Sollte ich nichts von Ihnen hören, nehme ich an, dass Sie die nehmen. Ich treffe Sie am Busbahnhof, wie gehabt.«

In Gedanken versunken ging Jonathan zur Spüle, fuhr sich mit den Fingern durchs Haar, griff nach seinem Regenmantel. Ein nasser, nieseliger Tag, empfindlich kühl. Gestern hatte er seine Entscheidung getroffen: Er würde mitmachen, genau wie zuvor, einen Arzt aufsuchen, diesmal in München, und dort in den Zug steigen. Fraglich war nur, ob er die Nerven behalten würde. Wie weit würde er gehen können? Er trat aus dem Laden und schloss hinter sich zu.

Auf dem Gehweg stieß er gegen einen Mülleimer, merkte, dass er dahinschlurfte, statt richtig zu gehen, und hob den Kopf. Er würde neben der Schlinge auch eine Pistole verlangen, und sollte er vor der Garrotte zurückschrecken, weil ihn der Mut verließ (wovon er ausging), würde er die Kanone nehmen müssen. Das ging dann eben nicht anders. Mit Minot würde er eine Verabredung treffen: Falls er die Pistole benutzen musste, falls somit klar war, dass man ihn schnappen würde, wollte er die nächsten Kugeln für sich verwenden. Dann konnte er Reeves Minot und die anderen, die mit ihm in Verbindung standen, niemals verraten. Dafür würde Reeves seiner Frau den Rest des Geldes auszahlen. Dass seine Leiche nicht für die eines Italieners durchgehen konnte, war Jonathan klar, doch war es durchaus denkbar, dass die Di-Stefano-Familie für den Mord einen ausländischen Killer gedungen hätte.

Jonathan sagte zu Simone: »Heute Vormittag hat mich der Arzt aus Hamburg angerufen. Ich soll morgen nach München kommen.«

»Ach, so bald schon?«

Da fiel ihm ein, dass er Simone gesagt hatte, bis zum nächsten Termin bei den Ärzten könnten zwei Wochen vergehen; Dr. Wentzel habe ihm Tabletten gegeben, deren Wirkung er dann überprüfen wolle. Tatsächlich hatte er mit Dr. Wentzel über Tabletten gesprochen (bei Leukämie war nichts zu machen, man konnte mit Medikamenten den Krankheitsverlauf nur verzögern), aber der Arzt hatte ihm keine gegeben – er hätte es aber getan, wäre Jonathan noch einmal hingegangen. »Es gibt da einen anderen Arzt, einen Mann namens Schröder in München. Wentzel möchte, dass ich den aufsuche.«

»Wo ist München?«, fragte Georges.

»In Deutschland.«

»Wie lange wirst du weg sein?«, fragte Simone.

»Wahrscheinlich bis Samstag früh«, sagte Jonathan. Vielleicht kam der Express am Freitagabend so spät in Paris an, dass kein Zug mehr nach Fontainebleau fuhr.

»Und was ist mit dem Laden? Soll ich morgen früh hingehen? Am Freitagmorgen auch? Und wann musst du morgen los?«

»Die Maschine geht um Viertel nach eins. Ja, *chérie,* es wäre mir eine große Hilfe, wenn du morgen und Freitag früh kurz aufmachen könntest, und sei es nur für eine Stunde. Ein paar Kunden werden Bilder abholen wollen.« Er spießte zögernd ein Stück Camembert auf, das er genommen hatte, nun aber nicht mehr wollte.

»Machst du dir Sorgen, Jon?«

»Nein, eigentlich nicht. Im Gegenteil, was sie auch sagen, ein bisschen besser wird's schon sein.« Immer brav und optimistisch, dachte Jonathan, dabei war es im Grunde Unsinn: Die Ärzte konnten die Zeit nicht anhalten. Er warf seinem Sohn einen Blick zu. Der Junge schien verdutzt, doch nicht genug, um eine weitere Frage zu stellen. Georges musste solche Gespräche mit angehört haben, seit er Worte verstehen konnte. Die Worte hatten ihm bedeutet: »Dein Vater trägt etwas in sich, das ist wie eine Erkältung. Manchmal macht es ihn müde. Aber du kannst dich nicht anstecken. Niemand kann das, es wird dir also nicht wehtun.«

»Wirst du im Krankenhaus schlafen?«, fragte Simone.

Jonathan verstand nicht gleich. »Nein. Dr. Wentzel, ich meine, seine Sekretärin sagte, sie hätten ein Zimmer für mich gebucht.«

Am nächsten Morgen, kurz nach neun, verließ er das Haus, um den 9:42-Uhr-Zug nach Paris noch zu erwischen, denn der nächste würde ihn nicht rechtzeitig nach Orly bringen. Seinen Flugschein, nur für den Hinflug, hatte er am Nachmittag zuvor gekauft, außerdem hatte er noch einmal tausend Franc auf das Konto bei der Société Générale eingezahlt und fünfhundert in seine Brieftasche gesteckt. Damit blieben ihm noch zweitausendfünfhundert Franc in der Schublade in seinem Laden. Auch das Buch, *Die Sensenmänner,* hatte er aus der Schublade genommen und in den Koffer gelegt, weil er es Reeves zurückgeben wollte.

Kurz vor fünf stieg Jonathan aus dem Flughafenbus, der ihn zum Münchner Busbahnhof gebracht hatte. Die Sonne schien, die Luft war angenehm warm. Er sah einige untersetzte Männer mittleren Alters in Lederhosen und grünen Joppen. Auf dem Gehweg spielte ein Leierkasten. Minot kam eilig auf ihn zu.

»Entschuldigen Sie die kleine Verspätung«, sagte er. »Wie geht es Ihnen, Jonathan?«

»Danke, ganz gut.« Jonathan lächelte.

»Ich habe Ihnen ein Zimmer besorgt. Wir nehmen ein Taxi. Ich wohne in einem anderen Hotel, aber ich komme mit hinauf, dann können wir reden.«

Sie stiegen ins Taxi. Reeves sprach von München, als kenne er die Stadt gut und möge sie, nicht als rede er nur aus Nervosität, um etwas zu sagen. Auf einem Stadtplan zeigte er Jonathan den Englischen Garten, den sie auf der Fahrt nicht sehen würden, und das Krankenhaus an der Isar, wo Jonathan am nächsten Morgen um acht seinen Termin hatte. Beide Hotels seien zentral gelegen, meinte er. Das Taxi hielt, ein Page in dunkelroter Uniform öffnete die Wagentür.

Jonathan füllte den Meldeschein aus. Die vielen modernen Buntglasfenster der Hotelhalle zeigten deutsche Ritter und Bänkelsänger. Er fühlte sich wohl, es ging ihm so gut wie nur selten, er war bester Laune. Ein Vorspiel für schlimme Nachrichten morgen, für eine Katastrophe? Gut gelaunt zu sein kam ihm aberwitzig vor, und er riss sich zusammen wie jemand, der fast einen zu viel getrunken hätte.

Reeves begleitete ihn auf sein Zimmer. Der Page hatte den Koffer gebracht und ging. Jonathan hängte seinen Mantel an einen Haken neben der Tür, genau wie zu Hause.

»Wir könnten Ihnen einen neuen Mantel kaufen, vielleicht morgen früh oder noch heute Nachmittag«, sagte Reeves mit einem peinlich berührten Blick auf Jonathans Stück.

»Ach ja?« Sein Mantel war ziemlich schäbig, das musste er zugeben. Er lächelte dünn: nichts für ungut. Wenigstens hatte er seinen besten Anzug und die fast neuen schwarzen Schuhe mitgebracht. Er hängte den blauen Zweiteiler in den Schrank.

»Schließlich reisen Sie im Zug erste Klasse«, sagte Reeves. Er ging zur Tür und schob den Riegel vor. »Ich habe die Pistole. Wieder eine italienische, doch diesmal ein anderes Fabrikat. Einen Schalldämpfer konnte ich nicht kriegen, doch der würde auch nicht viel nützen, ehrlich gesagt.«

Jonathan begriff. Er betrachtete die kleine Pistole, die Reeves aus der Tasche gezogen hatte. Einen Moment lang spürte er eine dumpfe Leere. Ein einziger Schuss aus dieser Waffe, und er konnte sich gleich selbst erschießen. Nur das bedeutete sie für ihn.

»Dann hätten wir noch das hier.« Reeves zog die Garrotte aus der Tasche.

In Münchens hellerem Licht wirkte die Schnur bleich, fleischfarben.

»Versuchen Sie's mal … Nehmen Sie die Stuhllehne hier«, sagte Reeves.

Jonathan nahm die Schnur und warf die Schlinge über die Stuhllehne. Gleichgültig zog er sie zu. Er fühlte nichts, nicht einmal Ekel. Ob wohl der Mann von der Straße sofort wüsste, was das war, wenn er die Schnur in seiner Tasche oder sonst wo fände? Wahrscheinlich nicht.

»Natürlich müssen Sie sie fest zuziehen«, sagte Reeves ernsthaft, »und dann so halten.«

Plötzlich verärgert, wollte Jonathan schon etwas Hässliches erwidern, beherrschte sich aber gerade noch. Er nahm die Schnur vom Stuhl, um sie aufs Bett zu werfen, als Reeves sagte:

»Behalten Sie sie bei sich. In der Hosentasche. Oder in dem Anzug, den Sie morgen tragen werden.«

Jonathan dachte daran, die Garrotte einzustecken, doch dann ging er zum Schrank und schob sie in die Hosentasche seines blauen Anzugs.

»Dann wollte ich Ihnen noch diese beiden Bilder zeigen.« Reeves zog einen weißen, offenen Umschlag aus der Innentasche seines Jacketts, der zwei Fotos enthielt, einen Glanzabzug in Postkartenformat sowie ein zweimal gefaltetes, sauber ausgeschnittenes Zeitungsbild. »Vito Marcangelo.«

Jonathan betrachtete das Hochglanzfoto, das an mehreren Stellen geknickt war: Ein Mann mit rundem Kopf, rundem Gesicht, dicken, sinnlichen Lippen und schwarzem, gewelltem Haar. Grau melierte Schläfen, als speie der Kopf Dampf.

»Ungefähr einsfünfundsechzig«, sagte Reeves. »Die Schläfen sind immer noch grau, er färbt sie nicht. Hier ist er in Gesellschaft.«

Das Zeitungsfoto zeigte drei Männer und mehrere Frauen, die hinter einem gedeckten Tisch standen. Ein eingezeichneter Pfeil wies auf einen kleinen, lachenden Mann mit silbern schimmernden Schläfen. Die Bildunterschrift war deutsch.

Reeves nahm die Bilder wieder an sich. »Kommen Sie, kaufen wir diesen Mantel. Irgendein Laden wird schon offen haben. Die Waffe wird übrigens genauso gesichert wie die andere. Sie ist geladen, sechs Kugeln im Magazin. Ich lege sie hierhin, okay?« Er nahm die Pistole vom Fußende des Bettes und legte sie in eine Ecke von Jonathans Koffer. Im Lift sagte er: »Die Brienner Straße ist gut für Einkäufe.«

Sie gingen zu Fuß. Jonathan hatte seinen Mantel im Hotelzimmer gelassen.

Er entschied sich für einen dunkelgrünen Tweedmantel. Wer sollte zahlen? Das schien nicht so wichtig, außerdem blieben ihm womöglich nur vierundzwanzig Stunden, das Ding zu tragen. Reeves bestand darauf. Jonathan sagte, er könne Reeves das Geld geben, sobald er Franc umgetauscht habe.

»Nein, nein, gern geschehen.« Dabei hob der Amerikaner ruckartig den Kopf, was bei ihm gelegentlich ein Lächeln ersetzte.

Jonathan behielt den Mantel gleich an. Sie gingen weiter, mit Reeves als Führer: Der Odeonsplatz, der Anfang der Ludwigstraße, die bis nach Schwabing führte, wo Thomas Mann gewohnt hatte, weiter zum Englischen Garten. Dort nahmen sie ein Taxi zu einem Bierkeller. Tee wäre Jonathan lieber gewesen. Reeves wollte, dass er sich entspannte, das merkte er. Dabei war er durchaus entspannt und sorgte sich nicht einmal, was Doktor Max Schröder ihm morgen früh sagen könnte – was es auch wäre, es war ihm schlicht egal.

Sie aßen in einem lärmenden Schwabinger Restaurant zu Abend, wo praktisch jeder Gast, wie Reeves sagte, »Künstler oder Schriftsteller« war. Jonathan fand Reeves amüsant. Ihm schwirrte der Kopf von all dem Bier, und nun tranken sie Weißwein, Gumpoldskirchner.

Kurz vor Mitternacht stand Jonathan frisch geduscht im Pyjama in seinem Hotelzimmer. Morgen früh würde er vom Telefon um Viertel nach sieben geweckt werden, und gleich darauf gab es Frühstück. Er setzte sich an den Schreibtisch, zog Briefpapier aus der Schublade und adressierte einen Umschlag an Simone. Dann fiel ihm ein, dass er übermorgen wieder zu Hause wäre, vielleicht schon morgen am späten Abend. Er zerknüllte den Briefumschlag und warf ihn in den Papierkorb. Am Abend hatte er Reeves beim Essen gefragt: »Kennen Sie einen Tom Ripley?« Reeves hatte ihn ausdruckslos angesehen: »Nein, warum?« Jonathan schlüpfte unter die Bettdecke und drückte auf einen Knopf, der sämtliche Lichter auf einmal löschte, auch das im Bad. Hatte er seine Tabletten schon genommen? Ja, kurz vor dem Duschen. Das Fläschchen hatte er in seine Jackentasche gesteckt, damit er das Medikament morgen wenn nötig Doktor Schröder zeigen konnte.

Reeves hatte gefragt: »Hat die Schweizer Bank Ihnen schon geschrieben?« Nein, doch womöglich war der Brief heute Morgen im Laden angekommen. Ob Simone ihn aufmachen würde? Das Risiko war fünfzig zu fünfzig, je nachdem, wie viel sie zu tun hatte. Der Brief aus der Schweiz würde eine Bestätigung seines Guthabens von achtzigtausend D-Mark enthalten, dazu wahrscheinlich Karten für Unterschriftsmuster. Vermutlich würde auf dem Umschlag kein Absender stehen, nichts, was ihn als Bankschreiben auswies. Da er am Samstag heimreisen wollte, öffnete Simone seine Post vielleicht nicht. Fünfzig zu fünfzig, dachte er wiederum und glitt sanft in den Schlaf.

Am nächsten Morgen, im Krankenhaus, kam ihm die Atmosphäre zugleich streng bürokratisch und seltsam formlos vor. Reeves war die ganze Zeit dabei, und obwohl nur Deutsch gesprochen wurde, merkte Jonathan, dass er Dr. Schröder nichts von der vorherigen Untersuchung in Hamburg sagte. Der Hamburger Bericht war zu Händen von Dr. Perrier nach Fontainebleau gegangen, und der dürfte ihn inzwischen, wie versprochen, an das Labor Eberle-Valent weitergeschickt haben.

Auch hier sprach die Schwester perfekt Englisch. Dr. Max Schröder war um die fünfzig. Das schwarze Haar fiel ihm nach der neuen Mode bis auf den Hemdkragen.

»In seinen Augen«, sagte Reeves, »ist es ein mehr oder weniger klassischer Fall – die Prognose ist nicht gerade rosig.«

Nein, nichts war neu für Jonathan, nicht einmal, dass er das Untersuchungsergebnis am nächsten Morgen erfahren würde.

Es war fast elf, als Jonathan und Reeves das Krankenhaus verließen. Sie gingen am Isarufer entlang: Mütter mit Kinderwagen, Häuser, eine Apotheke, ein Lebensmittelladen – all die Bestandteile eines Lebens, dem Jonathan sich an diesem Morgen ganz und gar nicht zugehörig fühlte. Selbst zum Atmen musste er sich zwingen. Ein Tag des Scheiterns, dachte er. In den Fluss wollte er springen, ertrinken vielleicht oder zum Fisch werden. Minots Gegenwart, sein gelegentliches Gerede ärgerten ihn. Schließlich gelang es ihm, den Mann auszublenden. Heute würde er niemanden umbringen, weder mit der Schnur in seiner Tasche noch mit der Pistole.

»Sollte ich nicht meinen Koffer holen«, unterbrach er Reeves, »wenn der Zug zwei Uhr soundsoviel fährt?«

Sie nahmen ein Taxi.

Ein Schaufenster, gleich neben dem Hotel, glitzerte in Gold und Silber, wie ein deutscher Weihnachtsbaum. Jonathan zog es dorthin. Die Auslage bestand zu seiner Enttäuschung vor allem aus Nippes für Touristen, doch dann bemerkte er ein Gyroskop, das schräg gegen seine würfelförmige Schachtel lehnte.

»Ich will meinem Sohn etwas kaufen«, sagte er und betrat das Geschäft. Er zeigte auf das Gyroskop, sagte: »Bitte«, und kaufte das Gerät, ohne auf den Preis zu achten. Morgens hatte er im Hotel zweihundert Franc umgetauscht.

Jonathan hatte schon gepackt, er musste nur noch den Koffer zuklappen. Dann trug er ihn selbst hinunter. Reeves drückte ihm einen Hundertmarkschein in die Hand und bat ihn, die Rechnung zu bezahlen, weil es komisch wirken könne, wenn er das für ihn tue. Geld bedeutete Jonathan nichts mehr.

Sie waren zu früh am Bahnhof. In der Gaststätte wollte Jonathan nichts zu essen, nur einen Kaffee.

Also bestellte Reeves Kaffee. »Jonathan, den Augenblick müssen Sie selber abpassen, das ist mir klar. Kann sein, dass es nicht klappt, das weiß ich, aber diesen Mann wollen wir wirklich erwischen … Bleiben Sie in der Nähe vom Speisewagen, zum Beispiel am Ende des nächsten Waggons, rauchen Sie eine Zigarette …«

Jonathan trank noch einen Kaffee. Reeves kaufte ihm den *Daily Telegraph* und ein Taschenbuch für die Fahrt.

Dann rollte der Zug ein, ruckelte leise über die Schienen, glänzend und graublau: der Mozart-Express. Reeves sah sich nach Marcangelo um, der hier mit mindestens zwei

Leibwächtern zusteigen sollte. Mehr als fünfzig Leute stiegen ein, ebenso viele aus. Jonathan stand, den Koffer in der Hand, vor dem Wagen, wo laut Fahrschein sein Platz war. Reeves packte ihn am Arm, zeigte auf jemanden, und Jonathan glaubte die drei zu sehen, die Minot meinte: drei gedrungene Männer mit Hüten, die zwei Wagen vor ihm den Zug bestiegen.

»Er ist's. Ich hab sogar seine grauen Schläfen gesehen«, sagte Reeves. »Und wo ist der Speisewagen?« Er trat zurück, um besser sehen zu können, lief am Zug entlang nach vorne, kam wieder zurück. »Vor dem von Marcangelo.«

Der Lautsprecher verkündete die Abfahrt des Zuges, diesmal auf Französisch.

»Sie haben die Kanone dabei?«, fragte Reeves.

Jonathan nickte. Bevor er seinen Koffer aus dem Hotelzimmer holte, hatte Reeves ihm eingeschärft, sie in die Manteltasche zu stecken. »Was mir auch zustößt, Sie sorgen dafür, dass meine Frau das Geld bekommt, ja!?«

»Versprochen.« Reeves klopfte ihm auf den Arm.

Wieder ein Pfiff, Türen schlugen zu. Jonathan stieg ein, ohne sich nach Reeves umzusehen, der ihn nicht aus den Augen lassen würde. Er fand seinen Platz, ein Achterabteil, nur zwei andere Reisende, dunkelrote Plüschpolster. Jonathan hievte den Koffer auf die Ablage, legte seinen neuen Mantel, auf links gewendet, darüber. Ein junger Mann betrat das Abteil, lehnte sich aus dem Fenster, sprach mit jemandem auf Deutsch. Die anderen Mitreisenden waren ein Mann mittleren Alters, der sich in Geschäftspapiere vertiefte, und eine adrette, zierliche Frau mit einem kleinen Hut, die ein Buch las. Jonathan saß neben dem Geschäftsmann, der den Fensterplatz in Fahrtrichtung hatte. Jonathan schlug den *Telegraph* auf.

Elf Minuten nach zwei.

Draußen glitten Münchens Vororte vorbei, Bürohäuser, Kirchtürme mit Zwiebelkuppeln. Gegenüber hingen drei gerahmte Fotos: ein Schloss, ein See mit Schwänen, schneebedeckte Alpengipfel. Der Zug surrte sanft schaukelnd über die glatten Gleise. Jonathan döste, die Augen halb geschlossen, verschränkte die Hände und stützte die Ellbogen auf die Armlehnen. Er hatte noch Zeit, sich zu entscheiden, Zeit, es sich anders und noch mal anders zu überlegen. Marcangelo fuhr nach Paris, genau wie er, und der Zug würde dort erst um 23:07 Uhr eintreffen, mit einem Zwischenhalt in Straßburg gegen 18:30 Uhr. Reeves hatte das gesagt … Kurz darauf war Jonathan hellwach. Im Gang hinter der Glastür seines Abteils gingen immer wieder Leute vorbei. Jemand kam mit einem Servierwagen vorbei, zog die Abteiltür auf und bot Sandwiches, Bier und Wein an. Der junge Mann kaufte eine Flasche Bier. Im Gang stand ein untersetzter Mann und rauchte Pfeife. Gelegentlich drückte er sich gegen das Fenster, um jemanden durchzulassen.

Es konnte nicht schaden, dachte Jonathan, wenn er an Marcangelos Abteil vorbeispazierte, so als wolle er zum Speisewagen. Nur um die Lage zu peilen. Dennoch dauerte es einige Minuten, bis er sich aufraffen konnte. Vorher rauchte er noch eine Gitane. Die Asche streifte er in dem Metallbehälter unter dem Fenster ab, wobei er darauf achtete, nichts auf die Knie des in seine Unterlagen vertieften Geschäftsmanns fallen zu lassen.

Schließlich stand er auf und ging nach vorne. Die Tür am Ende des Wagens klemmte. Noch zwei Türen, dann hatte er Marcangelos Wagen erreicht. Jonathan ging langsam, um das sanfte, unregelmäßige Schaukeln des Zuges aufzufangen, und schaute in jedes Abteil. Marcangelo erkannte er sofort, denn der Mann saß in der Mitte und wandte ihm das Gesicht zu. Er schlief, die Hände über dem Bauch gefaltet, das Doppelkinn im Hemdkragen versunken. Der graue Streifen an seinen Schläfen zog sich schräg aufwärts nach hinten. Flüchtig nahm Jonathan zwei andere südländisch wirkende Männer wahr, die vorgebeugt dasaßen und gestikulierend aufeinander einredeten. Sonst war das Abteil leer. Er ging weiter bis ans Ende des Wagens, zündete sich noch eine Zigarette an und sah zum Fenster hinaus. An diesem Ende befand sich die Toilette, die besetzt war, wie das Rot in dem runden Türschloss anzeigte. Am Fenster gegenüber wartete ein schlanker, kahlköpfiger Mann wohl darauf, dass sie frei wurde. Ein grotesker Gedanke, hier jemanden umbringen zu wollen – die Tat würde nicht unbeobachtet bleiben. Und selbst wenn nur der Täter und sein Opfer zwischen den Wagen standen, musste nicht jeden Moment jemand hier vorbeikommen? Laut war es im Zug ganz und gar nicht: Würde man den Schrei eines Mannes nicht im nächsten Wagen hören, selbst wenn er die Schlinge schon um den Hals hatte?

Ein Mann und eine Frau kamen aus dem Speisewagen und traten in den Gang. Die Türen ließen sie offen. Ein Kellner in weißer Jacke schloss sie sofort wieder.

Jonathan ging zurück zu seinem Wagen und warf einen kurzen zweiten Blick in Marcangelos Abteil. Der Mann rauchte eine Zigarette und redete, feist und fett vornübergebeugt.

Wenn es passieren sollte, dann noch vor Straßburg, denn dort dürften viele zusteigen, die nach Paris wollten. Aber vielleicht irrte er sich auch. Jedenfalls sollte er in ungefähr einer halben Stunde den Mantel anziehen und am Ende des Wagens auf Marcangelo warten. Und was, wenn der Mann das WC am anderen Ende des Wagens benutzte? Toiletten gab es hier wie dort. Oder wenn er gar nicht austreten musste? Möglich, wenn auch unwahrscheinlich. Oder wenn die Italiener einfach keine Lust hatten, im Speisewagen zu essen? Nein, das war unlogisch; sie würden essen gehen, allerdings nur gemeinsam. Sollte er keine Gelegenheit finden, musste sich Reeves eben einen neuen, besseren Plan ausdenken. Aber wenn er mehr Geld bekommen wollte, dann musste Marcangelo oder jemand gleichen Kalibers sterben, und zwar von seiner Hand.

Kurz vor vier zwang sich Jonathan aufzustehen. Behutsam nahm er den Mantel mit dem Gewicht in der rechten Tasche aus der Ablage, zog ihn draußen im Gang an und ging, das Taschenbuch in der Hand, zum anderen Ende von Marcangelos Wagen.

11

Diesmal sah Jonathan nicht hin, als er am Abteil der Italiener vorbeikam, doch bemerkte er aus den Augenwinkeln ein Durcheinander – mehrere Männer, die sich, vielleicht zum Spaß, um einen Koffer balgten. Er hörte sie lachen. Gleich darauf lehnte er sich gegen eine Karte von Mitteleuropa, die in einem Metallrahmen steckte, vor sich die halb verglaste Gangtür, und sah einen Mann auf sich zukommen und die Tür aufstoßen. Der Mann wirkte wie einer von Marcangelos Leibwächtern, ein dunkelhaariger Dreißiger mit grimmiger Miene und stämmigem Körper. Eines Tages würde er einer missmutigen Kröte gleichen. Jonathan musste an die Fotos auf dem Umschlag von *Die Sensenmänner* denken. Der Mann ging zur Toilette und trat ein. Jonathan blickte weiter in sein aufgeschlagenes Buch. Bald darauf kam der Mann wieder heraus und schlenderte in den Gang zurück.

Jonathan hatte die Luft angehalten. Was, wenn das Marcangelo gewesen wäre? Günstiger hätte die Gelegenheit nicht sein können, denn es war niemand vorbeigekommen, weder aus dem Gang noch aus dem Speisewagen. Doch er wusste, dass er wie angewurzelt stehen geblieben wäre und so getan hätte, als lese er, wenn es wirklich Marcangelo gewesen wäre. Seine rechte Hand in der Tasche sicherte und entsicherte die kleine Pistole. Was riskierte er schon? Was hatte er zu verlieren? Nur sein Leben.

Jeden Augenblick konnte Marcangelo schwerfällig den Gang entlangstapfen, die Tür aufstoßen – und dann? Könnte es nicht laufen wie zuvor in der U-Bahn-Station? Und dann eine Kugel für sich selber. Stattdessen stellte Jonathan sich vor, wie er auf Marcangelo feuerte und die Waffe sofort zur Tür neben dem WC hinauswarf, oder zum Fenster, das sich offenbar öffnen ließ, um dann lässig in den Speisewagen zu schlendern, Platz zu nehmen und etwas zu bestellen.

Völlig unmöglich.

Ich werde jetzt was trinken gehen, dachte er und ging in den Speisewagen, wo noch viele Tische frei waren, Vierertische auf der einen, Zweiertische auf der anderen Seite. Er setzte sich an einen der kleineren Tische. Ein Kellner kam, Jonathan bestellte ein Bier, überlegte es sich aber gleich darauf anders: »Weißwein, bitte«, sagte er auf Deutsch.

Der Kellner brachte ein Viertel kühlen Riesling. Das *Klackediklack* der Räder klang hier gedämpfter, satter. Durch das größere Fenster, das dennoch mehr Geborgenheit vermittelte, wirkte der Wald (der Schwarzwald?) fabelhaft üppig und grün, ein endloses Meer hoher Tannen, so als habe Deutschland so viele davon, dass keine geschlagen werden mussten. Nirgendwo war nur ein Fitzelchen Papier zu sehen noch jemand, der sich um den Abfall kümmerte, was Jonathan nicht weniger überraschte. Wann kehrten die Deutschen ihre Straßen? Jonathan versuchte sich mit dem Wein Mut anzutrinken. Irgendwie, irgendwo hatte er jeden Schwung verloren; nun musste er ihn wiederfinden, mehr nicht. Er leerte sein Glas wie nach einem unvermeidlichen Trinkspruch, zahlte und zog seinen Mantel an, den er über den Stuhl gegenüber gelegt hatte. Er würde am Wagenende warten, bis Marcangelo auftauchte, und ob der Mann nun allein kam oder mit seinen beiden Leibwächtern, er würde schießen.

Jonathan riss an der Wagentür, schob sie zur Seite. Wieder war er zwischen den Wagen gefangen, wieder lehnte er gegen die Karte, schaute in das dämliche Buch. »... David hatte sich schon gefragt, ob Elaine etwas ahnte. Verzweifelt ging er in Gedanken die Ereignisse des ...« Sein Blick glitt über die Buchstaben, als könne er nicht lesen. Ihm fiel etwas ein, an das er vor Tagen hatte denken müssen: Simone würde das Geld nicht annehmen, falls sie erfuhr, wie er daran gekommen war, und falls er sich im Zug erschoss, würde sie es erfahren. Ob Simone sich überreden oder überzeugen ließe, von Reeves oder sonst wem, dass ihr Mann eigentlich keinen Mord begangen hatte? Fast hätte Jonathan laut aufgelacht: ein hoffnungsloses Unterfangen. Was hatte er dann hier noch verloren? Er konnte genauso gut gleich weitergehen, zurück zu seinem Platz.

Ein Mann kam näher, Jonathan sah auf – und musste blinzeln. Der da auf ihn zukam, war Tom Ripley.

Tom zog die halbverglaste Tür auf und lächelte dünn. »Jonathan«, sagte er leise, »geben Sie mir bitte das Ding? Die Garrotte.« Er trat neben ihn und sah aus dem Fenster.

Vor Schreck fühlte Jonathan auf einmal gar nichts mehr. Auf wessen Seite stand Tom Ripley? Auf Marcangelos? Er fuhr zusammen, als er drei Männer durch den Gang herankommen sah.

Tom rückte näher an Jonathan heran, um sie durchzulassen.

Die Männer sprachen deutsch, sie verschwanden im Speisewagen.

Über die Schulter sagte Tom zu Jonathan: »Die Schlinge. Wir versuchen's mit ihr, okay?«

Jonathan verstand, zumindest zum Teil. Ripley war ein Freund von Reeves. Er kannte dessen Plan. Jonathan rollte die Garrotte in seiner linken Hosentasche fest zusammen, zog die Hand heraus und drückte die Schlinge in Toms bereitwillig ausgestreckte Hand, ohne den anderen anzusehen. Eine Last fiel von ihm ab.

Tom steckte die Garrotte in die rechte Jackentasche. »Bleiben Sie hier, ich brauche Sie vielleicht noch.« Er ging zum WC, sah, dass es frei war, und trat ein.

Tom verriegelte die Toilettentür hinter sich. Die Schnur der Schlinge war nicht einmal durch das Auge gefädelt. Er machte die Garrotte einsatzklar und schob sie vorsichtig wieder in die rechte Jackentasche, ein leises Lächeln auf den Lippen: Kreidebleich war Jonathan geworden! Vorgestern hatte Tom Reeves Minot angerufen, und der hatte ihm gesagt, Jonathan werde kommen, aber wahrscheinlich die Pistole nehmen wollen. Die dürfte er jetzt dabeihaben. Tom würde sich unter solchen Umständen niemals für eine Schusswaffe entscheiden.

Er trat auf das Pedal, hielt die Hände unter das Wasser, schüttelte sie und fuhr sich mit den nassen Händen über das Gesicht. Nun wurde auch er ein bisschen nervös. Zum ersten Mal gegen die Mafia!

Er hatte befürchtet, Jonathan könne den Auftrag verpatzen, und da er ihn in die Sache hineingeritten hatte, fand er, nun solle er auch versuchen, ihm wieder herauszuhelfen. Also war Tom am Tag zuvor nach Salzburg gefahren und hatte dort einige Stunden zuvor den Zug bestiegen. Er hatte Reeves, wenn auch eher beiläufig, nach Marcangelos Aussehen gefragt; er glaubte nicht, dass Reeves ihn im Zug vermuten würde. Im Gegenteil: Tom hatte Reeves erklärt, er halte seinen Plan für schwachsinnig, es wäre besser, er ließe Jonathan mit der Hälfte des Geldes vom Haken und suchte sich jemand anders für den zweiten Auftrag, wenn die Sache gut gehen sollte. Aber Reeves doch nicht. Der Mann war wie ein kleiner Junge; er spielte ein Spiel, das er selbst erfunden hatte, ein besessenes Spiel mit strengen Regeln – streng für andere wenigstens. Tom wollte Jonathan helfen, noch dazu in einer noblen Sache: einen Mafioso zu töten, ein großes Tier! Vielleicht sogar zwei dieser Typen!

Tom hasste die Mafia, er hasste ihre Kredithaie und Erpresser, ihre gottverdammten Kirchgänger und Feiglinge, die jede dreckige Arbeit den Handlangern überließen, sodass ihre großen Tiere, die richtigen Hurensöhne, für die Behörden unantastbar blieben und niemals hinter Gittern landeten, außer sie wurden wegen Kleinigkeiten wie Steuerhinterziehung verurteilt. Im Vergleich zur Mafia hielt Tom sich für fast tugendhaft. Bei dem Gedanken musste er laut loslachen; sein Lachen hallte in dem winzigen, mit Metall und Fliesen ausgekleideten Raum wider. (Er wusste nur zu gut, dass er womöglich Marcangelo gerade draußen vor der Tür warten ließ.) Ja, es gab Menschen, die unehrlicher, verdorbener und entschieden erbarmungsloser waren als er, nämlich die Mitglieder der Mafia, jener charmante, zerstrittene Haufen von Familienclans, den es laut der Italienisch-Amerikanischen Liga gar nicht wirklich gab, sondern nur in der Fantasie von Romanschreibern. Ja, selbst die Wunder der katholischen Kirche mit den Bischöfen, die beim Fest von San Gennaro das Blut fließen ließen, und mit den kleinen Mädchen, denen die Jungfrau Maria erschienen war, selbst sie waren angeblich wirklicher als die Mafia. Na klar! Tom spülte sich den Mund aus, spuckte ins Becken, ließ Wasser nachlaufen und ging hinaus.

Vor der Tür stand nur Jonathan, der eine Zigarette rauchte, sie aber sofort fallen ließ, wie ein Soldat, der unter den Augen eines vorgesetzten Offiziers nicht nachlässig wirken will. Tom lächelte ihm beruhigend zu und stellte sich mit dem Gesicht zum Fenster neben ihn.

»Sie sind nicht zufällig vorbeigekommen?« Er wollte nicht durch die beiden Türen in den Speisewagen spähen.

»Nein.«

»Kann sein, dass wir bis hinter Straßburg warten müssen, ich hoffe aber nicht.«

Eine Frau kam aus dem Speisewagen. Sie hatte Mühe mit den Türen, und Tom sprang hinzu, die zweite Tür für sie zu öffnen.

»Danke schön«, sagte sie.

»Bitte«, erwiderte Tom.

Er schlenderte zur anderen Seite hinüber und zog eine *Herald Tribune* aus der Jackentasche. Es war jetzt elf nach fünf. Um 18:33 Uhr sollten sie in Straßburg ankommen. Vermutlich hatten die Italiener ausgiebig zu Mittag gegessen und würden den Speisewagen gar nicht betreten.

Ein Mann betrat die Toilette.

Jonathan schaute wieder in sein Buch, spürte aber Toms Blick und sah auf. Tom lächelte wieder. Als der Mann herauskam, ging Tom zu Jonathan hinüber. Zwei Männer standen im Wagengang, nur wenige Meter entfernt. Der eine rauchte eine Zigarre, beide schauten aus dem Fenster, keiner achtete auf Jonathan und ihn.

»Ich sehe zu, dass ich ihn *im* Klo erwische«, sagte Tom. »Dann müssen wir ihn rauswerfen.« Mit dem Kopf wies er auf die Tür neben der Toilette. »Wenn ich mit ihm drin bin, klopfen Sie zweimal an die Tür, sobald die Luft rein ist. Dann heißt es, hiev an und über Bord mit ihm, so schnell es geht.« Lässig zündete Tom sich eine Gauloise an und gähnte betont langsam.

Jonathans panische Angst hatte ihren Höhepunkt erreicht, als Tom im WC verschwunden war. Nun legte sie sich ein bisschen. Tom wollte das Ding durchziehen. Warum, konnte er sich im Moment nicht erklären. Auch wurde er das Gefühl nicht los, Tom könnte die Sache vielleicht absichtlich verpatzen und ihn den Kopf dafür hinhalten lassen. Doch wieso? Wahrscheinlich wollte Tom Ripley vielmehr einen Teil des Geldes, womöglich gar den ganzen Rest. In diesem Augenblick war Jonathan das einfach egal. Es war unwichtig. Tom wirkte jetzt selbst ein bisschen besorgt, wie er da an der Wand gegenüber der Toilette lehnte, die Zeitung in der Hand, ohne hineinzuschauen.

Dann sah Jonathan zwei Männer auf sie zukommen. Der hintere war Marcangelo, der vordere kein Italiener. Jonathan sah zu Tom hinüber, der sofort aufblickte, und nickte einmal.

Der erste Mann schaute sich um, fand das WC und trat

ein. Marcangelo ging an Jonathan vorbei, sah, dass besetzt war, drehte sich um und kehrte in den Gang zurück. Tom grinste Jonathan zu und breitete die Arme aus, als wollte er sagen: »Verflucht, der ist uns durch die Lappen gegangen.«

Jonathan hatte Marcangelo unmittelbar vor sich: Der Mann wartete im Gang, wenige Meter entfernt, und schaute zum Fenster hinaus. Marcangelos Leibwächter in der Mitte des Wagens konnten nicht wissen, dass Marcangelo warten musste; durch die Verzögerung würden sie schneller argwöhnisch werden, falls er nicht zurückkam. Jonathan nickte Tom zu. Er hoffte, Tom würde begreifen, was er ihm damit sagen wollte: dass Marcangelo in der Nähe wartete.

Der andere Mann trat aus der Toilette und kehrte in den Wagen zurück.

Jetzt kam Marcangelo. Jonathan blickte zu Tom hinüber, doch der war in seine Zeitung vertieft.

Tom wusste, dass der untersetzte Mann, der jetzt das Wagenende erreicht hatte und genau vor ihm stand, wiederum Marcangelo war, sah aber nicht auf. Der Mann öffnete die Tür zur Toilette, und Tom sprang vor, als wolle er sich vor dem anderen hineindrängen, warf Marcangelo aber zugleich die Schlinge über den Kopf, um den Schrei zu ersticken, schleifte ihn in den kleinen Raum, zog dabei blitzschnell an der Garrotte – wie der rechte Cross eines Boxers – und schloss die Tür hinter sich. Heftig riss er erneut an der Garrotte, einer Waffe, die Marcangelo in seiner besten Zeit selber benutzt haben dürfte, und sah die Nylonschnur in dem fleischigen Hals des Mannes verschwinden. Tom schlang die Schlinge hinter dem Nacken einmal um die Hand und zog noch fester zu; mit der Linken legte er den Hebel um, der die Tür verriegelte. Das Gurgeln erstarb, Marcangelos Zunge trat zwischen den widerlich feuchten Lippen hervor, er schloss verzweifelt die Augen, riss sie dann angsterfüllt wieder auf, nun schon mit dem leeren Blick des Sterbenden, der fragte: Was geschieht mit mir? Seine Unterkieferprothese fiel klirrend auf die Fliesen. Fast hätte sich Tom an Daumen und Zeigefinger geschnitten, so stark zog er an der Schnur, doch diesen Schmerz hielt er gerne aus. Marcangelo war auf dem Boden zusammengesackt, wurde aber von der Garrotte, oder besser von Tom, in einer mehr oder weniger sitzenden Stellung gehalten. Inzwischen musste der Mann bewusstlos sein; atmen konnte er bestimmt nicht mehr. Tom hob die falschen Zähne auf, warf sie ins Klo und schaffte es irgendwie, auf das Pedal zu treten, das die Schüssel leerte. Angewidert wischte er sich die Finger an den gepolsterten Schultern von Marcangelos Jackett ab.

Jonathan hatte gesehen, wie der Riegel von Grün auf Rot umsprang. Die Stille erschreckte ihn. Wie lange noch? Was ging da vor? Wie lange schon? Immer wieder spähte er durch die Glashälfte der Tür in den Wagen dahinter.

Ein Mann kam aus dem Speisewagen, hielt auf das WC zu und ging weiter in den Wagen, als er sah, dass besetzt war.

Jonathan dachte, wenn sich Marcangelos Rückkehr ins Abteil nur ein wenig verzögerte, würden sofort seine Begleiter hier auftauchen. Jetzt war die Luft gerade rein, sollte er anklopfen? Marcangelo dürfte genug Zeit zum Sterben gehabt haben. Jonathan trat an die Tür und klopfte zweimal.

Gelassen kam Tom heraus, schloss die Tür und sah sich

um. In diesem Moment strebte eine kleine Frau mittleren Alters in einem roten Tweedkostüm aus dem Gang auf die Toilettentür zu, deren Riegel nun auf Grün stand.

»Tut mir leid«, sagte Tom auf Deutsch, »aber ich fürchte, da drinnen ist jemand – ein Freund von mir. Ihm ist übel.«

»Bitte?«

»Mein Freund ist da drinnen ziemlich krank«, fuhr Tom mit einem bedauernden Lächeln fort. »Entschuldigen Sie, gnädige Frau. Er kommt gleich heraus.«

Sie nickte, lächelte und kehrte in den Wagen zurück.

»Okay, und jetzt fassen Sie mit an!«, flüsterte Tom Jonathan zu, schon halb in der Toilette.

»Da kommt noch jemand!«, sagte Jonathan. »Einer der Italiener.«

»Herrje!«, fluchte Tom. Womöglich würde der Mann einfach vor der Tür warten, wenn er hineinging und die Tür verriegelte.

Der Italiener, ein blasser Bursche von ungefähr dreißig, warf Jonathan und Tom einen langen Blick zu, sah, dass die Toilette laut Anzeige frei war, und ging weiter in den Speisewagen, sicher weil er Marcangelo dort wähnte.

Tom sagte zu Jonathan: »Können Sie ihm mit der Kanone eins überziehen, wenn ich ihn vorher niederschlage?«

Jonathan nickte. Die Pistole war zwar klein, doch spürte er endlich das Adrenalin in seinen Adern.

»So als ginge es um Ihr Leben«, fuhr Tom fort. »Stimmt vielleicht sogar.«

Der Leibwächter kam aus dem Speisewagen zurück. Er ging jetzt schneller. Tom stand links von ihm. Plötzlich packte er den Mann am Hemdkragen, zog ihn beiseite, sodass er durch die Tür zum Speisewagen nicht zu sehen war, und versetzte ihm einen Kinnhaken, gefolgt von einem Schwinger in den Bauch. Jonathan schlug ihm den Pistolenkolben auf den Hinterkopf.

»Die Tür!« Tom wies mit dem Kopf darauf, während er versuchte, den zusammensackenden Mann zu fassen zu bekommen.

Dieser war noch bei Bewusstsein, ruderte schwach mit den Armen, Jonathan aber hatte die Zugtür bereits aufgerissen. Instinktiv wollte Tom den Mann hinauswerfen, ohne sich noch mit einem weiteren Schlag aufzuhalten. Das dröhnende Rattern der Zugräder sprang sie an. Sie wuchteten den Leibwächter nach draußen, schoben, drückten und traten; Tom verlor das Gleichgewicht und wäre hinausgefallen, hätte Jonathan ihn nicht an den Jackettschößen festgehalten. Die Tür krachte wieder zu.

Jonathan fuhr sich mit den Fingern durch das zerzauste Haar.

Tom bedeutete ihm, zur anderen Seite hinüberzugehen, um den Gang im Auge zu behalten. Jonathan tat wie geheißen. Er hatte sichtlich Mühe, sich zu fassen und wieder wie ein normaler Reisender zu wirken.

Tom hob fragend die Augenbrauen, Jonathan nickte, Tom drückte sich schnell in die Toilette und verriegelte die Tür. Er musste darauf vertrauen, dass Jonathan mitdenken und klopfen würde, wenn keine Gefahr drohte. Marcangelo lag wie ein nasser Sack auf dem Boden, den Kopf neben dem Pedal der Spülung, das Gesicht kreidebleich, schon mit einem Schlag ins Blaue. Tom wandte den Blick ab, hörte die Tür zum Speisewagen quietschen und das ersehnte zweimalige Klopfen. Diesmal öffnete er die Tür nur einen Spalt weit.

»Freie Bahn, denke ich«, sagte Jonathan.

Tom trat gegen die WC-Tür, sodass sie ganz aufschwang, gegen Marcangelos Schuhe schlug, und gab Jonathan ein Zeichen, die Zugtür zu öffnen. Es ging aber nur gemeinsam: Jonathan musste Tom mit dem schweren Mann helfen, und es dauerte, bis sie die Tür ganz geöffnet hatten, weil sie gegen den Fahrtwind immer wieder zuschlug. Sie warfen Marcangelo kopfüber aus dem Zug. Tom wollte ihm noch einen letzten Tritt verpassen, traf ihn aber nicht mehr, weil der Körper schon auf dem Schotter neben den Gleisen aufgeschlagen war, so nahe, dass Tom einzelne Steine und Grashalme ausmachen konnte. Er hielt Jonathan am rechten Arm fest, der nach dem Türgriff angelte, bis er ihn zu fassen bekam.

Tom zog die Toilettentür zu. Ganz außer Atem, versuchte er, äußerlich ruhig zu erscheinen. »Gehen Sie zu Ihrem Platz zurück, steigen Sie in Straßburg aus«, sagte er. »Die werden sich jeden im Zug hier genau anschauen.« Nervös tätschelte er Jonathans Arm. »Viel Glück, mein Freund.« Tom sah zu, wie Jonathan die Tür zum Gang aufzog.

Tom wollte in den Speisewagen, doch eine kleine Gruppe kam ihm entgegen, und er musste beiseite treten, bis ihn die vier lachend und schwatzend passiert hatten. Endlich ging er hinein und setzte sich an den ersten freien Tisch, mit Blick auf die Tür, durch die er gerade gekommen war. Jeden Augenblick musste der zweite Leibwächter auftauchen. Er griff nach der Speisekarte und warf einen kurzen Blick auf das Menü: Weißkohlsalat, Gulaschsuppe, Wurstsalat ... Die Speisekarte war deutsch, englisch und französisch gehalten.

Auf seinem Weg durch den Gang von Marcangelos Wagen kam Jonathan der zweite Leibwächter entgegen. Der Italiener stieß ihn rüde beiseite und ging weiter. Jonathan war froh, dass er noch leicht benommen war, sonst wäre er bei der Berührung womöglich erschrocken zusammengezuckt. Die Zugpfeife ertönte, einmal lang, zweimal kurz. Ob das etwas zu bedeuten hatte? Jonathan kehrte zu seinem Platz zurück und setzte sich, ohne den Mantel auszuziehen und ohne die vier anderen im Abteil anzusehen. Auf seiner Uhr war es 17:31. Mehr als eine Stunde schien es her, dass er zuletzt auf die Uhr geschaut hatte, und da war es kurz nach fünf gewesen. Jonathan rutschte hin und her, schloss die Augen, räusperte sich: Er stellte sich vor, wie der Leibwächter und Marcangelo unter den Zug rollten und von den Rädern zerfetzt wurden. Aber vielleicht waren sie gar nicht unter die Räder geraten? War der Leibwächter überhaupt tot? Vielleicht hatte man ihn gerettet, dann konnte er Tom und ihn genau beschreiben. Warum hatte Tom ihm geholfen? Sollte er das überhaupt helfen nennen? Was versprach Ripley sich davon? Der Amerikaner hatte ihn jetzt in der Hand, das war klar. Wahrscheinlich wollte er aber nur Geld. Oder stand ihm Schlimmeres bevor? Erpressung vielleicht? Die hatte viele Gesichter.

Ob er versuchen sollte, noch am Abend einen Flug von Straßburg nach Paris zu bekommen? Oder sollte er sich ein Zimmer nehmen? Was war sicherer? Und sicherer vor wem, der Mafia oder der Polizei? Womöglich hatte jemand aus dem Fenster geschaut und einen der Körper, vielleicht auch beide, aus dem Zug fallen sehen? Oder waren sie nicht zu sehen gewesen, weil es zu nahe am Zug passiert war? Hätte jemand etwas gesehen, wäre der Zug trotzdem weitergefahren, doch könnte die Meldung wohl über Funk durchgegeben werden. Argwöhnisch spähte Jonathan den Gang entlang, ob ein Mann von der Zugwache durchging oder es irgendwelche Anzeichen für Aufregung gab, aber er sah nichts.

Unterdessen hatte Tom Gulaschsuppe und eine Flasche Carlsberg bestellt, las seine Zeitung, die gegen den Senftopf lehnte, und knabberte an einem knusprigen Brötchen. Außerdem amüsierte er sich über den aufgeregten Italiener, der zuerst geduldig vor dem besetzten WC gewartet hatte, bis zu seiner Überraschung eine Frau herausgekommen war. Nun spähte der Mann schon zum zweiten Mal durch die zwei Halbglastüren in den Speisesaal. Da kam er: Noch bemüht gelassen, schlenderte er auf der Suche nach seinem Capo, seinem Kumpan oder beiden durch den ganzen Speisewagen, als erwarte er, Marcangelo tot unter einem der Tische zu finden oder bei einem Schwätzchen mit dem Koch am anderen Ende des Wagens.

Tom sah nicht auf, während der Italiener durch den Wagen ging, spürte aber den Blick des Mannes. Nun riskierte er, über die Schulter zu schauen, wie jemand, der auf sein Essen wartet, und sah den Leibwächter – dunkelblondes Kraushaar, Nadelstreifenanzug, breiter lila Schlips – am Ende des Wagens mit einem Kellner reden. Der Kellner, der viel zu tun hatte, schüttelte den Kopf und zwängte sich mit dem Tablett an ihm vorbei. Der Leibwächter eilte den Gang zwischen den Tischen wieder zurück und stürmte hinaus.

Toms Suppe kam, rot wie Paprika, dazu das Bier. Er hatte Hunger, denn in seinem Salzburger Hotel (diesmal nicht der Goldene Hirsch, dort kannte man ihn) hatte er nicht richtig gefrühstückt. Statt nach München war er nach Salzburg geflogen, weil er keine Lust hatte, im Bahnhof Minot oder Jonathan über den Weg zu laufen. In Salzburg hatte er Zeit gefunden, für Héloïse eine grüne Lederjacke zu kaufen, die er bis zu ihrem Geburtstag im Oktober verstecken wollte. Héloïse hatte er gesagt, er fahre nach Paris, bleibe ein, zwei Nächte und wolle sich ein paar Ausstellungen anschauen. Sie hatte sich nicht gewundert, weil er das nicht zum ersten Mal tat; er stieg dann im Intercontinental, im Ritz oder im Pont Royal ab. Tom wechselte die Hotels im Grunde nur, damit Héloïse sich nicht beunruhigte, wenn er ihr die Fahrt nach Paris lediglich vortäuschte und sie ihn zum Beispiel im Intercontinental telefonisch nicht erreichen konnte. Außerdem hatte er seine Fahrkarte in Orly gekauft, nicht in den Reisebüros in Fontainebleau oder Moret, wo man ihn kannte, und dabei den gefälschten Pass benutzt, den Reeves ihm letztes Jahr besorgt hatte: Robert Fiedler Mackay, Amerikaner, Ingenieur, geboren in Salt Lake City, ledig. Ihm war nämlich eingefallen, dass die Mafia mit ein bisschen Mühe an die Passagierliste des Zuges herankommen könnte. Vielleicht stand er ja bei der Mafia auf der Liste interessanter Leute? Das wäre in Toms Augen der Ehre zu viel; womöglich hatte aber einer aus der Marcangelo-Familie damals seinen Namen in der Zeitung gelesen und sich gemerkt, nicht als vielversprechendes Material für eine Rekrutierung oder Erpressung, jedoch als einen Mann, der in der Grauzone des Gesetzes lebte.

Dieser Leibwächter aber, dieser Fußsoldat der Mafia, hatte dem gutgebauten jungen Mann in der Lederjacke am Tisch gegenüber von Tom einen längeren Blick geschenkt als ihm. Vielleicht war ja alles in Ordnung.

Jonathan Trevanny brauchte jetzt ein bisschen Aufmunterung. Sicher nahm der Mann an, er wolle sein Geld, wolle ihn irgendwie erpressen. Tom dachte daran, was Jonathan für ein Gesicht gemacht hatte, als Tom zwischen den Wagen an ihn herangetreten war, und musste auflachen (da er immer noch die Zeitung vor Augen hatte, könnte er allerdings ebenso gut Art Buchwalds Kolumne gelesen haben), auch über den komischen Moment, als Jonathan begriff, dass er ihm helfen wollte. In Villeperce war Tom in sich gegangen und hatte beschlossen, Jonathan bei dem unschönen Erdrosseln zur Hand zu gehen, damit der Mann wenigstens das versprochene Geld bekam. Im Grunde empfand Tom etwas wie Scham, weil er Jonathan die Suppe eingebrockt hatte; insofern trug er mit der Hilfe einen Teil seiner Schuld ab. Und wenn alles gut ging, dann hätte der Engländer sogar Glück gehabt und wäre viel glücklicher, fand Tom, der an positives Denken glaubte: Nicht das Beste hoffen – das Beste *denken,* dann würde sich alles zum Besten wenden, so lautete sein Credo. Bei einem erneuten Treffen würde er Jonathan einiges erklären müssen, vor allem aber musste sich der Mann den Mord an Marcangelo alleine gutschreiben lassen, damit er von Minot das restliche Geld bekam. Entscheidend war, dass man Trevanny und ihn nicht als dicke Freunde *sah,* ja, dass sie auch keine Freunde *wurden.* (Wie es Jonathan wohl gerade erging, wenn der zweite Leibwächter den ganzen Zug absuchte?) Die gute alte Mafia würde alles daransetzen, den oder die Killer zu finden. Oft brauchte das Jahre, doch die gaben niemals auf. Selbst wenn der Gesuchte nach Südamerika floh, konnten sie ihn noch erwischen. Tom wusste das, aber im Augenblick schien ihm Reeves Minot in größerer Gefahr zu schweben als Jonathan oder er selber.

Morgen früh würde er versuchen, Trevanny im Laden anzurufen. Oder morgen Nachmittag, falls der Mann Paris heute nicht mehr erreichte. Tom steckte sich eine Gauloise an und betrachtete die Frau im roten Tweedkostüm, die Trevanny und er vor der Toilette gesehen hatten: Verträumt verspeiste sie einen offenbar köstlichen Blattsalat mit Gurken. Tom war in Hochstimmung.

Als Jonathan in Straßburg ausstieg, meinte er dort mehr Polizisten als gewöhnlich zu sehen, sechs oder sieben statt der üblichen zwei oder drei. Einer überprüfte gerade den Ausweis eines Reisenden. Oder hatte der Mann nur nach dem Weg gefragt, und der Beamte schlug nun irgendwo nach? Jonathan verließ den Bahnhof auf geradestem Wege, den Koffer in der Hand. Er hatte beschlossen, die Nacht in Straßburg zu verbringen, das ihm an diesem Abend sicherer schien als Paris. Warum, wusste er auch nicht. Der zweite Leibwächter war wahrscheinlich nach Paris weitergefahren, zu seinen Kumpanen – wenn nicht alles ganz anders kam und der Mann ihm gerade in diesem Augenblick auf den Fersen war, um ihm eine Kugel in den Rücken zu jagen. Jonathan brach der Schweiß aus, auf einmal fühlte er sich wie erschlagen. An einer Kreuzung setzte er den Koffer ab und warf einen Blick auf die fremden Gebäude ringsum. Überall Fußgänger und Autos. Es war zwanzig vor sieben, sicher die Straßburger Hauptverkehrszeit. Ob er im Hotel einen falschen Namen angeben sollte? Wenn er einen falschen Namen eintrug, dazu eine falsche Ausweisnummer, würde niemand nach seinem richtigen Ausweis fragen. Doch dann dachte er, dass ein falscher Name ihn noch mehr verunsichern würde. Jonathan wurde klar, was er getan hatte. Fast hätte er sich übergeben. Er nahm den Koffer und schleppte sich weiter. Die Waffe in seiner Manteltasche wog schwer, doch schreckte er davor zurück, sie in einen Gully oder Abfalleimer zu werfen. Jonathan sah sich schon den weiten Weg nach Paris zurückfahren, sah sich sein Haus betreten, die kleine Pistole noch immer in der Tasche.

12

In Paris holte Tom den grünen Renault Kombi, den er nahe der Porte d'Italie hatte stehen lassen, und erreichte Belle Ombre kurz vor eins in der Nacht zum Samstag. Vorn war das Haus dunkel, aber als er mit dem Koffer in der Hand die Treppe hinaufging, sah er zu seiner Freude, dass in Héloïses Zimmer hinten links noch Licht brannte. Er trat ein und begrüßte sie.

»Endlich! Wie war Paris? Was hast du gemacht?« Héloïse trug einen grünen Seidenpyjama und steckte bis zur Taille unter einer rosa Satindaunendecke.

»Ach, vorhin hab ich mir einen schlechten Film angeschaut.« Sie las das Buch über die sozialistische Bewegung in Frankreich, das er ihr gekauft hatte. Was das Verhältnis zu ihrem Vater nicht gerade verbessern würde, dachte Tom. Héloïse vertrat oft radikal linke Grundsätze, hatte jedoch gar keine Lust, danach zu leben. Tom meinte allerdings zu bemerken, dass sie sich von ihm langsam immer weiter nach links schieben ließ. Mit der einen Hand schieben, mit der anderen nehmen …

»Hast du Noëlle getroffen?«, fragte Héloïse.

»Nein, warum?«

»Sie hat ein Essen gegeben, heute Abend, glaub ich, und brauchte noch einen Tischherrn. Natürlich hatte sie uns beide eingeladen. Ich sagte, du wärst wahrscheinlich im Ritz, sie solle dich dort anrufen.«

»Diesmal war ich im Crillon.« Héloïses angenehmer Duft stieg ihm in die Nase, eine Mischung aus Eau de Cologne und Nivea. Und sein eigener, unangenehmer Geruch nach der Bahnfahrt. »Geht's dir gut?«

»Mir geht's wunderbar.« Wie sie es sagte, klang es verführerisch, doch er wusste, dass sie es nicht so meinte: Sie hatte einen schönen, ganz gewöhnlichen Tag hinter sich und war glücklich, das meinte sie.

»Ich brauche eine Dusche. Bin gleich wieder da.« Tom ging in sein Zimmer und nahm eine richtige Dusche in der Badewanne, nicht in der Telefonzellenkabine in Héloïses Badezimmer.

Kurz darauf – Héloïses Lederjacke lag sicher versteckt unter Pullovern ganz unten in einer Schublade – döste er neben Héloïse im Bett, zu müde, um weiter im *Express* zu blättern. Er fragte sich, ob das Magazin wohl nächste Woche ein Foto von einem der Mafiosi am Bahndamm bringen würde, vielleicht auch von beiden. War der Leibwächter tot? Tom hoffte inständig, er möge irgendwie unter die Räder geraten sein; der Mann war wohl leider noch nicht tot gewesen, als sie ihn hinausgeworfen hatten. Tom dachte daran, wie Jonathan ihn zurück in den Zug gezogen hatte, als er hinauszufallen drohte. Bei der Erinnerung schloss er die Augen und verzog das Gesicht: Der Mann hatte ihm das Leben gerettet oder ihn zumindest vor einem fürchterlichen Fall bewahrt. Womöglich hätte er unter den Rädern des Zuges einen Fuß verloren.

Nach einem tiefen Schlaf stand Tom gegen halb neun

auf, noch bevor Héloïse erwachte. Er trank einen Kaffee unten im Wohnzimmer, schaltete das Radio zu den Neunuhrnachrichten aber nicht ein, obwohl er neugierig war. Dann spazierte er durch den Garten, betrachtete nicht ohne Stolz das Erdbeerbeet, wo er erst neulich gehackt und gejätet hatte, und besah sich die drei Jutesäcke mit Dahlienzwiebeln, die im Keller überwintert hatten und nun gepflanzt werden mussten. Vielleicht sollte er heute Nachmittag Jonathan anrufen. Je eher sie sich trafen, desto besser für dessen Seelenfrieden. Ob auch er den blonden Leibwächter bemerkt hatte, der so aufgeregt gewesen war? Tom hatte ihn im Gang getroffen, auf dem Weg vom Speisewagen zurück zu seinem Platz drei Wagen weiter hinten: Der Mann wirkte, als wollte er jeden Moment vor ohnmächtiger Wut in die Luft gehen, und Tom hätte am liebsten in seinem besten italienischen Gossenslang zu ihm gesagt: »Die feuern dich noch, wenn du so weitermachst, *eh*?«

Kurz vor elf kam Madame Annette von ihren morgendlichen Besorgungen zurück. Tom hörte, wie die Seitentür zur Küche zufiel, und ging hinüber, um einen Blick in den *Parisien Liberé* zu werfen.

»Wegen der Pferde.« Lächelnd griff Tom nach der Zeitung.

»*Ah oui!* Sie haben gewettet, *Monsieur Tomme*?«

Madame Annette wusste, er wettete nicht. »Nein, aber ein Freund. Ich will nur mal nachsehen.«

Unten auf der Titelseite fand er, was er suchte, einen kurzen Artikel, ungefähr zwanzig Zeilen: Italiener mit Garrotte erdrosselt, ein Zweiter schwer verletzt. Der Tote wurde als Vito Marcangelo, 52, aus Mailand identifiziert.

Tom interessierte sich mehr für den schwer Verletzten, Filippo Turoli, 32, der ebenfalls aus dem Zug geworfen und mit einer schweren Gehirnerschütterung und mehreren Rippenbrüchen in ein Straßburger Krankenhaus eingeliefert worden war. Ein Arm war so schwer verletzt, dass er vielleicht amputiert werden musste. Turoli lag im Koma, sein Zustand war kritisch. Wie es in dem Artikel weiter hieß, hatte ein Fahrgast den Schaffner alarmiert, nachdem er einen Körper auf dem Bahndamm hatte liegen sehen. Da hatte der luxuriöse Mozart-Express auf seiner Fahrt nach Straßburg allerdings *à pleine vitesse* schon etliche Kilometer mehr zurückgelegt. Die Rettungsmannschaft hatte dann die beiden Körper gefunden. Man schätzte, dass die zwei Männer im Abstand von vier Minuten aus dem Zug gefallen waren. Die Polizei ermittelte mit allem Nachdruck.

Die nächsten Ausgaben würden sicher mehr dazu bringen, wahrscheinlich auch Fotos. Hübsches Beispiel für gallischen Spürsinn, das mit den vier Minuten, dachte Tom. Wie eine Rechenaufgabe für Schulkinder: Ein Zug fährt mit einhundert Stundenkilometern, ein Mafioso wird hinausgeworfen, ein zweiter ebenfalls und 6 ⅔ Kilometer vom ersten entfernt gefunden. Frage: Wie viel Zeit ist zwischen den beiden Rauswürfen vergangen? Antwort: vier Minuten. Der zweite Leibwächter wurde nicht erwähnt; offenbar hatte er den Mund gehalten, statt sich über die Bedienung im Mozart-Express zu beschweren.

Aber der andere, Turoli, war nicht tot. Außerdem hatte der Mann möglicherweise sein Gesicht gesehen, bevor Tom ihm den Kinnhaken verpasste, konnte ihn also beschreiben oder identifizieren, falls er ihn wiedersah. Jonathan dürfte er dagegen gar nicht bemerkt haben, weil der ihn von hinten niedergeschlagen hatte.

Gegen halb vier war Héloïse zu ihrer Freundin Agnès Grais am anderen Ende von Villeperce gefahren. Tom suchte die Nummer von Jonathans Laden in Fontainebleau heraus, dabei merkte er, dass er sie nicht vergessen hatte.

Trevanny meldete sich.

»Hallo, hier ist Tom Ripley. Es geht um mein Bild … Sind Sie gerade allein?«

»Ja.«

»Ich würde Sie gern sprechen. Es ist wichtig, glaube ich. Könnten wir uns treffen, sagen wir, heute nach Ladenschluss? So gegen sieben? Ich könnte –«

»Ja.« Der Mann klang zum Zerreißen gespannt.

»Ich könnte beim Salamandre im Wagen warten. Sie kennen die Bar in der Rue Grande?«

»Ja.«

»Dann fahren wir irgendwohin und reden. Um Viertel vor sieben, ja?«

»In Ordnung.« Als ob er die Zähne zusammenbisse.

Jonathan dürfte angenehm überrascht sein, dachte Tom, und hängte auf.

Er war in seinem Atelier, als Héloïse kurz darauf anrief.

»Hallo, *Tomme*! Ich komme nicht zum Essen, weil nämlich Agnès und ich was ganz Wunderbares kochen wollen, und wir möchten, dass du herkommst. Antoine ist auch hier. Schließlich ist Samstag, weißt du? Also, gegen halb acht, ja?«

»Wie wär's mit acht, *chérie*? Ich habe noch etwas zu tun.«

»Tu travailles?«

Tom lächelte. »Ich zeichne. Um acht bin ich da.«

Antoine Grais war Architekt, eine Frau, zwei kleine Kinder. Tom freute sich auf einen angenehmen, entspannten Abend mit seinen Nachbarn. Er fuhr so früh nach Fontainebleau, dass er noch eine Topfpflanze kaufen konnte, eine Kamelie – als Geschenk für Agnès und Antoine und als Alibi, falls er zu spät kommen sollte.

In Fontainebleau kaufte er außerdem den *France-Soir* wegen der neuesten Nachrichten über Turoli: Nichts über seinen Zustand, aber es hieß, die beiden Italiener seien angeblich Mitglieder der Mafia, der Genotti-Familie, und womöglich einem Bandenkrieg zum Opfer gefallen. Wenigstens das dürfte Reeves freuen, denn das war sein Ziel gewesen. Tom fand eine Parklücke nur wenige Meter vom Salamandre und sah durch das Rückfenster Jonathan mit seinen langsamen Schritten auf ihn zukommen. Der Engländer bemerkte Toms Wagen. Er trug einen bemerkenswert abgerissenen Regenmantel.

»Hallo!« Tom öffnete die Beifahrertür. »Steigen Sie ein, wir fahren nach Avon oder sonst wohin.«

Trevanny murmelte kaum hörbar einen Gruß und stieg ein.

Avon war die andere, allerdings kleinere Hälfte der Zwillingsstadt Fontainebleau-Avon. Tom fuhr den Hügel zum Bahnhof hinab und nahm die Abzweigung nach rechts, die nach Avon führte.

»Alles in Ordnung?«, fragte er freundlich.

»Ja«, sagte Jonathan.

»Ich nehme an, Sie haben die Zeitungen gesehen?«

»Ja.«

»Dieser Leibwächter ist nicht tot.«

»Ich weiß.« Seit acht Uhr morgens, als er in Straßburg die Zeitungen gelesen hatte, stellte Jonathan sich vor, Turoli könne jeden Augenblick aus dem Koma erwachen und die beiden Männer am Ende des Zugwagens genau beschreiben, Tom Ripley und ihn.

»Sind Sie gestern Abend noch nach Paris gefahren?«

»Nein, ich … ich bin in Straßburg geblieben und heute Morgen zurückgeflogen.«

»Gab es Probleme in Straßburg? Irgendeine Spur vom zweiten Leibwächter?«

»Nein«, sagte Jonathan.

Tom fuhr langsam, er suchte ein ruhiges Plätzchen. In einer Seitenstraße mit kleinen Häuschen hielt er am Gehweg, stellte das Licht aus und holte seine Zigaretten hervor. »Ich finde, wir haben uns achtbar geschlagen. Den Zeitungen zufolge hat die Polizei keine Spur, jedenfalls keine heiße. Das einzige Problem ist der Leibwächter im Krankenhaus.« Er bot Jonathan eine Zigarette an, doch der nahm eine seiner eigenen. »Haben Sie von Reeves gehört?«

»Ja. Heute Nachmittag. Vor Ihrem Anruf.« Reeves hatte am Vormittag angerufen, Simone hatte abgehoben. »Jemand aus Hamburg, ein Amerikaner«, hatte sie gesagt. Schon dass Simone mit Reeves gesprochen hatte, beunruhigte Jonathan zusätzlich. Dabei hatte sich Reeves nicht einmal mit Namen gemeldet.

»Hoffentlich macht er keine Schwierigkeiten mit dem Geld«, sagte Jonathan. »Ich hab ihn nämlich darauf angestoßen. Er sollte alles sofort überweisen.«

»Und wie viel davon hätten *Sie* gern?« Jonathan verkniff sich die Frage. Ripley sollte selbst davon anfangen.

Tom sank lächelnd im Sitz zurück. »Sie denken wohl, ich wollte meinen Teil von diesen – vierzigtausend Pfund, nicht wahr? Aber da irren Sie sich.«

»So? Ehrlich gesagt, ja, ich dachte, Sie hätten gerne was davon.«

»Deshalb wollte ich Sie heute treffen. Doch nicht nur deshalb. Außerdem wollte ich Sie fragen, ob Sie Angst haben …« Jonathan war so angespannt, dass es Tom vor Verlegenheit fast die Sprache verschlug. Er lachte. »Natürlich haben Sie Angst! Aber es gibt solche und solche Ängste. Ich könnte helfen. Aber nur, wenn Sie mit mir reden.«

Was wollte er bloß, fragte sich Jonathan. Irgendetwas wollte er bestimmt von ihm. »Ich verstehe wohl nicht ganz, warum Sie im Zug waren.«

»Weil es mir Spaß gemacht hat! Es ist mir ein Vergnügen, solche Typen wie die beiden von gestern auszuschalten oder dabei zu helfen. So einfach ist das! Und es ist mir auch ein Vergnügen, Ihnen ein bisschen Geld zu verschaffen. Na jedenfalls, mit Angst meinte ich das, was wir getan haben. Ängste aller Art. Das kann ich nur schwer in Worte fassen. Vielleicht weil ich selber keine habe. Zumindest jetzt noch nicht.«

Jonathan war verunsichert: Ripley wich ihm entweder aus oder machte Witze. Er aber stand dem Amerikaner immer noch feindselig gegenüber. Er traute ihm nicht. Und jetzt war es zu spät. Gestern im Zug, als Ripley die Zügel in die Hand nehmen wollte, da hätte er sagen können: »Okay, machen Sie's alleine.« Dann wäre er zu seinem Platz zurückgekehrt. Womit die Hamburger Sache, von der Ripley wusste, nicht ausradiert gewesen wäre, aber … Geld war gestern nicht das

Motiv gewesen. Schon vor Ripleys Eintreffen hatte Jonathan einfach panische Angst gehabt. Dazu kam jetzt das Gefühl, nicht zu wissen, womit er sich verteidigen könne. »Sie waren das wohl«, sagte er. »Sie haben verbreitet, mit mir ginge es zu Ende. Sie haben Reeves meinen Namen genannt.«

»Ja.« Tom klang reumütig, aber entschlossen. »Doch Sie hatten die Wahl, oder nicht? Sie hätten zu Reeves Minot Nein sagen können.« Tom wartete auf eine Antwort, die nicht kam. »Jetzt ist die Lage allerdings deutlich besser, stimmt's? Sterben werden Sie noch lange nicht, hoffe ich, und jetzt haben Sie eine ganze Menge *Bucks – Quids*, würden Sie sagen.«

Toms amerikanisch unschuldiges Lächeln ließ sein Gesicht erstrahlen. Wer ihn so sah, würde nie denken, dass er jemanden mit einer Garrotte erdrosseln könnte, doch genau das hatte er vor rund vierundzwanzig Stunden getan. »Machen Sie öfter solche Scherze?«, fragte Jonathan lächelnd.

»Nein, nein, durchaus nicht. War wohl das erste Mal.«

»Und Sie wollen gar nichts von mir?«

»Wüsste nicht, was. Nicht einmal Freundschaft, das wäre gefährlich.«

Jonathan rutschte hin und her, trommelte mit den Fingern auf einer Streichholzschachtel herum. Er zwang sich, damit aufzuhören.

Tom konnte sich vorstellen, was der andere dachte: dass er diesem Mann ausgeliefert sei, ob der nun etwas von ihm wollte oder nicht. Tom sagte: »Ich habe Sie nicht mehr in der Hand als Sie mich. Das mit der Garrotte war ich, oder nicht? Sie könnten genauso gut gegen mich aussagen wie ich gegen Sie. Sehen Sie's mal so.«

»Das stimmt«, sagte Jonathan.

»Vor allem möchte ich Sie beschützen.«

Nun musste Jonathan lachen. Tom lachte nicht mit.

»Vielleicht ist das gar nicht nötig. Hoffen wir's. Tja, aber das Problem sind immer die anderen.« Für einen Moment starrte Tom durch die Windschutzscheibe ins Leere. »Ihre Frau zum Beispiel. Was haben Sie ihr erzählt, woher das Geld kommt?«

Das war wirklich ein handfestes und ungelöstes Problem. »Ich habe gesagt, dass die deutschen Ärzte mir Geld geben. Dass sie mich für Tests benutzen.«

»Nicht schlecht.« Tom dachte nach. »Aber vielleicht fällt uns was Besseres ein. Die ganze Summe können Sie so nämlich kaum erklären, nicht wahr, und Sie sollten schon beide etwas davon haben. Wie wäre es mit einem Todesfall in der Familie? Jemand in England? Ein alleinstehender Cousin zum Beispiel?«

Jonathan lächelte. Er sah zu Tom hinüber. »Daran habe ich auch schon gedacht, aber ehrlich gesagt, mir fällt niemand ein.«

Tom begriff, dass Jonathan ungeübt war im Geschichtenerfinden. Er selbst hätte sich für Héloïse etwas einfallen lassen, wäre er unverhofft zu viel Geld gekommen. Er hätte sich einen Exzentriker ausgedacht, der all die Jahre einsam und allein in Santa Fe oder Sausalito gelebt hätte, einen Cousin dritten Grades mütterlicherseits etwa, und dann hätte er diese Figur mit Details ausstaffiert, an die er sich von einem kurzen Treffen in Boston erinnerte, als er noch ein kleiner Junge gewesen sei, ein Waisenjunge (was er wirklich gewesen war). Wie konnte er wissen, dass dieser

Cousin ein Herz aus Gold hatte? »Schwer sollte das aber nicht sein, wo doch Ihre Familie in England so weit weg ist. – Uns wird schon noch was einfallen«, fügte er hinzu, als er sah, dass Jonathan widersprechen wollte. Tom sah auf seine Uhr. »Ich werde leider zum Abendessen erwartet. Sie wohl auch. Ach, eines noch: die Kanone. Keine große Sache, aber sind Sie sie losgeworden?«

Die Pistole steckte in der Tasche des Regenmantels, den Jonathan trug. »Ich habe sie bei mir. Und ich würde sie sehr gern loswerden.«

Tom streckte die Hand aus. »Geben Sie her. Damit wäre das erledigt.« Jonathan gab ihm die Waffe, Tom legte sie ins Handschuhfach. »Nie benutzt, also nicht allzu gefährlich, aber italienisches Fabrikat – ich werde sie also verschwinden lassen.« Tom dachte nach. Da war noch etwas. Jetzt war die Zeit dafür, denn er wollte Trevanny nicht noch einmal treffen. Dann fiel es ihm wieder ein: »Ach übrigens, Sie werden Reeves sagen, Sie hätten die Sache alleine durchgezogen. Davon gehe ich jedenfalls aus. Reeves weiß nicht, dass ich im Zug war. Ist besser so.«

Jonathan, der vom Gegenteil ausgegangen war, brauchte ein Weilchen, bis er das verdaut hatte. »Ich dachte, Sie und Reeves wären Freunde.«

»Ach, gute Bekannte, mehr nicht. Wir halten Abstand.« Tom dachte gerade gewissermaßen laut und versuchte zugleich, die richtigen Worte zu finden, um Jonathan die Angst zu nehmen und sein Selbstvertrauen zu stärken. Was nicht leicht war. »Außer Ihnen weiß niemand, dass ich im Zug war. Ich habe sogar einen falschen Pass benutzt. Mir war klar, dass Sie mit der Garrotte nicht klarkommen würden. Ich hatte mit Reeves telefoniert.« Tom ließ den Motor an und schaltete das Licht ein. »Reeves ist nicht ganz dicht.«

»Was meinen Sie?«

Ein Motorrad mit starkem Scheinwerfer bog um die Ecke, donnerte vorüber und übertönte für einen Augenblick das Brummen des Motors.

»Er spielt gerne Spielchen«, sagte Tom. »Wie Sie vielleicht wissen, ist er vor allem Hehler. Er nimmt Sachen in Gewahrsam, leitet sie weiter. Ein genauso dummes Spiel wie Spionage, aber wenigstens ist Reeves noch nicht erwischt worden … Verhaftung, Freilassung und so weiter. Wie ich höre, lebt er in Hamburg nicht schlecht davon, allerdings kenne ich seine Wohnung nicht. Er sollte die Finger von solchen Sachen lassen. Sie sind eine Nummer zu groß für ihn.«

Jonathan hatte angenommen, Tom habe Reeves Minot in Hamburg häufig besucht. Nun fiel ihm ein, dass Fritz an jenem Abend mit einem Päckchen in Minots Wohnung erschienen war: Juwelen? Rauschgift? Er sah die vertraute Eisenbahnüberführung, dann die dunkelgrünen Bäume vor dem Bahnhof, die Kronen hell im Licht der Straßenlaternen. Nur Tom Ripley an seiner Seite war ihm nicht vertraut. Angst stieg wieder in ihm auf. »Wenn ich fragen darf – wieso ausgerechnet ich?«

Tom bog gerade auf der Anhöhe links in die Avenue Franklin Roosevelt ab, ein etwas heikles Manöver, bei dem er den Gegenverkehr abwarten musste. »Wegen einer Kleinigkeit, muss ich gestehen. Da war jener Abend im Februar, die Party bei Ihnen … Sie haben etwas gesagt, das mir nicht gepasst hat.« Jetzt war der Weg frei. »Sie sagten: ›Ach ja, von Ihnen hab ich schon gehört‹, und es klang nicht sehr nett.«

Jonathan erinnerte sich. Auch daran, dass er an jenem Abend besonders erschöpft und deshalb schlechter Stimmung gewesen war. Und wegen dieser Petitesse hatte Ripley ihn in den Schlamassel geritten, in dem er jetzt steckte. Nein, verbesserte er sich, das hatte er selber getan.

»Wir brauchen uns nicht mehr zu treffen«, fuhr Tom fort. »Die Sache war ein Erfolg, denke ich, falls wir vom Leibwächter nichts mehr hören.« Sollte er noch sagen, es tue ihm leid? Ach was, zur Hölle damit. »Und ich hoffe doch sehr, dass Sie keine Gewissensbisse bekommen. Diese Männer waren Mörder, sie haben etliche unschuldige Menschen umgebracht. Wir haben also das Gesetz nur in die eigene Hand genommen – die Mafia wäre die Erste, die das verstehen würde. Genau darauf beruht sie.« Tom bog nach rechts in die Rue de France ab. »Ich werde Sie nicht bis vor die Tür bringen.«

»Halten Sie irgendwo hier. Vielen Dank.«

»Ich sehe zu, dass ein Freund mein Bild abholen kann.« Tom hielt an.

Jonathan stieg aus. »Wie Sie wollen.«

»Rufen Sie an, wenn es eng wird, ja?«, sagte Tom lächelnd.

Zumindest lächelte Jonathan nun zurück, so als finde er das komisch.

Jonathan ging zur Rue Saint-Merry und fühlte sich schlagartig besser. Er war erleichtert, vor allem weil Ripley offenbar gar keine Angst hatte, weder wegen des noch lebenden Leibwächters noch wegen des Umstands, dass sie beide scheinbar endlos lange vor jener Tür im Zug gestanden hatten. Und dann das mit dem Geld ... Genauso unglaublich wie die ganze Geschichte.

Als er sich dem Sherlock-Holmes-Haus näherte, ging er langsamer, obwohl er spät dran war. Gestern waren die Unterschriftsmuster von der Schweizer Bank in seinem Laden eingetroffen. Simone hatte den Brief nicht geöffnet; Jonathan hatte die Karten unterschrieben und noch am selben Nachmittag in die Post gegeben. Seine vierstellige Kontonummer war ihm schon entfallen, obwohl er angenommen hatte, er werde sie nicht vergessen. Simone hatte seine zweite Reise zu einem deutschen Facharzt noch hingenommen, doch damit war nun Schluss, also musste er eine Erklärung für das Geld finden, nicht für die ganze Summe, doch für eine Menge zusätzliche Franc. Er musste Geschichten von Spritzen und Tabletten erfinden und vielleicht noch ein-, zweimal nach Deutschland fliegen, nur damit es glaubhaft klang, wenn er erzählte, die Ärzte untersuchten ihn weiter. Das war nicht leicht und lag ihm gar nicht. Jonathan hoffte, er werde noch eine bessere Erklärung finden, doch vom Himmel würde sie nicht fallen, soviel war klar. Er würde gründlich nachdenken müssen.

»Du kommst spät«, sagte Simone, als er das Haus betrat. Sie war mit Georges im Wohnzimmer. Überall auf dem Sofa lagen Bilderbücher.

»Kundschaft«, sagte Jonathan und warf den Regenmantel auf einen Haken. Was für eine Erleichterung, das Gewicht der Pistole nicht mehr zu spüren. »Und wie geht's dir, *pebble boy*? Was treibst du so?«, fragte Jonathan auf Englisch.

Georges grinste wie ein kleiner blonder Kürbis. Während Jonathan in München war, hatte er einen Schneidezahn verloren. »Ich l-l-lese«, stotterte Georges.

»Du l-l-liest nicht, du liest. Wenn du nämlich l-l-liest, dann stot-tot-totterst du.«

»Was ist stot-tot-tottern?«

»*Bé-bé-bégayer*. Wenn du nicht flüssig sprechen kannst. *Bégayer*. Aber das tust du ja sonst nicht.«

»Jon, sieh dir das mal an.« Simone griff nach einer Zeitung. »Heute Mittag ist's mir nicht aufgefallen. Hier: Zwei Männer – nein, ein Mann wurde gestern im Zug von München nach Paris getötet. Ermordet und dann hinausgeworfen! Glaubst du, das war dein Zug?«

Jonathan betrachtete das Foto des toten Mannes am Fuß der Böschung und den dazugehörigen Artikel, als sähe er beides zum ersten Mal: … *mit einer Garrotte erdrosselt … dem zweiten Opfer muss vielleicht ein Arm amputiert werden …* »Ja, der Mozart-Express. Im Zug ist mir nichts aufgefallen. Allerdings hatte er an die dreißig Wagen.« Jonathan hatte ihr erzählt, er sei gestern Abend zu spät in Paris angekommen, habe den letzten Zug nach Fontainebleau verpasst und sich ein Zimmer in einem kleinen Hotel genommen.

»Die Mafia!« Simone schüttelte den Kopf. »Sie müssen die Vorhänge im Abteil zugezogen haben, bevor sie dem Mann diese Garrotte … O Gott!« Sie stand auf und ging in die Küche.

Jonathan sah zu Georges hinüber, der in einen *Asterix*-Band vertieft war. Was eine Garrotte war, hätte er ihm nur ungern erklären müssen.

Tom war am selben Abend bei den Grais zwar ein bisschen angespannt, doch ansonsten bester Laune. Antoine und Agnès Grais wohnten in einem runden Haus mit einem Turm, um den sich Kletterrosen rankten. Antoine war Ende dreißig, ordentlich, ja fast pedantisch, selbstständig und schrecklich ehrgeizig. Die ganze Woche über arbeitete er in seinem bescheidenen Pariser Büro; am Wochenende kehrte er zu seiner Familie aufs Land zurück und rackerte bis zur totalen Erschöpfung im Garten. Tom wusste, dass Antoine ihn für faul hielt: Was Wunder, wenn Toms Garten genauso gut gepflegt war, hatte der Mann doch den ganzen lieben langen Tag sonst nichts zu tun ... Agnès und Héloïse hatten etwas Fabelhaftes gekocht, eine *casserole* mit Hummer, Meeresfrüchten aller Art, Reis und zwei Saucen zur Wahl.

»Ich habe einen wunderbaren Weg gefunden, Feuer im Wald zu legen«, sinnierte Tom beim Kaffee. »Besonders geeignet für Südfrankreich, wo im Sommer die Bäume so trocken sind. Man befestigt eine Lupe an einer Kiefer, das kann man schon im Winter machen, und wenn dann der Sommer kommt, fällt das Sonnenlicht durch die Linse auf die Kiefernnadeln und entfacht ein kleines Feuer. Natürlich wählt man einen Baum nahe beim Haus von jemandem, den man nicht leiden kann – es zischt und knistert, und ruckzuck steht das ganze Haus in Flammen! Die Polizisten oder die Versicherungsfritzen werden die Lupe unter all dem verkohlten Holz wohl kaum finden, und selbst wenn ... Perfekt, nicht?«

Antoine musste widerwillig kichern; die Frauen kreischten beeindruckt auf.

»Wenn mir das mit meinem Haus unten im Süden passiert, weiß ich, wer es war!«, verkündete Antoine in seinem tiefen Bariton.

Die beiden besaßen ein Häuschen bei Cannes, das sie im Juli und August vermieteten, wenn die Mieten am höchsten waren, und während der übrigen Sommermonate selber nutzten.

Die meiste Zeit über dachte Tom an diesem Abend aber an Jonathan Trevanny: ein steifer, verklemmter, im Grunde jedoch grundanständiger Kerl. Der Mann würde noch mehr Hilfe brauchen. Hoffentlich nur moralische Unterstützung und nicht mehr.

13

Weil er wissen wollte, wie es um Filippo Turoli stand, fuhr Tom am Sonntag nach Fontainebleau, um die Londoner Sonntagszeitungen zu kaufen, den *Observer* und die *Sunday Times*. Für gewöhnlich holte er sie sich montagmorgens am *tabac* von Villeperce. Der Kiosk in Fontainebleau befand sich vor dem Hôtel de l'Aigle Noir. Tom hielt nach Jonathan Ausschau, der diese Zeitungen vermutlich auch regelmäßig kaufte, konnte ihn aber nirgends entdecken. Elf Uhr, vielleicht hatte er sie schon geholt. Tom stieg wieder ein und schaute zuerst in den *Observer*, fand aber nichts über den Zwischenfall im Zug. Vielleicht war die Geschichte den englischen Zeitungen keine Zeile wert. Dennoch sah er auch in der *Sunday Times* nach und fand auf Seite drei einen kurzen Artikel von einer halben Spalte, den er gierig verschlang. Der Bericht war eher salopp gehalten: »*... Bei diesem Job war die Mafia offenbar blitzschnell ... Filippo Turoli von der Genotti-Familie erlangte am Samstag mit einem Arm weniger und Verletzungen an einem Auge das Bewusstsein wieder. Sein Zustand verbessert sich so schnell, dass er bald schon in ein Mailänder Krankenhaus verlegt werden könnte. Aber selbst wenn er etwas weiß: Er redet nicht.*« Dass Turoli nichts sagte, war Tom neu. Auf jeden Fall würde der Mann überleben. Das war Pech. Wahrscheinlich hatte er seinen Kumpanen schon eine Beschreibung von ihm gegeben, denn gewiss hatten ihn Mitglieder des Clans schon in Straßburg besucht. Im Krankenhaus wurden wichtige Mafiosi Tag und Nacht bewacht; vielleicht genoss auch Turoli solchen Schutz. Daran musste Tom denken, als ihm die Idee kam, Turoli auszuschalten. Er erinnerte sich an Joe Colombo, das Haupt der Profaci-Familie, der unter Mafiaschutz in einem New Yorker Krankenhaus gelegen hatte. Trotz erdrückender Beweise leugnete Colombo damals seine Zugehörigkeit zur Mafia sowie deren Existenz überhaupt. Bis er entlassen wurde, mussten die Krankenschwestern im Flur über die Beine von Leibwächtern steigen, die in den Fluren schliefen. Turoli ausschalten? Am besten schlug er sich das gleich aus dem Kopf. Der Italiener hatte wahrscheinlich schon von einem Mann in den Dreißigern berichtet, dunkelblond, knapp über mittelgroß, der ihm zwei Haken aufs Kinn und in den Magen verpasst habe, und von dem zweiten Mann, der hinter ihm gestanden haben müsse, weil er auch auf den Hinterkopf geschlagen worden sei. Die Frage war nur, würde Turoli ihn zweifelsfrei wiedererkennen, wenn er ihn zufällig zu Gesicht bekäme? Tom hielt das für durchaus möglich. Seltsamerweise würde sich Turoli unter Umständen noch deutlicher an Jonathan erinnern, falls er auch ihn gesehen hatte, einfach weil Jonathan anders aussah als andere: Er war größer und blonder als die meisten Männer. Natürlich würde Turoli seine Beobachtungen mit denen des zweiten Leibwächters vergleichen, der bei bester Gesundheit war.

Als Tom in das Wohnzimmer trat, sagte Héloïse: »*Chéri*, was hältst du von einer Kreuzfahrt auf dem Nil?«

Tom war in Gedanken weit weg, er musste kurz nachdenken, was der Nil war und wo er floss. Héloïse saß barfuß auf dem Sofa und blätterte in Prospekten, die ihr ein Reisebüro in Moret regelmäßig ungefragt zuschickte, weil sie eine so gute Kundin war. »Ich weiß nicht. Ägypten …«

»Ist das hier nicht *séduisant*?« Sie zeigte Tom das Foto der *Isis*, eines kleinen Schiffes, das eher an einen Schaufelraddampfer des Mississippi erinnerte, vor dem schilfgesäumten Ufer des Nils.

»Ja, allerdings.«

»Oder irgendwo anders hin. Wenn du gar nicht willst, werde ich Noëlle fragen.« Sie wandte sich wieder den Prospekten zu.

Héloïse bekam Frühlingsgefühle, Fernweh. Kurz nach Weihnachten waren sie das letzte Mal verreist: eine angenehme Kreuzfahrt auf einer Jacht, von Marseille nach Portofino und zurück. Die Eigner, ein älteres Ehepaar, waren Freunde von Noëlle und hatten ein Haus in Portofino. Tom wollte zurzeit nicht verreisen, nirgendwohin, aber das sagte er Héloïse nicht.

Es wurde ein ruhiger, angenehmer Sonntag. Tom gelangen zwei gute erste Skizzen von Madame Annette am Bügelbrett. Am Sonntagnachmittag bügelte sie immer die Wäsche in der Küche und sah dabei fern, wozu sie ihren Apparat vor den Geschirrschrank rollte. Für Tom gab es nichts Häuslicheres, nichts Französischeres als Madame Annettes kleine, gedrungene Gestalt, die sich an einem Sonntagnachmittag über ihr Bügeleisen beugte. Er wollte die Atmosphäre dieser Szene auf die Leinwand bannen: Das blasse Gelb der Küchenwand im Sonnenlicht, das zarte

Lavendelblau eines bestimmten Kleides, das ihre schönen blauen Augen so gut zur Geltung brachte.

Am Abend dann, um kurz nach zehn, als Tom und Héloïse vor dem Kamin lagen und die Sonntagszeitungen lasen, klingelte das Telefon. Tom hob ab.

Es war Reeves. Er klang ganz aufgeregt. Die Verbindung war schlecht.

»Bleiben Sie dran, ja? Ich geh nach oben und versuch es dort.«

Reeves sagte, er werde warten. Tom lief die Treppe hinauf und rief Héloïse zu: »Reeves – ganz miese Verbindung!« Die Leitung im ersten Stock war nicht unbedingt besser, aber bei diesem Gespräch wollte er allein sein.

Reeves fuhr fort: »In meiner *Wohnung*, habe ich gesagt. In Hamburg. Eine *Bombe*. Heute Nachmittag.«

»Was? O Gott!«

»Ich rufe aus Amsterdam an.«

»Sind Sie verletzt?«, fragte Tom.

»Nein!« Reeves schrie, seine Stimme überschlug sich. »Ein wahres Wunder. Zufällig war ich so gegen fünf gerade nicht da, Gaby auch nicht, sie kommt sonntags nicht. Diese Typen, die – die müssen die Bombe durch die Fensterscheibe geschmissen haben. Ganz schöne Leistung. Die Leute unter mir haben gehört, wie ein Wagen heranjagte, kurz hielt und dann schnell wieder wegfuhr. Zwei Minuten später dann ein furchtbarer Knall. Durch die Explosion sind sämtliche Bilder von den Wänden gefallen.«

»Einen Moment. Wie viel wissen die?«

»Ich dachte, ich verschwinde besser, wenn mir mein Leben lieb ist. Keine Stunde später war ich raus aus der Stadt.«

»Wie sind die auf Sie gekommen?«, schrie Tom in den Hörer.

»Weiß ich nicht, wirklich nicht. Kann sein, dass Fritz geredet hat, der ist nämlich heute zu einem Treffen mit mir nicht erschienen. Ich hoffe nur, der gute alte Fritz ist okay. Aber er weiß nicht, wie der heißt – du weißt schon, unser Freund. In Hamburg hab ich ihn immer Paul genannt. Aus England, hab ich gesagt. Ehrlich, Tom, ich glaube, die haben nichts als Vermutungen. Im Grunde ist unser Plan aufgegangen, denke ich.«

Der gute alte optimistische Reeves: Seine Wohnung zerstört, sein Besitz vernichtet, doch sein Plan war ein voller Erfolg. »Hören Sie, Reeves, was ist mit … Was machen Sie mit dem restlichen Kram in Hamburg? Ihren Unterlagen zum Beispiel?«

»Liegen im Banksafe«, gab Reeves zurück. »Die kann ich mir schicken lassen. Außerdem, was für Unterlagen? Keine Sorge, ich habe nur ein einziges kleines Adressbuch, und das trage ich immer bei mir. Sicher, es ist verdammt schade um all die Platten und Bilder in der Wohnung, aber die Polizei sagt, sie würde darauf aufpassen, so gut sie könne. Natürlich hat die Polizei mich befragt, nett und höflich, versteht sich, und auch nicht lange, aber ich habe gesagt, ich würde noch unter Schock stehen, was ja kaum gelogen war, und müsste für ein Weilchen weg. Die wissen, wo ich bin.«

»Verdächtigen sie die Mafia?«

»Wenn ja, sagen sie's nicht. Tom, alter Junge, vielleicht rufe ich morgen wieder an. Schreiben Sie sich meine Nummer auf, ja?« Widerstrebend notierte Tom den Namen von Minots Hotel, dem Zuyder Zee, und die Telefonnummer.

»Unser gemeinsamer Freund hat ganze Arbeit geleistet, auch wenn der zweite Hurensohn noch am Leben ist. Für einen blutarmen Burschen wie ihn –« Reeves brach ab und lachte fast hysterisch.

»Hat er jetzt das ganze Geld bekommen?«

»Gestern überwiesen«, sagte Reeves.

»Dann brauchen Sie ihn wohl nicht mehr?«

»Nein. Die Polizei ist jetzt an der Sache dran. Ich meine, die in Hamburg. Genau das wollten wir. Wie ich höre, sind noch mehr Mafiosi in die Stadt gekommen. Das ist also –«

Die Verbindung riss ab. Ärger stieg in Tom hoch, er kam sich dumm vor, wie er mit dem summenden Hörer in der Hand dastand. Er hängte auf, wartete einen Augenblick, ob Reeves zurückrufen würde (wohl eher nicht), und versuchte, die Neuigkeiten zu verdauen. So wie er die Mafia kannte, beließen sie es womöglich bei der Bombe in der Wohnung. Vielleicht wollten sie Reeves gar nicht umbringen. Offenbar wussten sie aber, dass er etwas mit den Morden zu tun hatte, also war der Plan, einen Bandenkrieg rivalisierender Mafiafamilien vorzutäuschen, fehlgeschlagen. Andererseits dürfte die Hamburger Polizei sich nun doppelt anstrengen, die Mafia aus der Stadt und den privaten Spielclubs zu vertreiben. Die Lage war unübersichtlich, wie bei allem, was Reeves anpackte. Das Fazit musste lauten: kein voller Erfolg.

Das einzig Gute war, dass Trevanny sein Geld hatte. Dienstag oder Mittwoch würde der Brief eintreffen. Eine gute Nachricht aus der Schweiz.

In den nächsten Tagen blieb alles ruhig, keine Anrufe, kein Brief von Reeves Minot, keine Zeitungsberichte über

Filippo Turoli in einem Straßburger oder Mailänder Krankenhaus – und dabei kaufte sich Tom in Fontainebleau sogar die Pariser Ausgabe der *Herald Tribune* und den Londoner *Daily Telegraph*. An einem Nachmittag pflanzte er seine Dahlien, was ihn drei Stunden kostete, weil er sie in den Jutesäcken nach Farben sortiert hatte und die Farbfelder nun so sorgfältig plante, als habe er ein Bild vor Augen. Héloïse verbrachte drei Nächte in Chantilly, im Haus ihrer Eltern, denn ihrer Mutter wurde in einer kleineren Operation ein Tumor irgendwo entfernt, der sich glücklicherweise als gutartig erwies. Madame Annette fand, Tom müsse einsam sein, und verwöhnte ihn mit amerikanischen Gerichten, die sie ihm zuliebe gelernt hatte: *Spareribs* mit Barbecue-Sauce, Muschelsuppe und Brathähnchen. Gelegentlich fragte sich Tom, ob er in Villeperce sicher sei. In dieses verschlafene und eher spießige kleine Dorf konnte ein Mörder kommen und bis zu Belle Ombre vordringen, trotz der hohen Eisentore, die man mühelos überklettern konnte – einer von der Mafia vielleicht, er würde anklopfen oder klingeln, Madame Annette beiseite schieben, die Treppe hinaufstürmen und ihm eine Kugel in den Leib jagen. Die Polizei würde von Moret eine gute Viertelstunde bis hierher brauchen, vorausgesetzt, Madame Annette könnte sie sofort alarmieren. Sollte ein Nachbar Schüsse hören, würde er wahrscheinlich denken, ein Jäger schieße auf Eulen, und der Sache nicht nachgehen.

In den Tagen, als Héloïse in Chantilly war, beschloss Tom, ein Cembalo für Belle Ombre zu kaufen. Für sich selbst natürlich, doch vielleicht auch für Héloïse. Irgendwo, irgendwann hatte er sie einst auf einem Klavier eine kleine

Melodie klimpern hören. Wo? Und wann? Sie war wohl als Kind durch Klavierstunden verdorben worden. Tom kannte ihre Eltern, wahrscheinlich hatten die ihr jede Freude beim Üben ausgetrieben. Sicher kostete ein Cembalo nicht wenig (natürlich wäre es in London billiger zu haben, doch würden die Franzosen 100 Prozent Einfuhrsteuer darauf erheben); andererseits fiel ein Cembalo zweifellos in die Kategorie Bildungsgüter, sodass Tom an seinem Begehren nichts zu tadeln fand. Ein Cembalo war kein Swimmingpool. Er rief einen Pariser Antiquitätenhändler an, den er gut kannte. Obwohl der Mann eigentlich nur mit Möbeln handelte, konnte er Tom an eine zuverlässige Pariser Adresse weiterverweisen, wo er ein Cembalo kaufen könnte.

Tom fuhr nach Paris und verbrachte einen ganzen Tag damit, sich von dem Händler Geschichten über das Cembalo anzuhören, verschiedene Instrumente anzusehen und schüchtern ein paar Akkorde auf ihnen zu spielen, um schließlich eine Entscheidung zu treffen. Das Juwel seiner Wahl war aus hellem Holz, hier und da mit Blattgold verziert, kostete mehr als zehntausend Franc und sollte am Mittwoch, den 26. April von einem Klavierstimmer geliefert werden, der sich sofort an die Arbeit machen müsste, weil das Instrument durch den Transport verzogen sein dürfte.

Der Kauf beflügelte Tom: Als er zu seinem Wagen zurückging, fühlte er sich unbesiegbar – unerreichbar für die Augen, vielleicht auch die Kugeln der Mafia.

Und niemand hatte eine Bombe auf Belle Ombre geworfen. Villeperces Alleen, alte Straßen ohne Gehwege, lagen so friedlich da wie immer. Nirgendwo lauerten fremde Gestalten. Am Freitag kam Héloïse gut gelaunt zurück, und

Tom konnte sich noch auf die Überraschung freuen, die ihr am Mittwoch bevorstand, denn dann sollte die große, schwer zu transportierende Kiste mit dem Cembalo eintreffen. Sie würden mehr Spaß haben als an Weihnachten.

Auch Madame Annette erzählte Tom nichts von dem Cembalo. Am Montag aber sagte er: »Ich habe eine Bitte, Madame: Am Mittwoch erwarten wir einen besonderen Gast zum Mittagessen. Vielleicht bleibt er zum Abendessen. Bieten wir ihm etwas Besonderes, ja?«

Madame Annettes blaue Augen strahlten. Wenn es ums Kochen ging, ging ihr nichts über zusätzliche Müh und Plag. *»Un vrai gourmet?«*, fragte sie hoffnungsvoll.

»Ich glaube schon«, erwiderte Tom. »Denken Sie sich etwas aus. Ich werde Ihnen nicht sagen, was Sie kochen sollen. Auch für Madame Héloïse soll es eine Überraschung werden.«

Madame Annette lächelte verschwörerisch. Man mochte meinen, auch sie habe ein Geschenk bekommen.

14

Das Gyroskop aus München erwies sich als das beste Geschenk, das Jonathan seinem Sohn je gemacht hatte. Der Zauber verflog nicht, wie oft der Junge das Gerät auch aus der Schachtel hervorholte, in der er es auf Drängen seines Vaters aufbewahrte.

»Vorsichtig, nicht fallen lassen!« Jonathan lag im Wohnzimmer auf dem Bauch. »Das ist ein empfindliches Instrument.«

Durch das Gerät musste Georges ein paar neue englische Wörter lernen, weil Jonathan selber so fasziniert davon war, dass er ganz vergaß, französisch zu sprechen. Der Wunderkreisel drehte sich auf der Fingerspitze des Jungen oder lehnte gegen die Turmspitze eines Ritterschlosses aus Plastik, das Georges aus seiner Spielzeugkiste wieder ausgegraben und als Ersatz für den Eiffelturm verwendete, der auf dem rosa Faltblatt mit der Gebrauchsanweisung abgebildet war.

»Schiffe haben eine Art größeres Gyroskop, einen richtig großen Kreiselkompass«, sagte Jonathan, »damit sie den Kurs halten können, wenn sie auf See hin und her rollen.« Seine Erklärungen waren nicht schlecht, und zur Veranschaulichung könnte er das Ding vielleicht auf einem Spielzeugboot befestigen und in einer vollen Badewanne

Wellen schlagen. »Große Schiffe haben oft drei Kreiselkompasse, die gleichzeitig arbeiten.«

»Jon, das Sofa …« Simone stand in der Wohnzimmertür. »Du hast mir noch nicht gesagt, was du dazu meinst. Dunkelgrün?«

Jonathan rollte sich auf den Rücken und stützte die Ellenbogen auf, den wunderschönen Kreisel vor Augen, der sich weiterdrehte und wie von Wunderhand im Gleichgewicht blieb. Simone sprach von einem neuen Bezug für das alte Sofa. »Ich denke, wir sollten ein neues Sofa kaufen.« Er stand auf. »Heute habe ich eine Anzeige für ein schwarzes Chesterfield gesehen. Fünftausend Franc. Ich wette, ich kann genau das Gleiche für dreitausendfünfhundert kriegen, wenn ich mich ein bisschen umsehe.«

»Dreitausendfünfhundert *neue* Franc?«

Jonathan hatte erwartet, dass sie schockiert sein würde. »Sehen wir es als Geldanlage. Wir können es uns leisten.« Jonathan kannte tatsächlich einen Antiquitätenhändler fünf Kilometer vor der Stadt, der nur große, gut restaurierte Möbelstücke verkaufte. Bis jetzt hatte er nicht einmal davon träumen können, dort etwas zu kaufen.

»Ein Ledersofa, das wäre fantastisch … Aber übertreib es nicht, Jon. Wirf das Geld nicht zum Fenster raus!«

Früher am Tag hatte er auch davon gesprochen, einen Fernseher zu kaufen. »Das werde ich nicht«, sagte er ruhig. »So dumm bin ich nicht.«

Simone winkte ihn in den Flur, wo Georges sie nicht hören konnte. Jonathan schloss sie in die Arme und brachte ihre Frisur durcheinander, als er sie in die aufgehängten Mäntel drückte. Simone flüsterte ihm ins Ohr: »Na gut, meinetwegen. Aber wann musst du wieder nach Deutschland?«

Diese Reisen gefielen ihr nicht. Er hatte ihr erzählt, dass die Ärzte neue Tabletten ausprobierten, die er dann von Perrier bekam, dass sein Zustand höchstens gleich bleiben oder sich vielleicht verbessern, keineswegs aber verschlechtern könne. Die Summen, die sie ihm seinen Worten nach zahlten, waren so hoch, dass Simone nicht glauben konnte, er gehe kein Risiko ein. Dabei hatte Jonathan ihr nicht einmal gesagt, wie viel Geld nun insgesamt beim Schweizerischen Bankverein in Zürich eingegangen war. Simone wusste nur von ungefähr sechstausend Franc bei der Société Générale in Fontainebleau, statt der üblichen vier- bis sechshundert auf ihrem gemeinsamen Konto, die manchmal auf zweihundert dahinschmolzen, wenn sie eine Rate ihrer Hypothek abbezahlten.

»Ein neues Sofa wäre toll. Aber bist du sicher, es ist richtig, jetzt zu kaufen? Zu diesem Preis? Vergiss die Hypothek nicht!«

»Schatz, wie könnte ich? Diese gottverdammte Hypothek!« Er lachte. Am liebsten würde er sie auf einen Schlag abbezahlen. »Na gut, ich werde vorsichtig sein. Versprochen.«

Entweder dachte er sich eine bessere Geschichte aus, oder er verbesserte die jetzige Version. Im Moment aber wollte er sich lieber entspannen und es genießen, an sein neues Vermögen zu denken, mehr nicht – das Geld auszugeben war nämlich nicht einfach. Außerdem konnte er in einem Monat sowieso tot sein. Die drei Dutzend Pillen von Dr. Schröder in München, die er nun einnahm, jeden

Tag zwei, würden weder sein Leben retten noch sonst viel bewirken. Schon möglich, dass ein Gefühl der Sicherheit immer nur eingebildet war, aber war es, solange es anhielt, nicht genauso wirklich wie jedes andere Gefühl? Was gab es denn sonst? Was war denn Glück, wenn nicht eine innere Einstellung?

Und dann war da noch die andere Unbekannte der Gleichung, der Leibwächter Turoli, der noch lebte.

Am Abend des 29. April, einem Samstag, gingen Jonathan und Simone zu einem Konzert im Theater von Fontainebleau. Ein Streichquartett spielte Schubert und Mozart. Jonathan hatte die teuersten Karten gekauft und wollte Georges mitnehmen, der sich gut betragen konnte, wenn sie es ihm vorher ausdrücklich eingeschärft hatten, aber Simone war dagegen gewesen. Wenn Georges sich nicht mustergültig benahm, war ihr das immer peinlicher als Jonathan. »Nächstes Jahr«, sagte sie.

In der Pause gingen sie in das große Foyer, wo man rauchen durfte. Überall sahen sie vertraute Gesichter, darunter Pierre Gauthier, den Künstlerbedarfshändler, der zu Jonathans Überraschung im Smoking erschienen war.

»Mozart wird durch Sie erst richtig schön, Madame«, sagte Gauthier mit einem bewundernden Blick auf Simones zinnoberrotes Kleid.

Simone bedankte sich anmutig für das Kompliment. Sie sah tatsächlich besonders hübsch und glücklich aus. Gauthier war allein. Auf einmal fiel Jonathan ein, dass Gauthiers Frau vor ein paar Jahren gestorben war, noch bevor er den Mann kennengelernt hatte.

»Ganz Fontainebleau ist heute Abend hier«, bemerkte

Gauthier, nur mit Mühe das Stimmengewirr übertönend. Sein einäugiger Blick streifte über die Menschenmenge unter der Kuppel des Foyers, sein kahler Schädel glänzte unter dem grauschwarzen, sorgfältig darübergekämmten Haar. »Wie wär's nachher mit einem Kaffee in der Bar gegenüber?«, fragte er. »Ich würde Sie gerne einladen.«

Simone und Jonathan wollten schon Ja sagen, als Gauthier erstarrte. Jonathan folgte seinem Blick und sah Tom Ripley nur wenige Meter entfernt in einer Gruppe von vier, fünf Leuten stehen. Ihre Blicke trafen sich. Ripley nickte Jonathan zu, so als wolle er herüberkommen und ihn begrüßen; gleichzeitig trat Gauthier, der gehen wollte, nach links beiseite. Simone wandte den Kopf, um zu sehen, wen Jonathan und Gauthier bemerkt hatten.

»Tout à l'heure, peut-être«, sagte Gauthier.

Simone sah Jonathan an und zog die Augenbrauen hoch.

Ripley fiel auf, nicht weil er ziemlich groß war, eher weil er mit seinem dunkelblonden Haar, das im Licht der Kronleuchter golden schimmerte, nicht wie ein Franzose aussah. Er trug ein pflaumenfarbenes Satinjackett. Die attraktive Blondine neben ihm, eine beeindruckende Schönheit ganz ohne Make-up, musste seine Frau sein.

»Nun, wer ist das?«, fragte Simone.

Jonathan wusste, wen sie meinte. Sein Herz schlug schneller. »Keine Ahnung. Ich hab ihn schon mal gesehen, weiß aber seinen Namen nicht.«

»Er war mal bei uns, dieser Mann«, sagte Simone. »Ich erinnere mich an ihn. Mag Gauthier ihn nicht?«

Ein Klingeln bedeutete ihnen, die Plätze wieder einzunehmen.

»Ich weiß nicht. Wieso?«

»Weil er wegwollte!«, sagte Simone, als sei das offensichtlich.

Jonathan war die Freude an der Musik vergangen. Wo war der Mann? In einer der Logen? Jonathan sah nicht hinauf. Vielleicht saß Ripley auch gegenüber vom Gang im Parkett, so wie er. Jonathan wusste es nicht. Ripleys Anwesenheit war es nicht, die ihm den Abend verdarb, sondern Simones Reaktion. Und diese Reaktion hatte er selber ausgelöst, als er sich von Ripleys Anblick dermaßen hatte verunsichern lassen. Bewusst versuchte Jonathan, sich in seinem Sitz zu entspannen, das Kinn auf die Hand gestützt, und wusste doch, dass er Simone damit nicht täuschen konnte. Wie viele andere hatte auch sie Geschichten über Tom Ripley gehört, wenn ihr sein Name auch gerade entfallen war, und würde ihn womöglich in Verbindung bringen mit – ja, mit was? Das wusste Jonathan in diesem Augenblick wirklich nicht. Aber er fürchtete, was kommen könnte, und machte sich Vorwürfe, seine innere Unruhe so sehr nach außen getragen zu haben. Er steckte in der Klemme; die Lage war äußerst gefährlich, und er musste, wenn irgend möglich, nach außen hin Ruhe bewahren. Er musste eine Rolle spielen. Ein bisschen anders als bei seinen Versuchen in jungen Jahren, auf der Bühne zu reüssieren: Das hier war ganz und gar wirklich und echt. Oder, wenn man so wollte, ganz und gar falsch und verlogen. Jonathan hatte Simone noch nie belogen.

»Komm, suchen wir Gauthier!«, sagte Jonathan auf dem Weg zum Ausgang. Ringsherum war der Applaus noch nicht verebbt, sondern allmählich in das rhythmische Klatschen übergegangen, mit dem das Publikum eine Zugabe forderte.

Doch sie konnten Gauthier nicht finden. Jonathan hatte nicht gehört, was Simone geantwortet hatte. Sie schien Gauthier gar nicht finden zu wollen: Zu Hause wartete Georges' Babysitter, ein Mädchen aus ihrer Straße. Es war schon fast elf. Jonathan suchte nicht nach Ripley und sah ihn auch nicht.

Am Sonntag waren sie zum Mittagessen bei Simones Eltern in Nemours eingeladen, zusammen mit ihrem Bruder Gérard und dessen Frau. Wie gewöhnlich wurde nach dem Essen der Fernseher angestellt. Jonathan und Gérard schauten nicht hin.

»Klasse, dass du als Versuchskarnickel noch Geld von den *boches* bekommst!«, sagte Gérard und lachte, was er selten tat. »Das heißt, nur wenn sie bei dir nichts kaputtmachen.« Das war in seiner schlichten, ungehobelten Art aus ihm herausgesprudelt: Die ersten Worte Gérards, die Jonathan bewusst wahrnahm.

Sie rauchten Zigarren. Jonathan hatte an einem *tabac* in Nemours ein Kistchen gekauft. »Ja. Jede Menge Pillen kriege ich. Die wollen mit acht oder zehn Mitteln gleichzeitig angreifen. Den Feind verwirren, verstehst du? Das macht's auch den feindlichen Zellen schwerer, immun zu werden.« Jonathan redete weiter, kam richtig in Fahrt, halb davon überzeugt, er denke sich das alles eben erst aus, halb in Erinnerung daran, von dieser Methode vor Monaten gelesen zu haben. »Natürlich können die für gar nichts garantieren. Es könnte Nebenwirkungen geben, darum bezahlen sie mir ein bisschen, damit ich durchhalte.«

»Was für Nebenwirkungen?«

»Unter Umständen eine Abnahme des Blutgerinnungsfaktors.« Die bedeutungslosen Phrasen kamen Jonathan immer leichter über die Lippen, denn sein aufmerksamer Zuhörer beflügelte ihn: »Übelkeit, obwohl ich davon noch nichts bemerkt habe. Andererseits kennen sie natürlich noch gar nicht alle Nebenwirkungen. Sie gehen ein Risiko ein. Und ich auch.«

»Und wenn sie Erfolg haben? Oder was sie Erfolg nennen ...?«

»Ein paar Jahre mehr zu leben«, sagte Jonathan freundlich.

Am Montagmorgen fuhren Jonathan und Simone mit einer Nachbarin namens Irène Pliesse, die jeden Nachmittag nach dem Kindergarten auf Georges aufpasste, bis Simone ihn abholte, zu dem Antiquitätenhändler in der Nähe von Fontainebleau, wo Jonathan ein Sofa zu finden hoffte. Irène Pliesse war eine unkomplizierte, untersetzte Frau, die er immer eher maskulin gefunden hatte, obwohl sie das vielleicht gar nicht war – eine Mutter zweier kleiner Kinder, deren Haus in Fontainebleau überquoll von Spitzendeckchen und Tüllgardinen. Außerdem war sie großzügig, mit ihrer Zeit wie mit ihrem Wagen: Oft hatte sie sich angeboten, die Trevannys sonntags nach Nemours zu fahren, aber Simone, die es in solchen Dingen sehr genau nahm, hatte immer abgelehnt, denn Nemours sei reine Familiensache. Deshalb konnten sie Irènes Angebot, bei der Sofasuche behilflich zu sein, ohne Gewissensbisse annehmen, zumal der Kauf sie nicht weniger interessierte, als gehe es um ein Sofa für ihr eigenes Haus.

Sie hatten die Wahl zwischen zwei Chesterfields, beide mit neuem, schwarzem Lederbezug auf einem alten Rahmen. Das größere der beiden gefiel Jonathan und Simone besser. Jonathan konnte den Preis um fünfhundert auf dreitausend Franc drücken – ein Schnäppchen, denn er hatte in einer Annonce das gleiche Sofa für fünftausend abgebildet gesehen. Nun kamen ihm die dreitausend, eine gewaltige Summe, die fast ihrem gemeinsamen Monatsverdienst entsprach, geradezu lächerlich vor. Erstaunlich, dachte er, wie schnell man sich daran gewöhnt, ein bisschen Geld zu haben.

Selbst Irène, deren Haus im Vergleich zu dem ihren luxuriös wirkte, war von dem Sofa beeindruckt. Jonathan fiel auf, dass Simone nicht gleich wusste, was sie sagen sollte, um eine unverdächtige Erklärung zu finden.

»Jonathan hat geerbt, ein Verwandter in England. Nicht viel, aber … Nun, wir wollten etwas richtig Schönes dafür kaufen.«

Irène nickte.

Alles in Ordnung.

Am nächsten Abend sagte Simone vor dem Essen: »Heute hab ich bei Gauthier vorbeigeschaut.«

Bei ihrem Ton war Jonathan sofort auf der Hut. Er las gerade die Abendzeitung und trank einen Scotch mit Soda dazu. »Ach ja?«

»Jon, war es nicht dieser Monsieur Ripley, der Gauthier erzählt hat, du – du würdest nicht mehr lange leben?« Simone sprach leise, obwohl Georges oben war, vermutlich in seinem Zimmer.

Ob Gauthier das zugegeben hatte, als Simone ihn frei

heraus fragte? Jonathan wusste nicht, wie der Mann auf eine direkte Frage reagieren würde; außerdem konnte Simone so lange sanft nachbohren, bis sie die gewünschte Antwort bekam. »Gauthier hat mir erzählt …«, begann Jonathan. »Na, wie ich schon sagte, er wollte nicht verraten, von wem er es hat. Ich weiß es also nicht.«

Simone musterte ihn. Sie saß auf dem schönen schwarzen Ledersofa, das gestern gekommen war und ihr Wohnzimmer verwandelte. Nur wegen Ripley saß sie dort. Der Gedanke hob Jonathans Stimmung nicht gerade.

»Gauthier hat gesagt, dass es Ripley war?«, fragte er mit gespieltem Erstaunen.

»Nicht direkt. Er hat keinen Namen genannt. Aber ich habe ihn einfach gefragt, ob es Monsieur Ripley war. Ich habe ihn beschrieben, den Mann aus dem Konzert neulich. Gauthier wusste, wen ich meinte. Und du kennst ihn anscheinend auch – seinen Namen jedenfalls.« Sie nippte an ihrem Cinzano.

Zitterte ihre Hand, oder bildete er sich das nur ein? »Könnte natürlich sein.« Jonathan zuckte die Achseln. »Vergiss nicht, dass Gauthier sagte, wer es auch war, der es ihm erzählt hat …« Jonathan musste lachen. »Alles nur Gerüchte, Hörensagen! Also, Gauthier meinte, der Mann, wer es auch war, hätte gesagt, er könnte sich geirrt haben, es würde ja viel übertrieben. Wirklich, Schatz, am besten vergessen wir das Ganze. Es ist unklug, einem Mann, den wir nicht kennen, die Schuld zu geben. Und so viel Wind darum zu machen.«

»Ja, aber …« Simone legte den Kopf schief und verzog verbittert den Mund, was Jonathan bei ihr bisher nur sehr selten gesehen hatte. »Das Komische ist, es war Ripley. Das weiß ich. Nein, Gauthier hat das nicht gesagt. Doch ich hab's gespürt … Jon?«

»Ja, Liebes?«

»Es ist nur … Dieser Ripley, der ist doch fast ein Verbrecher, vielleicht sogar wirklich einer. Viele Verbrecher werden nie geschnappt, nicht? Deshalb frage ich. Ich frage *dich,* Jon: Das viele Geld – kommt es zufällig von diesem Monsieur Ripley?«

Jonathan zwang sich, Simone in die Augen zu sehen. Er musste zuerst an sich und die seinen denken, und so eng war seine Verbindung zu Ripley nicht, dass ein Nein gelogen wäre. »Wie das? Warum denn, mein Schatz?«

»Weil er eben ein Gauner ist, darum! Wer weiß, warum und wofür? Was hat er mit diesen deutschen Ärzten zu tun? Sind das wirklich Ärzte, von denen du da redest?« Sie klang fast hysterisch. Das Blut schoss ihr ins Gesicht.

Jonathan runzelte die Stirn. »*Chérie,* Perrier hat doch meine beiden Befunde!«

»Irgendwas an diesen Tests ist gefährlich, Jon, sonst würden sie dir nicht so viel zahlen. Hab ich recht? Du sagst mir nicht die ganze Wahrheit, das fühle ich.«

Jonathan lachte kurz auf. »Was sollte Tom Ripley, dieser Nichtstuer … Außerdem ist er Amerikaner. Was sollte der mit deutschen Ärzten zu schaffen haben?«

»Du bist nach Deutschland geflogen und zu den Ärzten gegangen, weil du Angst hattest, du würdest bald sterben. Und es war Ripley, da bin ich fast sicher, der verbreitet hat, dass du bald sterben würdest.«

Georges kam die Treppe heruntergepoltert und sprach

dabei mit einem Spielzeugtier, das er neben sich herschleifte. Georges, in seiner Traumwelt und doch gegenwärtig, nur wenige Meter von ihm entfernt. Jonathan verwirrte das. Unglaublich, dass Simone so viel herausgefunden hatte. Im ersten Moment wollte er alles rundweg abstreiten, koste es, was es wolle.

Simone wartete auf ein Wort von ihm.

Er sagte: »Ich weiß nicht, wer es Gauthier erzählt hat.«

Georges stand in der Tür. Jetzt war Jonathan erleichtert, dass er kam, denn damit war das Gespräch beendet. Georges wollte etwas über einen Baum vor seinem Fenster wissen. Jonathan hörte nicht zu und ließ Simone antworten.

Während des Essens wurde er das Gefühl nicht los, dass Simone ihm eigentlich nicht glaubte, dass sie ihm zwar glauben wollte, es aber nicht konnte. Trotzdem war sie kaum anders als sonst, vielleicht wegen Georges, weder kühl noch schlecht gelaunt. Jonathan aber fand die Stimmung ungemütlich. Und so würde sie bleiben, solange ihm kein überzeugenderer Grund für die Sonderzahlungen der deutschen Krankenhäuser einfiel. Die Vorstellung, weiter zu lügen, noch größere Gefahren für sich zu erfinden, um damit das Geld zu erklären, war ihm zuwider.

Am Ende würde Simone womöglich noch mit Ripley reden. Vielleicht würde sie ihn anrufen, ein Treffen vereinbaren? Aber er verwarf den Gedanken gleich wieder. Simone mochte Tom Ripley nicht. Sie würde ihm sicher nicht nahe kommen wollen.

Noch in derselben Woche erschien Ripley in Jonathans Laden. Sein Bild war schon seit Tagen fertig. Als er kam, hatte Jonathan gerade einen Kunden zu bedienen. Ripley trat an die Wand und besah sich einige vorgefertigte Rahmen, die dort lehnten. Offenbar störte es ihn nicht zu warten, bis Jonathan Zeit für ihn hatte. Endlich ging der Mann.

»Guten Morgen«, sagte Tom freundlich. »Es war doch nicht so leicht, jemanden zu finden, mein Bild abzuholen, also bin ich selber gekommen.«

»Ja klar. Es ist fertig.« Jonathan ging nach hinten, um das Bild zu holen. Er hatte es in braunes Packpapier eingeschlagen, aber nicht verschnürt, und ein Etikett mit Klebestreifen am Papier befestigt: RIPLEY. Er trug das Bild zum Ladentisch. »Möchten Sie es sehen?«

Tom war sehr zufrieden. Er hielt es auf Armeslänge von sich. »Prima. Sehr schön. Was bin ich schuldig?«

»Neunzig Franc.«

Tom zückte seine Brieftasche. »Sonst alles in Ordnung?«

Jonathan musste ein paar Mal tief Luft holen, bevor er antworten konnte. »Da Sie schon fragen ...« Er nahm den Hundertfrancschein, nickte höflich, öffnete die Kasse und entnahm das Wechselgeld. »Meine Frau ...« Jonathan warf einen Blick zur Tür, froh, dass gerade niemand kam. »Sie hat mit Gauthier gesprochen. Er hat ihr zwar nicht erzählt, dass diese Geschichte über mein ... Hinscheiden von Ihnen stammt, aber sie hat es anscheinend erraten. Wie, weiß ich wirklich nicht. Intuition?«

Tom hatte so etwas kommen sehen. Er kannte seinen Ruf, er wusste, dass viele ihm misstrauten und aus dem Weg gingen. Oft hatte er gedacht, sein Ich hätte schon vor langem zerbrechen können (das eines Durchschnittsmenschen wäre sicher zerbrochen), wenn es nicht so gewesen wäre, dass die Leute nach einem Abend in Belle Ombre ihn und Héloïse mochten und die Ripleys wiederum zu sich einluden. »Und was haben Sie Ihrer Frau gesagt?«

Jonathan sprach schnell, denn sie hatten vielleicht nicht viel Zeit: »Was ich von Anfang an gesagt habe, dass Gauthier mir nie verraten wollte, wer mit der Geschichte angefangen hat. Stimmt ja auch.«

Tom überraschte das nicht. Gauthier hatte sich edelmütig geweigert, seinen Namen zu nennen. »Na gut, immer mit der Ruhe. Wenn wir uns nicht mehr treffen, dann … Tut mir leid, das neulich Abend beim Konzert.« Er lächelte.

»Ja, das war Pech. Nur, das Schlimmste ist, dass Simone Sie mit dem Geld in Zusammenhang bringt, das wir jetzt haben. Oder es doch versucht. Dabei hab ich ihr gar nicht mal gesagt, wie viel es ist.«

Auch das überraschte Tom nicht. Ärgerlich war es allerdings. »Ich werde Ihnen keine Bilder zum Rahmen mehr bringen.«

Ein Mann bugsierte mühsam eine große, aufgespannte Leinwand durch die Tür.

»Bon, M'sieur!« Tom winkte mit der freien Hand. *»Merci. Bonsoir.«*

Er ging. Sollte Jonathan Angst bekommen, konnte er ihn ja anrufen. Das hatte er ihm mindestens einmal gesagt. Pech für Trevanny, ärgerlich für den Mann, dass seine Frau ihn, Tom, verdächtigte, das böse Gerücht in Umlauf gebracht zu haben. Andererseits ergab sich daraus nicht ohne Weiteres eine Verbindung zu Geldern von Krankenhäusern in Hamburg und München, geschweige denn zu der Ermordung zweier Mafiosi.

Am Sonntagmorgen hängte Simone im Garten gerade

Wäsche auf, und Jonathan baute mit Georges eine Mauer aus Steinen, als es an der Tür klingelte.

Eine Nachbarin, ungefähr sechzig, wie hieß sie noch gleich? Delattre? Delambre? Sie schien verstört.

»*Pardon,* Monsieur Trevanny.«

»Kommen Sie herein«, sagte Jonathan.

»Es geht um Monsieur Gauthier. Haben Sie schon gehört?«

»Nein.«

»Er wurde von einem Auto überfahren. Gestern Abend. Er ist tot.«

»Tot? Hier in Fontainebleau?«

»Er war auf dem Heimweg, so gegen Mitternacht, er hatte den Abend mit einem Freund verbracht, der in der Rue de la Paroisse wohnt. Monsieur Gauthier wohnt in der Rue de la République, wie Sie wissen, die geht von der Avenue Franklin Roosevelt ab. An dieser Kreuzung ist es passiert, an der mit der Grünfläche in der Mitte. An der Ampel. Jemand hat gesehen, wer es war, zwei junge Burschen in einem Wagen. Sie haben nicht angehalten. Die haben bei Rotlicht Monsieur Gauthier überfahren und nicht angehalten!«

»Mein Gott! Wollen Sie sich nicht setzen, Madame …«

Simone stand im Flur. »Ach, Madame Delattre … *Bonjour!*«, sagte sie.

»Simone, Gauthier ist tot«, sagte Jonathan. »Überfahren. Ein Unfall mit Fahrerflucht.«

»Zwei junge Burschen«, sagte Madame Delattre. »Sie sind einfach weitergefahren!«

»Wann?«, stieß Simone hervor.

»Gestern, am späten Abend. Als man ihn ins Krankenhaus einlieferte, so gegen Mitternacht, war er schon tot.«

»Wollen Sie nicht hereinkommen und sich setzen?«, fragte Simone.

»Nein, nein, vielen Dank. Ich muss gehen, eine Freundin besuchen, Madame Mockers. Ich glaube, sie weiß noch gar nichts davon. Wir kannten ihn doch alle so gut.« Den Tränen nahe, setzte sie kurz den Einkaufskorb ab und wischte sich über die Augen.

Simone drückte ihr die Hand. »Vielen Dank, Madame Delattre, dass Sie uns Bescheid gesagt haben. Das war sehr freundlich.«

»Die Beerdigung ist am Montag«, sagte Madame Delattre. »In Saint-Louis.« Dann ging sie.

Jonathan hatte die Nachricht noch nicht richtig verdaut. »Wie heißt sie noch gleich?«

»Delattre. Madame Delattre. Ihr Mann ist Klempner«, sagte Simone, als müsse Jonathan das selbstverständlich wissen.

Delattre war nicht ihr Klempner. Gauthier war tot. Was würde aus seinem Geschäft werden? Jonathan starrte Simone an. Sie standen in dem engen Flur.

»Tot«, sagte Simone. Sie streckte die Hand aus, fasste Jonathan am Handgelenk, sah ihn aber nicht an. »Am Montag sollten wir zur Beerdigung gehen, meinst du nicht?«

»Klar.« Ein katholisches Begräbnis. Die Messe inzwischen auf Französisch, nicht auf Latein. Er stellte sich die Nachbarn vor, all die vertrauten und fremden Gesichter in der kühlen Kirche voller Kerzen.

»Fahrerflucht«, sagte Simone. Wie erstarrt ging sie zur

Küche und warf Jonathan über die Schulter einen Blick zu: »Wirklich entsetzlich.«

Er folgte ihr durch die Küche hinaus in den Garten. Es tat gut, wieder in der Sonne zu sein.

Simone hängte die letzte Wäsche auf die Leine, rückte hier und da ein Stück zurecht und nahm den leeren Korb auf. »Fahrerflucht. Glaubst du das, Jon?«

»Das hat sie gesagt.« Beide sprachen leise. Jonathan war immer noch nicht ganz bei sich, aber er verstand, was Simone meinte.

Sie trat einen Schritt näher, den Korb unter dem Arm. Dann winkte sie ihn zu den Stufen, die zu der kleinen Veranda führten, als könnten die Nachbarn jenseits der Gartenmauer sie sonst hören. »Glaubst du, er ist vielleicht gezielt getötet worden? Von einem gedungenen Mörder?«

»Warum?«

»Weil er etwas wusste, darum. Es wäre doch möglich, oder? Warum sollte ein Mensch, der niemandem etwas zuleide tut, zufällig auf diese Weise zu Tode kommen?«

»Weil solche Sachen eben manchmal passieren«, sagte Jonathan.

Simone schüttelte den Kopf. »Und du glaubst nicht, dass Monsieur Ripley möglicherweise etwas damit zu tun hat?«

Jonathan spürte, dass sie innerlich vor Wut schäumte. »Nein, ganz und gar nicht. Da bin ich mir sicher.« Jonathan hätte sein Leben darauf verwettet, dass Tom Ripley nichts damit zu tun hatte. Fast hätte er das gesagt, doch das hätte zu stark geklungen, und eine solche Wette wirkte, anders betrachtet, eher komisch.

Simone wollte ins Haus zurückkehren, blieb aber neben

ihm stehen. »Gauthier hat mir nichts Genaues gesagt, Jon, das ist wahr. Aber ich glaube, er könnte etwas gewusst haben. Mein Gefühl sagt mir, dass er gezielt umgebracht wurde.«

Sie stand nur unter Schock, dachte Jonathan, genau wie er selber. Sie dachte nur laut, bevor sie die richtigen Worte finden konnte. Er folgte ihr in die Küche. »Über was soll er etwas gewusst haben?«

Simone verstaute den Wäschekorb im Eckschrank. »Das ist es ja. Ich weiß es nicht.«

15

Die Trauerfeier für Pierre Gauthier fand am Montag um zehn in Saint-Louis statt, der größten Kirche von Fontainebleau. Die Kirche war voll, selbst draußen auf dem Gehweg standen die Leute. Vor der Kirche warteten auch die beiden Autos, ein trauriges Bild: der schwarz glänzende Leichenwagen sowie ein Kleinbus für die Freunde und Verwandten, die kein eigenes Auto hatten. Gauthier war Witwer gewesen, keine Kinder, vielleicht ein Bruder oder eine Schwester, also vielleicht auch Nichten und Neffen. Das hoffte Jonathan jedenfalls. Trotz der vielen Leute hatte die Feier etwas Einsames.

»Wussten Sie, dass er auf der Straße sein Glasauge verloren hat?«, flüsterte der Mann in der Bank neben Jonathan ihm zu. »Ist ihm herausgefallen, als er überfahren wurde.«

»Ach?« Jonathan schüttelte teilnahmsvoll den Kopf. Der Mann hatte ein Geschäft, er erinnerte sich an das Gesicht, konnte es aber keinem Laden zuordnen. Er sah Gauthiers Glasauge auf dem schwarzen Asphalt der Straße klar und deutlich vor sich. Inzwischen war es womöglich unter die Räder eines Autos gekommen oder von neugierigen Kindern aus dem Rinnstein geklaubt worden. Wie wohl ein Glasauge von hinten aussah?

Das flackernde, gelbliche Licht der Kerzen erleuchtete kaum die trostlos grauen Kirchenwände. Ein grauer, wolkenverhangener Tag. Der Priester intonierte auf Französisch die liturgischen Formeln. Vor dem Altar stand Gauthiers Sarg, kurz und gedrungen. Wenn er auch kaum Familie hatte, so doch wenigstens viele Freunde. Mehrere Frauen und auch etliche Männer wischten sich Tränen aus den Augen; andere Trauergäste flüsterten miteinander, als fänden sie in ihren gemurmelten Worten mehr Trost als in der Litanei des Priesters.

Ein zartes Geläut ertönte, hell wie ein Glockenspiel.

Jonathan blickte nach rechts hinüber, zu den Gästen in den Reihen jenseits des Ganges, und sah Tom Ripleys Gesicht im Profil: Er hielt den Blick geradeaus auf den Priester gerichtet, der nun wieder irgendetwas sagte, und schien den Gottesdienst aufmerksam zu verfolgen. Unter den französischen Gesichtern fiel Ripleys Gesicht auf. Oder dachte er das nur, weil er Ripley kannte? Warum war der Amerikaner überhaupt gekommen? Gleich darauf fragte sich Jonathan, ob Tom Ripleys Erscheinen Teil seiner Inszenierung war, falls er, wie Simone vermutete, wirklich etwas mit Gauthiers Tod zu tun, ja ihn sogar geplant und dafür bezahlt hatte.

Als alle aufstanden und langsam hintereinander dem Ausgang zustrebten, versuchte Jonathan, Ripley aus dem Weg zu gehen. Am besten dadurch, glaubte er, dass er das nicht bewusst tat und vor allem nicht mehr zu ihm hinübersah. Aber als Jonathan und Simone die Kirche verließen, stand Ripley plötzlich neben ihnen auf den Stufen und begrüßte sie.

»Guten Morgen!«, sagte er auf Französisch. Er trug

einen dunkelblauen Regenmantel und ein schwarzes Halstuch. »*Bonjour*, Madame. Wie schön, Sie beide zu sehen. Sie waren Freunde von Monsieur Gauthier, nicht?«

Wegen der vielen Leute ging es auf der Treppe nur langsam vorwärts, so langsam, dass man Mühe hatte, das Gleichgewicht zu halten.

»*Oui*«, erwiderte Jonathan. »Er hatte sein Geschäft ja bei uns im Viertel. Ein sehr netter Mensch.«

Tom nickte. »Ich habe heute Morgen die Zeitungen nicht gelesen. Ein Freund aus Moret rief mich an. Er hat's mir erzählt. Hat die Polizei schon irgendeine Spur von den Tätern?«

»Ich habe nichts gehört«, sagte Jonathan. »›Zwei junge Männer‹, mehr nicht. Du etwa, Simone?«

Simone schüttelte den Kopf, der in einem schwarzen Schal steckte. »Nein, gar nichts.«

Tom nickte erneut. »Ich hoffte, Sie hätten vielleicht etwas erfahren. Weil Sie doch näher wohnen als ich.«

Das war in Jonathans Augen nicht nur gespielt: Ripley schien ehrlich betroffen.

»Ich muss mir eine Zeitung holen. Gehen Sie noch mit auf den Friedhof?«, fragte Tom.

»Nein«, sagte Jonathan.

Tom nickte. Sie standen jetzt auf dem Gehweg. »Ich auch nicht. Der gute Gauthier wird mir fehlen. Schade um ihn … War nett, Sie zu sehen!« Ein kurzes Lächeln, dann war er verschwunden.

Jonathan und Simone gingen weiter, um die Kirche herum in die Rue de la Paroisse, die zu ihrem Haus führte. Nachbarn nickten ihnen zu, schenkten ihnen ein kurzes

Lächeln, und manche sagten: »Guten Morgen, Madame, Monsieur« wie an jedem anderen, gewöhnlichen Morgen. Wagen wurden angelassen, um dem Sarg auf den Friedhof zu folgen, der, wie Jonathan sich erinnerte, gleich hinter dem Krankenhaus von Fontainebleau lag, wo er so oft zur Transfusion gewesen war.

»*Bonjour,* Monsieur Trevanny! *Et* Madame!« Dr. Perrier, gut gelaunt wie immer, strahlte beinahe wie sonst. Er schüttelte kräftig Jonathans Hand und deutete dabei eine Verbeugung vor Simone an. »Ist es nicht furchtbar? Nein, nein, sie haben noch keine Spur von den Kerlen. Aber irgendwer sagte, der Wagen hätte ein Pariser Nummernschild gehabt. Ein schwarzer Citroën D. S. Mehr ist nicht bekannt … Und Sie, Monsieur Trevanny, wie geht es Ihnen?« Der Doktor lächelte zuversichtlich.

»Eigentlich unverändert«, sagte Jonathan. »Keine Beschwerden.« Er war froh, dass Perrier gleich weitermusste, denn Simone ging davon aus, dass er Doktor Perrier zurzeit ziemlich oft aufsuchte, um sich Tabletten und Spritzen geben zu lassen – dabei hatte er den Doktor vor mehr als zwei Wochen zuletzt gesehen, seit er Dr. Schröders Arztbrief vorbeigebracht hatte, der an seine Geschäftsadresse geschickt worden war.

»Wir müssen uns eine Zeitung holen«, sagte Simone.

»Da vorn an der Ecke«, sagte Jonathan.

Sie kauften die Zeitung. Jonathan stand auf dem Gehweg, immer noch inmitten vieler Gäste des Trauergottesdienstes, die sich allmählich zerstreuten, und las von der »abscheulichen, grausamen Tat halbstarker Rowdys« am späten Samstagabend auf einer Straße in Fontainebleau. Simone las über seine Schulter mit. Für die Sonntagszeitungen war die Geschichte zu spät gekommen, deshalb war dies für sie beide der erste Bericht in der Presse. Jemand hatte einen großen, schwarzen Wagen mit mindestens zwei jungen Männern darin bemerkt, aber ein Pariser Kennzeichen wurde nicht erwähnt. Der Wagen war weitergefahren, Richtung Paris, doch als sich die Polizei an die Verfolgung machte, war er schon verschwunden.

»Es ist wirklich entsetzlich«, sagte Simone. »Fahrerflucht ist ja in Frankreich eher selten …«

Der Anflug von Chauvinismus entging Jonathan nicht.

»Genau deshalb vermute ich …« Sie zuckte die Achseln. »Kann sein, dass ich völlig falsch liege. Aber es passt zu diesem Ripley, dass er bei Monsieur Gauthiers Beerdigung auftaucht, oder?«

»Er –« Jonathan brach ab. Eigentlich hatte er sagen wollen, Tom Ripley habe soeben doch ehrlich betroffen gewirkt und seine Farben und Pinsel stets bei Gauthier gekauft, aber dann fiel ihm ein, dass er dies gar nicht wissen durfte. »Was meinst du mit ›passt zu ihm‹?«

Wieder zuckte Simone die Achseln, was bedeutete, dass sie nicht in der Stimmung war, auch nur noch ein Wort zu dem Thema zu verlieren. »Ich halte es mindestens für möglich, dass Monsieur Gauthier diesem Ripley gesagt hat, ich hätte mit ihm gesprochen und ihn gefragt, wer diese Geschichte über dich in Umlauf gesetzt hat. Wie ich dir sagte, dachte ich, es wäre Ripley gewesen, auch wenn Monsieur Gauthier das nicht bestätigen wollte. Und jetzt dieser … dieser mysteriöse Tod von Monsieur Gauthier!«

Jonathan schwieg eine Weile. Die Rue Saint-Merry war

nicht mehr weit. »Aber Schatz, sei doch vernünftig: Diese Geschichte, dafür bringt man doch nie und nimmer jemanden um, oder?«

Auf einmal fiel Simone ein, dass sie nichts zum Mittagessen hatten. Sie verschwand in einer Fleischerei; Jonathan wartete draußen. Für einen kurzen Augenblick wurde ihm bewusst – aber anders, so als sähe er es mit den Augen seiner Frau –, was er getan hatte: einen Mann erschossen, bei der Tötung eines zweiten mitgeholfen. Jonathan hatte das rationalisiert, indem er sich sagte, die beiden Männer hätten selber Menschen erschossen, seien selber Mörder gewesen. Natürlich würde Simone das anders sehen; schließlich ging es um menschliches Leben. Schon bei dem Gedanken, Tom Ripley könnte möglicherweise jemanden gedungen haben, um Gauthier umzubringen, war sie in helle Aufregung geraten. Wenn sie wüsste, dass ihr eigener Mann auf einen Menschen geschossen hatte … Oder dachte er das jetzt nur, weil er gerade den Trauergottesdienst besucht hatte? Darin war es immerhin um die Heiligkeit menschlichen Lebens gegangen, auch wenn der Priester meinte, das Jenseits sei die bessere Welt. Jonathan lächelte ironisch: dieses Wort »Heiligkeit«.

Simone kam aus der Fleischerei, den Arm voll kleiner Päckchen, die sie festzuhalten versuchte. Sie hatte ihr Einkaufsnetz nicht dabei. Jonathan nahm ihr ein paar Päckchen ab. Sie gingen weiter.

Heiligkeit … Jonathan hatte Reeves Minot das Buch über die Mafia zurückgegeben. Sollte er sich wegen seiner Taten jemals ernsthafte Vorwürfe machen, brauchte er sich bloß einige Mörder aus dem Buch ins Gedächnis zu rufen.

Dennoch war Jonathan auf alles gefasst, als er hinter Simone die Stufen zur Haustür hinaufstieg. Sie stand Ripley inzwischen nämlich geradezu feindselig gegenüber. So viel hatte ihr an Pierre Gauthier nicht gelegen, dass sie über seinen Tod derart betroffen sein konnte. Ihre Haltung setzte sich zusammen aus einem sechsten Sinn, konventioneller Moral und weiblicher Fürsorge. Sie glaubte, dass Ripley die Geschichte erfunden habe, ihr Mann werde bald sterben, und würde sich in diesem Glauben, das wusste Jonathan schon jetzt, durch nichts erschüttern lassen, weil ihm so leicht niemand einfallen würde, der das Gerücht in die Welt gesetzt haben könnte, zumal Gauthier nun tot war und Jonathans neue Quelle nicht mehr bestätigen konnte.

In seinem roten Alfa Romeo nahm Tom den schwarzen Schal ab und fuhr Richtung Süden, nach Moret, nach Hause. Schade, dass Simone so feindselig war, dass sie ihn verdächtigte, er habe Gauthier ermorden lassen. An dem Anzünder des Armaturenbretts steckte er sich eine Zigarette an. In dem Sportwagen war er versucht, schneller zu fahren, hielt sich jedoch wohlweislich zurück.

Gauthiers Tod war sicher ein Unfall gewesen. Üble Sache, sehr bedauerlich, aber eben nur das, es sei denn, Gauthier war in seltsame Geschäfte verwickelt gewesen, von denen Tom nichts geahnt hatte.

Eine große Elster strich quer über die Straße und hob sich dabei wunderschön gegen die blassgrüne Trauerweide ab. Allmählich setzte sich die Sonne durch. Ob er in Moret halten und etwas einkaufen sollte? Es gab immer etwas, das Madame Annette brauchte oder gerne hätte, heute aber wollte Tom nichts einfallen, außerdem hatte er eigentlich keine Lust anzuhalten. Der Mann in Moret, der sonst seine Bilder rahmte, hatte ihm gestern am Telefon das mit Gauthier erzählt. Irgendwann musste Tom einmal erwähnt haben, dass er bei Gauthier in Fontainebleau seine Farben kaufte. Tom gab Gas, überholte erst einen Lastwagen, dann zwei zu schnell fahrende Citroëns und hatte bald die Abzweigung nach Villeperce erreicht.

»Ach, *Tomme,* da war ein Ferngespräch für dich«, sagte Héloïse, als er ins Wohnzimmer trat.

»Von wo?« Doch das wusste er schon. Reeves wahrscheinlich.

»Aus Deutschland, glaube ich.« Héloïse setzte sich wieder an das Cembalo, das vor der Flügeltür einen Ehrenplatz erhalten hatte.

Tom erkannte, was sie spielte: die Oberstimme einer Chaconne von Bach. »Rufen sie wieder an?«, fragte er.

Héloïse wandte den Kopf, ihr langes blondes Haar schwang mit. »Ich weiß nicht, *chéri.* Habe nur mit der Vermittlung gesprochen, es war ein Gespräch mit Voranmeldung. Da ist es wieder!« In ihre letzten Worte hinein klingelte das Telefon.

Tom lief nach oben auf sein Zimmer. Die Vermittlung fragte, ob er Monsieur Ripley sei; gleich darauf hörte er Reeves sagen: »Hallo, Tom. Können Sie sprechen?« Reeves klang ruhiger als zuletzt.

»Ja. Sie sind in Amsterdam?«

»Ja, und ich weiß etwas, das Sie freuen dürfte und nicht in der Zeitung steht: Dieser Leibwächter ist tot. Sie wissen schon, der Kerl, den sie nach Mailand verlegt haben.«

»Wer sagt das?«

»Einer meiner Hamburger Freunde. Ein zuverlässiger Mann.«

Genau die Art von Geschichte, wie sie die Mafia verbreiten könnte. Tom würde sie erst glauben, wenn er die Leiche sähe. »Noch etwas?«

»Ich dachte, das wäre vielleicht eine gute Nachricht für unseren Freund. Dass der Kerl tot ist, meine ich.«

»Klar, ich verstehe, Reeves. Und wie geht's Ihnen?«

»Ach, ich lebe noch.« Reeves lachte gezwungen. »Bin gerade dabei, mir meine Sachen nach Amsterdam schicken zu lassen. Mir gefällt's hier, ich fühle mich viel sicherer als in Hamburg, so viel steht fest. Da ist noch etwas. Mein Freund Fritz. Er rief mich an, meine Nummer hatte er von Gaby. Jetzt ist er bei seinem Cousin in irgendeinem Kaff bei Hamburg. Aber die haben ihn zusammengeschlagen, diese Schweine, er hat ein paar Zähne verloren, der Arme. Die haben so viel aus ihm herausgeprügelt, wie sie nur konnten ...«

Das war knapp. Einen Moment lang tat Tom dieser ihm unbekannte Fritz leid, der Minots Fahrer oder Laufbursche war.

»Fritz kannte unsern Freund nur als ›Paul‹«, fuhr Reeves fort. »Außerdem hat er ihn genau falsch beschrieben, als klein, dick und schwarzhaarig, aber ich fürchte, das kaufen sie ihm womöglich nicht ab. Fritz hat sich nicht schlecht gehalten – die haben ihn sich gründlich vorgenommen. Er sagt, er wäre dabei geblieben, dass unser Freund genau so aussieht. Mehr als sein Aussehen kennt er ja auch nicht. Aber *ich* stecke jetzt im Schlamassel, glaube ich.«

Das glaubte Tom auch, denn wie Reeves aussah, wussten die Italiener sehr wohl. »Sehr interessant, diese Neuigkeiten. Doch wir haben nicht den ganzen Tag Zeit, mein Freund. Was macht Ihnen wirklich Sorgen?«

Reeves seufzte hörbar. »Meine Sachen hierherzuschaffen. Aber ich habe Gaby Geld gesandt, sie wird mir einiges schicken. Dann hab ich meiner Bank geschrieben und so weiter. Sogar einen Bart lasse ich mir wachsen. Und natürlich bin ich hier unter … anderem Namen abgestiegen.«

Dass Reeves unter falschem Namen reisen würde, mit einem seiner gefälschten Pässe, hatte er angenommen. »Und wie lautet der?«

»Andrew Lucas. Aus Virginia«, sagte Reeves. »Hah! – Übrigens, haben Sie unseren Freund getroffen?«

»Nein, warum auch? Na gut, Andy, lassen Sie von sich hören.« Reeves würde bestimmt anrufen, sollte er in Schwierigkeiten geraten (falls er dann noch anrufen konnte), weil er glaubte, Tom könne ihm aus jeder Patsche helfen. Tom dagegen ging es vor allem um Jonathan; darum wollte er Bescheid wissen, falls Reeves Probleme bekam.

»Mache ich, Tom. Ach, eins noch: In Hamburg hat man einen von Di Stefanos Leuten umgelegt. Am Samstagabend. Vielleicht kommt's in Ihre Zeitungen, vielleicht auch nicht. Aber es muss die Genotti-Familie gewesen sein. Genau das, was wir wollten …«

Endlich legte Minot auf.

Falls die Mafia ihn in Amsterdam aufstöberte, würde sie ihn so lange foltern, bis er etwas ausspuckte. Dass er sich genauso gut halten würde, wie Fritz das anscheinend getan hatte, glaubte Tom nicht. Wer hatte Fritz wohl in die Finger bekommen, die Di Stefanos oder die Genottis? Wahrscheinlich wusste Fritz nur vom ersten Auftrag, dem Mord in Hamburg. Dort war das Opfer bloß ein Fußsoldat der Mafia gewesen, ein Wasserträger. Die Genottis dagegen dürften weitaus wütender sein, denn sie hatten einen Capo und obendrein, wie es jetzt hieß, einen Leibwächter oder Fußsoldaten verloren. Ob beide Familien inzwischen wussten, dass Reeves und seine Jungs aus den Hamburger Casinos hinter den Morden standen, dass es hier also nicht um einen Bandenkrieg ging? War Reeves damit schon erledigt? Im Notfall würde er Reeves einfach nicht schützen können, das wusste er. Wenn sie es nur mit einem Mann zu tun hätten, wäre es ein Kinderspiel. Aber die Mafia? Viel zu viele.

Bevor Reeves auflegte, hatte er noch gesagt, er sei in einem Postamt. Das war zumindest sicherer als ein Anruf vom Hotel aus. Doch war nicht sein erster Anruf aus einem Hotel namens Zuyder Zee gekommen? Tom war sich fast sicher.

Von unten perlten klare Cembalotöne herauf, wie eine Botschaft aus einem anderen Jahrhundert. Tom ging hinunter. Héloïse wollte sicher etwas über den Gottesdienst hören, dabei hatte sie auf seine Frage, ob sie mitkommen wolle, geantwortet, sie finde Begräbnisse deprimierend.

Jonathan stand im Wohnzimmer und schaute hinaus auf die Straße. Es war kurz nach zwölf. Er hatte das Transistorradio angestellt, wegen der Mittagsnachrichten, und nun kam Popmusik. Simone und Georges waren im Garten. Der Junge war alleine zu Hause geblieben, als Simone und er zur Trauerfeier gingen. Im Radio sang ein Mann *»Running on along … running on along«*, auf der anderen Straßenseite tollte ein junger Hund, der aussah wie ein Schäferhund, mit zwei kleinen Jungs herum. Wie vergänglich alles war, das Leben, Leben aller Art: Nicht nur der Hund und die beiden Jungs waren vergänglich, sondern auch das Haus hinter ihnen; am Ende würde alles vergehen, zerfallen, jede Form und Gestalt würde sich auflösen, ja vergessen werden. Jonathan dachte an Gauthier in seinem Sarg, der vielleicht gerade jetzt in die Erde gelassen wurde, und dann nicht mehr an Gauthier, sondern an sich selber. Er hatte weniger Lebenskraft als jener vorbeitollende Hund. Seine beste Zeit, wenn es sie je gegeben hatte, lag hinter ihm. Nun war es zu spät, und er hatte nicht mehr die Kraft, das bisschen Leben zu genießen, das ihm noch blieb – gerade jetzt, da er ein wenig zu Geld gekommen war und sich etwas leisten könnte, um es zu genießen. Eigentlich sollte er den Laden dichtmachen – verkaufen, verschenken, was machte das schon? Andererseits konnte er das Geld nicht einfach mit Simone verprassen, denn was bliebe dann ihr und dem Jungen noch, wenn er tot war? Selbst vierzigtausend Pfund waren kein Vermögen. Jonathan dröhnten die Ohren. Er atmete ein paarmal tief durch, ruhig und langsam, versuchte dann, das Schiebefenster vor sich zu öffnen, doch ihm fehlte die Kraft; er drehte sich um, dem Zimmer zu, die Beine waren schwer, gehorchten ihm kaum noch. Das Dröhnen in den Ohren hatte die Musik restlos verschluckt.

Auf dem Teppich kam er zu sich, in kalten Schweiß gebadet. Simone kniete neben ihm; mit einem feuchten Tuch wischte sie ihm sanft über Stirn und Wangen.

»Schatz, ich hab dich eben erst gefunden. Wie fühlst du dich? – Nein, Georges, alles in Ordnung. Papa geht es gut!« Aber sie klang verängstigt.

Jonathan ließ den Kopf wieder auf den Teppich sinken.

»Wasser?«

Sie hielt das Glas, er trank mit Mühe einen kleinen Schluck und sank zurück. »Ich werde wohl den ganzen Nachmittag hier liegen bleiben.« Seine Stimme kämpfte gegen das Dröhnen in seinen Ohren an.

»Warte, ich ziehe dir das gerade.« Simone glättete sein Jackett, das sich unter ihm verknautscht hatte.

Dabei glitt etwas aus der Tasche. Simone hob es auf, sah ihn besorgt an. Er starrte zur Decke hinauf, denn wenn er die Augen schloss, war es noch schlimmer. Minuten vergingen, Minuten des Schweigens. Angst hatte er keine; er wusste, er würde nicht sterben. Das war noch nicht der Tod, nur eine Ohnmacht, ein Vetter des Todes vielleicht. Der Tod aber würde anders daherkommen, als süßer, verführerischer Sog, wie von einer zurückflutenden Woge, die mit aller Macht an dem Schwimmer zog, der sich zu weit hinausgewagt hatte und nun nicht mehr dagegen ankämpfen wollte. Simone ging, nahm Georges mit hinaus, kam dann mit einer Tasse Tee zurück.

»Heiß mit viel Zucker. Wird dir guttun. Soll ich Doktor Perrier anrufen?«

»Nein, nein, Schatz. Vielen Dank.« Jonathan setzte sich auf, nippte ein paar Mal am Tee und schleppte sich dann zum Sofa hinüber.

»Jon, was ist das?« Simone hielt ein kleines blaues Heft in die Höhe, das Bankbuch seines Schweizer Kontos.

»Ach, das …« Er schüttelte den Kopf, um ihn klar zu bekommen.

»Das ist ein Kontobuch, oder nicht?«

»Ja … Ja, das stimmt.« Über eine sechsstellige Summe, mehr als vierhunderttausend Franc, wie das kleine f hinter den Zahlen verriet. Er wusste, dass Simone ganz arglos hineingeschaut hatte, sicher in der Annahme, es sei eine Art Haushaltsbuch über gemeinsame Anschaffungen.

»Das sind Franc. Französische Franc? Woher hast du das? Was *ist* das, Jon?«

Es waren französische Franc. »Schatz, das ist eine Art Vorschuss, von den deutschen Ärzten.«

»Aber …« Simone schien ratlos. »Das sind doch französische Franc, nicht? Und dann eine solche Summe!« Sie lachte, ein kleines, verunsichertes Lachen.

Das Blut schoss ihm ins Gesicht. »Ich hab dir erzählt, woher es kommt, Simone. Dass es ziemlich viel Geld ist, weiß ich natürlich. Ich wollt's dir nicht gleich sagen, weil …«

Simone legte das kleine blaue Büchlein behutsam auf seine Brieftasche auf dem niedrigen Couchtisch, zog sich den Stuhl vom Schreibtisch heran, setzte sich seitwärts darauf und legte einen Arm um die Lehne. »Jon –«

Plötzlich stand Georges in der Flurtür. Simone sprang entschlossen auf und nahm ihn bei den Schultern. »*Chouchou,* Papa und ich unterhalten uns gerade. Lass uns ein Weilchen allein.« Sie kam zurück und sagte leise: »Jon, ich glaube dir nicht.«

Er hörte das Zittern in ihrer Stimme: Nicht nur die Höhe der Summe erschreckte sie, auch seine zunehmende

Verschlossenheit in letzter Zeit, seine Reisen nach Deutschland. »Tja, das wirst du aber müssen«, sagte Jonathan. Langsam kam er wieder zu Kräften. Er stand auf. »Das ist ein Vorschuss. Sie glauben nicht, dass ich es noch ausgeben kann. Ich werde die Zeit nicht haben. Du aber.«

Simone lachte nicht. »Da steht dein Name drin. Jon – was es auch ist, das du da tust, du sagst mir nicht die Wahrheit.« Und sie wartete einige Sekunden lang, genau die Zeit, in der er ihr hätte die Wahrheit sagen können. Er jedoch sagte nichts.

Sie verließ das Zimmer.

Das Mittagessen war eine reine Pflichtübung. Sie sprachen kaum ein Wort. Georges war sichtlich verwirrt. Jonathan konnte sich vorstellen, wie die nächsten Tage werden würden: Simone, die vielleicht gar keine Fragen mehr stellte, nur kühl darauf wartend, dass er die Wahrheit sagte oder irgendeine Erklärung fand. Die langen Stunden des Schweigens im Haus. Kein Lieben mehr, keine Liebe, kein Lachen. Er musste sich etwas anderes ausdenken, etwas Besseres. Aber selbst wenn er behauptete, die Therapie der deutschen Ärzte sei lebensgefährlich: Ließe sich damit logisch begründen, dass sie ihm so viel zahlten? Wohl kaum. Jonathan begriff, dass sein Leben nicht so viel wert war wie die Leben zweier Mafiamänner zusammen.

16

Freitag, ein wunderschöner Morgen, Schauer und Sonnenschein im halbstündigen Wechsel. Gerade richtig für den Garten, fand Tom. Héloïse war nach Paris gefahren, weil eine Boutique am Faubourg Saint-Honoré Kleider zu Sonderpreisen anbot; sicher würde sie auch noch einen Schal oder etwas Größeres von Hermès mitbringen. Er saß am Cembalo, spielte das Thema einer Goldberg-Variation und versuchte, sich den Fingersatz einzuprägen. Am selben Tag, als er in Paris das Cembalo erstand, hatte er noch ein paar Notenhefte gekauft. Er wusste, wie die Variation klingen musste, denn er besaß eine Platte mit der Einspielung der Landowska. Gerade ging er das Thema zum dritten oder vierten Mal durch und merkte gewisse Fortschritte, da klingelte das Telefon.

»Hallo?«, sagte Tom.

»'allo, äh, mit wem spreche ich, bitte?«, fragte ein Mann auf Französisch.

Unbehagen beschlich Tom, jedoch langsamer als sonst. »Wen wünschen Sie zu sprechen?«, fragte er ebenso höflich zurück.

»Monsieur Anquetin?«

»Nein, der wohnt hier nicht.« Tom hängte auf.

Der Mann hatte akzentfreies Französisch gesprochen.

Oder doch nicht? Andererseits würden die Italiener für so einen Anruf sicher einen Franzosen oder einen Italiener ohne jeden Akzent nehmen. War er schon überängstlich? Tom runzelte die Stirn, drehte sich um, sah über das Cembalo hinweg zum Fenster hinaus und schob die Hände in die Gesäßtaschen. Vielleicht hatte die Genotti-Familie Reeves in seinem Hotel aufgestöbert und überprüfte nun sämtliche Nummern, die er angerufen hatte? Wenn ja, würde sich der Anrufer mit einer solchen Antwort nicht zufriedengeben. Jeder andere hätte gesagt: »Falsch verbunden, hier ist Soundso.« Sonnenlicht sickerte durch die Fenster, quoll wie eine zähe Flüssigkeit zwischen den roten Vorhängen hervor und floss auf den Teppich. Wie ein Arpeggio, fast konnte er es hören, diesmal vielleicht von Chopin. Tom merkte, dass er Angst hatte, Reeves in Amsterdam anzurufen und zu fragen, was da los war. Der Anruf hatte sich nicht wie ein Ferngespräch angehört, doch das wollte nicht immer etwas heißen. Es konnte Paris gewesen sein. Oder Amsterdam. Oder auch Mailand. Toms Nummer stand nicht im Telefonbuch. Die Vermittlung würde weder Namen noch Adresse herausgeben, aber anhand der Vorwahl 424 konnte jemand, der die Telefonnummer kannte, ohne Weiteres den Bezirk feststellen, das Gebiet um Fontainebleau. Und die Mafia wäre durchaus in der Lage herauszufinden, in welcher Gegend Tom Ripley wohnte, ja sogar den Ort, Villeperce, weil vor gerade einmal sechs Monaten die Derwatt-Affäre samt Foto von Tom durch die Presse gegangen war. Natürlich kam es jetzt auf den zweiten Leibwächter an, der unverletzt überlebt hatte. Er war auf der Suche nach seinem Kollegen und dem

Capo den ganzen Zug abgelaufen und würde sich womöglich an Tom erinnern, der im Speisewagen gesessen hatte.

Er übte wieder das Thema der Goldberg-Variation, als das Telefon zum zweiten Mal klingelte. Seit dem ersten Anruf mochten zehn Minuten vergangen sein. Diesmal würde er sich als Robert Wilson melden. Sein amerikanischer Akzent war sowieso nicht zu überhören.

»*Oui?*«, sagte Tom in gelangweiltem Ton.

»Hallo –«

»Oh, hallo«, unterbrach ihn Tom, der Jonathans Stimme erkannte.

»Ich würde Sie gern sprechen«, sagte Jonathan, »wenn Sie ein bisschen Zeit hätten.«

»Ja natürlich. Heute noch?«

»Wenn möglich, ja. Ich kann nicht … Gegen Mittag besser nicht, wenn's recht ist. Später vielleicht?«

»So gegen sieben?«

»Oder schon um halb sieben. Können Sie nach Fontainebleau kommen?«

Als Treffpunkt vereinbarten sie die Salamandre-Bar. Tom konnte sich denken, worum es ging: Jonathan hatte seiner Frau gegenüber keine überzeugende Erklärung für das Geld gefunden. Er klang besorgt, aber nicht verzweifelt.

Um sechs Uhr fuhr Tom los. Er nahm den Renault, weil Héloïse mit dem Alfa noch nicht zurück war. Sie hatte angerufen, um zu sagen, dass sie zum Aperitif bei Noëlle bleiben würde, vielleicht auch zum Abendessen. Außerdem hatte sie bei Hermès einen wunderschönen Koffer gekauft, weil er herabgesetzt war. Héloïse glaubte, je mehr sie zu

Sonderpreisen kaufe, desto sparsamer sei sie, und hielt das geradezu für eine Tugend.

Jonathan war schon da, als Tom die Bar betrat. Er stand an der Theke und trank Dunkelbier, wahrscheinlich das gute alte Whitbread Ale, dachte Tom. Das Salamandre war an diesem Abend voller und lauter als sonst, also würden sie an der Theke wohl unbesorgt reden können. Er nickte Jonathan lächelnd zu und bestellte dasselbe.

Jonathan erzählte, was passiert war: Simone hatte das Schweizer Bankbuch entdeckt, er hatte ihr gesagt, das Geld sei ein Vorschuss von den deutschen Ärzten. Die Einnahme ihrer Medikamente sei für ihn nicht ungefährlich, sie zahlten mit dem Geld sozusagen für sein Leben.

»Aber sie glaubt mir nicht.« Jonathan lächelte. »Sie vermutet sogar, ich hätte mich in Deutschland als jemand anderes ausgegeben, damit eine Gaunerbande an eine Erbschaft herankommt oder so ähnlich. Das Geld wäre mein Anteil. Oder ich hätte für jemanden vor Gericht falsch ausgesagt.« Er lachte auf. Jonathan musste fast anschreien gegen den Lärm, doch um sie herum hörte bestimmt keiner zu, und falls doch, würde er nichts verstehen. Hinter der Theke hatten drei Männer alle Hände voll damit zu tun, Pernod und Rotwein auszuschenken und Bier zu zapfen.

»Das leuchtet mir ein.« Tom warf einen Blick auf das lärmende Treiben ringsum. Der Anruf vom Vormittag machte ihm immer noch Sorgen, auch wenn es bis jetzt der einzige geblieben war. Als er um sechs Uhr losfuhr, hatte er vor Belle Ombre und in Villeperce nach fremden Gestalten Ausschau gehalten. Merkwürdig, wie man im Dorf schließlich jeden an der Gestalt erkannte, selbst aus der Entfernung; ein Fremder würde sofort auffallen. Für einen Moment hatte Tom tatsächlich Angst gehabt, als er den Motor des Renault anließ. Dynamit mit der Zündung zu verbinden war ein beliebter Mafiatrick. »Wir müssen uns etwas einfallen lassen«, sagte er laut und nachdrücklich.

Jonathan nickte und stürzte sein Bier hinunter. »Komisch, sie hat mir fast alles zugetraut, nur keinen Mord.«

Tom stellte einen Fuß auf die Thekenstange und versuchte, in dem Lärm klar zu denken. Sein Blick fiel auf Jonathans alte Cordjacke, die an einer Tasche eingerissen war. Jemand hatte die Stelle sorgfältig ausgebessert, sicher Simone. In einem Anfall von Verzweiflung sagte er: »Und was spricht dagegen, ihr die Wahrheit zu sagen? Schließlich sind diese Mafiosi, diese *morpions,* doch –«

Jonathan schüttelte den Kopf. »Daran hab ich auch schon gedacht. Simone ist Katholikin. So etwas …« Für Simone bedeutete es schon ein Zugeständnis, regelmäßig die Pille zu nehmen. Wie Jonathan es sah, zogen sich Katholiken nur langsam von Positionen zurück, um den Eindruck einer heillosen Flucht zu vermeiden, gaben allerdings hier und dort nach. Georges wurde katholisch erzogen, was in Frankreich unvermeidlich war, doch versuchte Jonathan seinem Sohn die Augen dafür zu öffnen, dass es auch noch andere Religionen auf der Welt gab, und ihm begreiflich zu machen, dass er sich in ein paar Jahren frei würde entscheiden können. Simone hatte ihn bei diesen Bemühungen bislang gewähren lassen. »Sie sieht das ganz anders«, rief er. Allmählich gewöhnte er sich an den Lärm, der ihm als Schutzwall nicht einmal mehr unangenehm war. »Es wäre wirklich ein Schock für sie. Wissen Sie, so etwas würde sie mir niemals verzeihen. Menschliches Leben und so weiter.«

»Menschlich? Ha, ha!«

»Die Sache ist die«, fuhr Jonathan fort, nun wieder ernst. »Mir kommt's fast so vor, als würde meine ganze Ehe daran hängen. Auf dem Spiel stehen, meine ich.« Er sah Tom an, der ihm zu folgen versuchte. »Ein verdammt schlechter Ort für ein ernstes Gespräch«, sagte Tom. Entschlossen begann Jonathan noch einmal: »Zwischen uns ist es nicht mehr wie früher, gelinde gesagt. Und ich weiß nicht, wie es wieder besser werden soll. Ich hatte einfach gehofft, Sie hätten vielleicht eine Idee, was ich tun oder sagen könnte. Andererseits, warum sollten Sie? Ist schließlich mein Problem.«

Vielleicht suchten sie sich besser eine ruhigere Bar, dachte Tom, oder sie setzten sich in seinen Wagen. Aber würde er an einem ruhigeren Ort besser denken können? »Ich will versuchen, mir was einfallen zu lassen!«, schrie er. Wieso nahmen nur alle anderen, selbst Jonathan, immerzu an, ihm werde schon etwas für sie einfallen? Dabei fiel es ihm schwer genug, einen Kurs für sich selbst abzustecken. Nicht selten brauchte er Einfälle für sein eigenes Wohlergehen, Eingebungen, die ihm manchmal unter der Dusche oder bei der Gartenarbeit kamen, jene Geschenke der Götter, die erst eintrafen, wenn er besorgt über dem Problem gegrübelt hatte. Ein Einzelner war geistig gar nicht in der Lage, die Probleme eines anderen anzugehen und für sie ebenso gute Lösungen zu finden. Dann dachte er daran, dass sein eigenes Wohlergehen ja mit Jonathans Schicksal eng verbunden war: Wenn also Jonathan nicht dichthielt … Aber Tom konnte sich nicht vorstellen, dass Jonathan irgendwem erzählen würde, Tom sei als sein Helfer mit ihm im Zug gewesen. Jonathan würde das wohl nie zu sagen brauchen und es auch aus Prinzip nicht tun. Wie kam man auf einmal zu rund zweiundneunzigtausend Dollar? Das war das Problem. Das war die Frage, die Simone Jonathan stellte.

»Wir müssten noch etwas draufsatteln«, sagte Tom schließlich.

»Was meinen Sie?«

»Der Summe, die Ihnen die Ärzte ursprünglich gezahlt hätten, noch etwas hinzufügen ... Wie wär's mit einer Wette: Ein Arzt hat mit einem Kollegen in Deutschland gewettet, und beide haben das Geld bei Ihnen deponiert, als eine Art Treuhandfonds ... Ich meine, das Geld ist Ihnen nur anvertraut. Damit wären dann, sagen wir, fünfzigtausend Dollar erklärt, mehr als die Hälfte. Oder rechnen Sie in Franc? Hmmm ... das dürften mehr als zweihundertfünfzigtausend Franc sein.«

Jonathan lächelte. Die Idee war amüsant, wenn auch eher abwegig. »Noch ein Bier?«

»Klar.« Tom zündete sich eine Gauloise an. »Also gut. Sie könnten Simone sagen, die Wette sei Ihnen zu zynisch oder grausam oder sonst was vorgekommen, deshalb hätten Sie ihr nichts davon erzählen wollen. Und die Ärzte haben eine Wette auf ihr Leben laufen. Der eine wettet, Sie bleiben am Leben – zum Beispiel für die normale Lebensdauer. Dann hätten Sie und Simone etwas mehr als zweihunderttausend Franc eigenes Geld übrig. Ich hoffe übrigens, Sie haben sich davon schon das eine oder andere gegönnt?«

Ein hektischer Barkeeper stellte Tom eilig ein neues Glas

und eine Flasche hin. Jonathan trank schon sein zweites Bier.

»Wir haben uns ein Sofa gekauft. Das brauchten wir dringend«, sagte Jonathan. »Einen Fernseher könnten wir uns auch noch leisten. Ihre Idee ist immerhin besser als nichts. Danke.«

Ein untersetzter Mann um die sechzig begrüßte Jonathan mit einem kurzen Händedruck und ging weiter nach hinten, ohne Tom anzusehen. Der beobachtete zwei blonde Mädchen, die an einem Tisch saßen; davor standen junge Männer in ausgestellten Jeans und redeten auf sie ein. Ein fetter, alter, dünnbeiniger Hund an der Leine sah traurig zu Tom auf, während er auf sein Herrchen wartete, der einen *petit rouge* trank.

»Haben Sie in letzter Zeit von Reeves gehört?«, fragte Tom.

»In letzter Zeit? Nein, seit etwa vier Wochen nicht.«

Dann wusste Jonathan also nichts von der Bombe in Reeves' Wohnung. Tom sah keinen Grund, ihm davon zu erzählen. Es würde ihn nur verunsichern.

»Und Sie? Geht es ihm gut?«

»Keine Ahnung«, sagte Tom beiläufig, als wären Briefe oder Anrufe von Reeves eine seltene Ausnahme. Auf einmal war ihm unbehaglich, er fühlte sich beobachtet. »Gehen wir, ja?« Er winkte dem Barmann und gab ihm zwei Zehnfrancscheine, obwohl Jonathan seine Brieftasche schon gezückt hatte. »Mein Wagen steht gleich draußen rechts.«

Auf dem Gehweg begann Jonathan verlegen: »Und Sie, bei Ihnen alles in Ordnung? Keine Ängste, keine Sorgen?«

Sie standen neben Toms Wagen. »Einer wie ich macht

sich immer Sorgen. Hätten Sie nie gedacht, oder? Ich male mir das Schlimmste aus, bevor es passiert. Nicht ganz dasselbe wie ein Pessimist.« Tom lächelte. »Wollen Sie nach Hause? Ich kann Sie mitnehmen.«

Jonathan stieg ein.

Kaum hatte Tom die Wagentür hinter sich geschlossen, überkam ihn ein Gefühl angenehmer Abgeschiedenheit, so als säßen sie in einem Zimmer seines Hauses. Doch wie lange war sein Haus noch sicher? Das unangenehme Bild der allgegenwärtigen Mafia tauchte vor ihm auf, schwarze Kakerlaken, die von überall herkamen und überall hinflitzten. Falls er flüchtete, falls er Héloïse und Madame Annette vorher aus dem Haus schickte oder mitnahm, würde die Mafia Belle Ombre womöglich in Brand stecken. Er stellte sich das Cembalo vor, brennend oder von einer Bombe in Stücke gerissen, und musste sich eingestehen, dass er sein Zuhause so liebte, wie das sonst nur Frauen taten.

»Sollte dieser Leibwächter, der zweite der beiden, mein Gesicht wiedererkennen, bin ich in größerer Gefahr als Sie. Die Zeitungen haben damals ein paar Fotos von mir gebracht, das ist das Problem.«

Jonathan wusste das. »Tut mir leid, dass ich Sie um dieses Treffen gebeten habe. Es ist nur, ich mache mir schreckliche Sorgen wegen meiner Frau. Weil nämlich – wie wir beide uns vertragen, ist mir das Wichtigste im Leben. Sehen Sie, zum ersten Mal überhaupt habe ich versucht, sie in einer Sache zu täuschen. Und dabei gründlich versagt. Das macht mich ganz fertig. Aber Sie … Sie waren mir schon eine Hilfe. Vielen Dank.«

»Keine Ursache. Für diesmal geht das in Ordnung«,

sagte Tom freundlich. Er meinte das Treffen an diesem Abend. »Doch dabei fällt mir ein …« Er öffnete das Handschuhfach und holte die italienische Pistole hervor. »Ich glaube, Sie sollten die hier griffbereit haben. Zum Beispiel in Ihrem Laden.«

»Meinen Sie wirklich? Ehrlich gesagt, fürchte ich, bei einer Schießerei wäre ich völlig nutzlos.«

»Die Waffe ist besser als nichts. Wenn jemand den Laden betritt, der Ihnen komisch vorkommt … Haben Sie nicht eine Kommode gleich hinter dem Tresen?«

Jonathan lief ein Schauer über den Rücken, hatte er doch ein paar Nächte zuvor genau das geträumt: dass ein Mafia-Killer in seinen Laden kam und ihm aus nächster Nähe ins Gesicht schoss. »Aber warum glauben Sie, ich könnte sie brauchen? Sie sagen das nicht ohne Grund, oder?«

Warum nicht Jonathan alles erzählen, schoss es Tom durch den Kopf. Vielleicht würde ihn das zu mehr Vorsicht mahnen. Doch Vorsicht würde ihm nicht viel nützen, und Jonathan wäre sicherer, wenn er mit Frau und Kind für eine Weile verreiste. »Ja, ich hatte heute einen Anruf, eine ärgerliche Sache. Ein Mann, er klang wie ein Franzose, doch das will nichts heißen. Er hat nach jemandem mit einem französischen Namen gefragt. Vielleicht bedeutet das gar nichts, und doch, sicher kann ich nicht sein. Wenn ich den Mund aufmache, klinge ich nämlich sofort wie ein Amerikaner, und es kann sein, dass er überprüfen wollte, ob –« Tom verstummte. Dann fuhr er fort: »Um Sie ganz ins Bild zu setzen: Jemand hat eine Bombe in Reeves Minots Hamburger Wohnung geworfen. Mitte April ungefähr, glaube ich.«

»In seine Wohnung – großer Gott! Wurde er verletzt?«

»Zu der Zeit war niemand dort. Aber Reeves hat sich in aller Eile nach Amsterdam abgesetzt. Soweit ich weiß, ist er immer noch dort, und zwar unter falschem Namen.«

Jonathan stellte sich vor, wie sie Minots Apartment durchsuchten, wie sie seinen Namen, vielleicht auch Tom Ripleys, samt der Adresse fanden. »Wie viel weiß der Feind denn jetzt?«

»Na ja, Reeves sagt, er hätte alle wichtigen Unterlagen in Sicherheit gebracht. Fritz haben sie erwischt – Sie kennen Fritz, oder? – und ihn ganz schön zugerichtet, aber er hat sich heldenhaft gehalten, sagt Reeves. Fritz hat denen eine grundfalsche Beschreibung von dem Mann gegeben, den Reeves, oder wer auch immer, gedungen hat – von Ihnen also.« Tom seufzte. »Ich nehme an, sie verdächtigen Reeves und ein paar Jungs von den Spielclubs. Sonst niemand.« Er warf einen kurzen Blick auf Jonathan, der ihn aus weit aufgerissenen Augen anstarrte, weniger verängstigt als vielmehr auf einmal hellwach.

»Herrgott!«, flüsterte Jonathan. »Denken Sie, die haben jetzt meine Adresse – oder auch Ihre?«

»Nein.« Tom lächelte. »Sonst wären sie schon hier gewesen, glauben Sie mir.« Tom wollte nach Hause. Er ließ den Motor an und fädelte sich in den Verkehr auf der Rue Grande ein.

»Aber nehmen wir an, der Anrufer von heute war einer von ihnen – wie ist er an Ihre Nummer gekommen?«

»Tja, dabei sind wir auf bloße Vermutungen angewiesen«, sagte Tom. Endlich war die Straße vor ihm frei. Er lächelte immer noch. Ja, das Spiel war gefährlich, und diesmal sprang nichts für ihn heraus, nicht ein Penny; er würde nicht einmal den Schaden begrenzen können, wie ihm das in dem Fast-Fiasko der Affäre Derwatt gelungen war. »Vielleicht weil Reeves dumm genug war, mich aus Amsterdam anzurufen. Ich überlege, ob die Jungs von der Mafia seine Spur nach Amsterdam verfolgt haben könnten, denn er lässt sich zum Beispiel von der Haushälterin seine Sachen nachschicken. – So schnell ist das ziemlich dumm von ihm«, flocht Tom beiläufig ein. »Sehen Sie, ich frage mich, ob die Italiener, selbst wenn Reeves aus dem Amsterdamer Hotel entkommen konnte, nicht seine ausgehenden Anrufe überprüft haben. Dann könnten sie nämlich meine Nummer finden. Übrigens: Sie hat er aus Amsterdam hoffentlich nicht angerufen, oder? Da sind Sie sicher?«

»Der letzte Anruf kam aus Hamburg, das weiß ich.« Jonathan hörte noch die fröhliche Stimme, als Reeves ihm sagte, sein gesamtes Geld werde nun sofort auf das Schweizer Bankkonto überwiesen. Die schwere Pistole in seiner Jackentasche machte ihm Sorgen. »Tut mir leid, aber ich sollte lieber erst im Laden die Kanone loswerden. Setzen Sie mich doch hier irgendwo ab.«

Tom fuhr rechts heran und hielt. »Kopf hoch. Sollte Sie irgendwas ernsthaft beunruhigen, dann rufen Sie ruhig an. Das meine ich ernst.«

Jonathan rang sich ein Lächeln ab. Er hatte Angst. »Und umgekehrt … wenn ich helfen kann.«

Tom fuhr weiter.

Jonathan ging zum Laden; die Hand in der Tasche hielt die schwere Pistole. Er legte sie in die Kassenschublade unter der dicken Tresenplatte. Ripley hatte recht, die Waffe war besser als nichts. Und er hatte noch einen Trumpf: Er machte sich nicht viel aus seinem Leben. Anders wäre es, wenn Ripley erschossen oder sonst wie umgebracht würde, bei bester Gesundheit sein Leben verlöre, und das wirklich für nichts und wieder nichts.

Sollte ein Mann im Laden erscheinen, um ihn zu erschießen, und er zufällig schneller sein, dann wäre das Spiel sowieso aus. Das brauchte Ripley ihm nicht zu sagen. Der Schuss würde Passanten alarmieren, dann die Polizei; die würde den Toten identifizieren und sich fragen, warum ein Mitglied der Mafia Jonathan Trevanny erschießen sollte. Dann käme als Nächstes die Zugfahrt ans Licht, denn die Polizei würde wissen wollen, wo er in den letzten Wochen gewesen sei, und seinen Pass sehen wollen. Er wäre erledigt.

Jonathan schloss ab und ging weiter zur Rue Saint-Merry. Er dachte an Minots ausgebombte Wohnung, an all die Bücher, Platten und Bilder. Und an Fritz, der ihn zu einem Mafiamann namens Salvatore Bianca geführt hatte, zusammengeschlagen worden war und ihn doch nicht verraten hatte.

Fast halb acht, Simone war in der Küche. *»Bonsoir!«*, sagte Jonathan mit einem Lächeln.

»Bonsoir«, erwiderte Simone. Sie drehte das Gas kleiner, richtete sich auf und nahm die Schürze ab. »Und was hattest du vorhin mit Monsieur Ripley zu besprechen?«

Jonathan brannten die Wangen. Wann hatte Simone sie gesehen? Als er aus Toms Auto stieg? »Er kam wegen ein paar Rahmen vorbei«, sagte Jonathan. »Also haben wir ein Bier getrunken. Ich wollte sowieso bald schließen.«

»Ach ja?« Sie musterte ihn ungerührt. »Soso.«

Er hängte seine Jacke im Flur auf. Georges kam die Treppe herunter, ihn zu begrüßen, und erzählte von seinem neuen Luftkissenboot – er setzte gerade ein Modell zusammen, das Jonathan ihm gekauft hatte und das ein bisschen zu schwer für ihn war. Jonathan hob ihn sich schwungvoll auf die Schultern. »Nach dem Essen schauen wir's uns mal an, ja?«

Die Stimmung blieb schlecht. Zum Essen gab es eine köstliche Gemüsecremesuppe, püriert in dem Mixer, den Jonathan gerade erst für sechshundert Franc gekauft hatte: Das Gerät konnte Früchte entsaften und fast alles zermahlen, sogar Hühnerknochen. Jonathan hatte vergeblich versucht, eine Unterhaltung in Gang zu bringen. Simone konnte jedes Gespräch im Keim ersticken. Dabei war es durchaus möglich, dachte Jonathan, dass Tom Ripley von ihm ein paar Bilder gerahmt haben wollte. Schließlich hatte Tom erzählt, er male ein bisschen. Jonathan sagte:

»Ripley möchte ein paar Sachen gerahmt haben. Vielleicht muss ich ihn mal besuchen und sie mir anschauen.«

»Aha.« Derselbe Ton. Dann ein paar freundliche Worte zu Georges.

Jonathan konnte Simone nicht leiden, wenn sie so war, und hasste sich dafür. Eigentlich hatte er ihr an diesem Abend die Erklärung für das viele Geld auf dem Schweizer Konto liefern wollen, die Erklärung mit der Wette. Doch er brachte es einfach nicht fertig.

17

Nachdem er Jonathan abgesetzt hatte, hielt Tom spontan an einer Bar und rief zu Hause an. Er wollte wissen, ob alles in Ordnung und Héloïse schon zurück sei. Zu seiner großen Erleichterung hob sie selbst ab.

»*Oui, chéri.* Bin gerade erst nach Haus gekommen. Wo bist du? Nein, Noëlle und ich hatten nur einen Aperitif.«

»Héloïse, mein Liebling, lass uns heute Abend etwas unternehmen. Vielleicht haben ja die Grais oder die Berthelins Zeit ... Ich weiß, es ist zu spät, jemanden zum Abendessen zu bitten, aber für danach? Die Cleggs vielleicht? ... Ja, mir ist nach Gesellschaft.« Er sagte noch, er sei in einer Viertelstunde zu Hause.

Tom fuhr schnell, aber umsichtig. Wenn er an den Abend dachte, wurde ihm mulmig. Ob Madame Annette in seiner Abwesenheit irgendwelche Anrufe entgegengenommen hatte?

Héloïse oder Madame Annette hatte an der Vorderfront von Belle Ombre das Licht eingeschaltet, obwohl es noch hell war. Ein großer Citroën rollte langsam vorbei, kurz bevor Tom in die Einfahrt einbog. Er sah ihm nach: ein dunkelblauer Wagen, der über das unebene Pflaster holperte – das Nummernschild endete auf 75, ein Pariser Kennzeichen. Ein Fahrer und mindestens ein Beifahrer.

Ob sie Belle Ombre beobachteten? Wahrscheinlich war er überängstlich.

»Hallo, *Tomme*! *Les* Clegg könnten auf einen Drink vorbeischauen, *les* Grais könnten zum Essen kommen, weil Antoine heute nicht in Paris war. Wie findest du das?« Héloïse küsste ihn auf die Wange. »Wo warst du? Sieh mal, der Koffer hier! Ich weiß, allzu groß ist er nicht, aber …«

Tom betrachtete den purpurroten Koffer mit dem umlaufenden Riemen aus hellrotem Leinen. Schnallen und Schloss waren aus Messing; das Leder sah aus wie Glacé und war es womöglich auch.

»Ja, er ist wirklich schön.« Das war er wirklich, so wie ihr Cembalo oder seine *commode de bateau* oben.

»Und innen, schau mal.« Héloïse öffnete den Koffer. *»Really str-rong«*, sagte sie.

Tom beugte sich vor und küsste sie aufs Haar. *»Chérie*, er ist wunderschön. Wir können beides feiern, den Koffer und das Cembalo. Die Cleggs und die Grais haben das Cembalo noch gar nicht gesehen, oder? Nein … Wie geht es Noëlle?«

»Tomme, dich bedrückt doch etwas«, sagte Héloïse leise, damit Madame Annette sie nicht hörte.

»Nein. Mir ist nur nach Gesellschaft. Der Tag war sehr ruhig. Es war heute so still hier. Ah, Madame Annette! *Bonsoir*. Wir bekommen Gäste. Zwei, zum Abendessen. Schaffen Sie das?«

Annette schob gerade den Barwagen herein. *»Mais oui, Monsieur Tomme*. Es wird dann wohl *à la fortune du pot*, aber ich werd's mit einem Ragout probieren. Mein Rezept aus der Normandie, Sie wissen schon …«

Sie zählte die Zutaten auf, Tom hörte nicht zu. Rindfleisch, Kalbfleisch, Nierchen hatte sie im Haus, weil sie eben noch schnell beim Fleischer gewesen war. Tom musste warten, bis sie fertig war, dann sagte er: »Ach übrigens, Madame Annette: irgendwelche Anrufe, seit ich um sechs gefahren bin?«

»Nein, Monsieur.« Geschickt entkorkte sie eine kleine Flasche Champagner.

»Gar keine? Nicht einmal ›falsch verbunden‹?«

»Non, Monsieur Tomme.« Vorsichtig goss Madame Annette Champagner in Héloïses Sektschale.

Héloïse beobachtete ihn. Dennoch beschloss er, nicht lockerzulassen und Madame Annette weiterzubefragen. Oder doch lieber in der Küche? Ja, das war leichter.

»Ich hole mir mal ein Bier.« Er stand auf. Madame Annette hatte es Tom überlassen, sich seinen Drink selber zu machen; das war ihm oft lieber so.

In der Küche steckte Annette schon mitten in den Vorbereitungen für das Abendessen. Die Gemüse waren geputzt, gewaschen und geschnitten, und auf dem Herd köchelte etwas im Topf vor sich hin. »Madame«, begann Tom, »das ist sehr wichtig, jedenfalls heute: Sind Sie ganz sicher, dass niemand angerufen hat? Auch nicht irrtümlich – hat sich vielleicht jemand verwählt?«

Zu Toms Bestürzung erinnerte sie sich auf einmal: »*Ah oui*, gegen halb sieben hat das Telefon geklingelt. Ein Mann wollte mit Soundso sprechen, den Namen hab ich vergessen, *Monsieur Tomme*. Dann hat er aufgelegt. Verwählt, Monsieur.«

»Was haben Sie gesagt?«

»Dass der, den er sprechen will, hier nicht wohnt.«

»Haben Sie meinen Namen erwähnt?«

»O nein, *Monsieur Tomme*. Nur, dass er sich verwählt haben muss. Ich dachte, das wäre das Richtige.«

Tom strahlte sie an. Genau das Richtige. Tom hatte sich Vorwürfe gemacht, weil er um sechs Uhr losgefahren war, ohne Madame Annette einzuschärfen, unter keinen Umständen seinen Namen am Telefon zu nennen. Und sie hatte von selbst alles richtig gemacht. »Sehr gut. Das ist immer das Beste«, sagte er voller Bewunderung. »Deshalb stehe ich nämlich nicht im Telefonbuch: Weil ich meine Ruhe haben will, *n'est-ce pas*?«

»Bien sûr«, sagte Madame Annette, als sei das die selbstverständlichste Sache der Welt.

Tom kehrte ins Wohnzimmer zurück, das Bier hatte er ganz vergessen. Er schenkte sich einen Scotch ein. Wirklich beruhigt war er allerdings nicht. War nämlich der Anrufer ein Mafioso gewesen, der nach ihm suchte, könnte er nun erst recht misstrauisch werden, da hier im Haus zwei Personen den Namen des Besitzers nicht nennen wollten. Tom fragte sich, ob sie nun in Mailand, Amsterdam oder auch Hamburg gerade genauer nachhakten: Wohnte dieser Tom Ripley nicht in Villeperce? Könnte die 424 nicht die Vorwahl von Villeperce sein? Tatsächlich. In Fontainebleau begannen die Telefonnummern mit 422; die 424 galt für ein Gebiet südlich der Stadt einschließlich Villeperce.

»*Tomme,* was hast du?«, fragte Héloïse.

»Nichts, mein Schatz. Was ist eigentlich mit deinen Kreuzfahrtplänen? Hast du etwas Nettes gefunden?«

»O ja! Nichts Luxuriöses, kein *casse-pied,* schön schlicht, mehr nicht. Eine Kreuzfahrt im Mittelmeer von Venedig bis zur türkischen Küste. Fünfzehn Tage und kein Garderobenzwang. Wie klingt das, *Tomme*? Im Mai und Juni fährt das Schiff zum Beispiel alle drei Wochen.«

»Zurzeit ist mir nicht danach. Frag Noëlle, ob sie mitkommen will. Würde dir guttun.«

Tom ging hinauf in sein Zimmer und öffnete die unterste Schublade der großen Kommode. Obenauf lag Héloïses grüne Jacke aus Salzburg, ganz unten und weit hinten eine Luger, die Tom erst vor drei Monaten ausgerechnet von Reeves bekommen hatte, jedoch nicht direkt von ihm, sondern von einem Mann, den Tom in Paris treffen musste, um eine Lieferung zu übernehmen, die er dann einen Monat zu verwahren hatte, bevor er sie weiterschickte. Daraufhin hatte Tom als Gefälligkeit, oder besser als Entgelt, um eine Luger gebeten und sie auch erhalten, Kaliber 7,65 mm, dazu zwei Schachteln Munition. Tom vergewisserte sich, dass die Pistole geladen war, ging dann zum Schrank und prüfte sein Jagdgewehr, ein französisches Fabrikat: Auch das Gewehr war geladen und gesichert. Sollte es heute Abend oder morgen irgendwann Ärger geben, würde er wohl eher die Luger brauchen. Er hielt durch die beiden Fenster seines Zimmers, die nach verschiedenen Richtungen gingen, Ausschau nach Autos, die langsam mit Abblendlicht vorbeifuhren, sah aber nichts. Es war schon dunkel geworden.

Von links näherte sich zügig ein Wagen: die lieben, harmlosen Cleggs. Geschickt bogen sie durch das Tor in die Einfahrt von Belle Ombre. Tom ging hinunter, um sie zu begrüßen.

Howard Clegg, um die fünfzig, und seine Frau Rosemary, beide Engländer, blieben auf zwei Drinks, später kamen die Grais hinzu. Clegg, ein Rechtsanwalt im Ruhestand, hatte seinen Beruf wegen eines Herzfehlers aufgegeben; dennoch war er der Gesprächigste der kleinen Runde. Mit seinem grauen, korrekt geschnittenen Haar und dem abgetragenen Tweedjackett hatte er die ländliche Noblesse, die Tom jetzt brauchte. Clegg stand mit dem Rücken vor den zugezogenen Vorhängen des Fensters zur Straße, einen Scotch in der Hand, und erzählte eine lustige Geschichte. Was sollte heute Abend schon passieren, das diese ländliche Bonhommie zerstören könnte? Tom hatte in seinem Zimmer das Licht angelassen, auch die Nachttischlampe in Héloïses Zimmer brannte. Die beiden Autos der Gäste waren achtlos auf dem Kies geparkt. Alles sollte nach einer Party im Haus aussehen, die größer wirkte, als sie war. Nicht dass er damit die Mafiamänner hindern konnte, eine Bombe zu werfen, wenn sie das wollten. Deshalb brachte er womöglich seine Freunde mit in Gefahr. Aber sein Gefühl sagte ihm, dass die Mafia ihn lieber still und leise beseitigen würde: ihn allein erwischen und dann blitzschnell angreifen, vielleicht sogar ohne Pistolen, und ihn nur mit Füßen und Fäusten töten. Sie könnten hier in Villeperce auf der Straße zuschlagen und wieder weg sein, bevor die Dorfbewohner wussten, was los war.

Rosemary Clegg, eine schlanke, reife Schönheit, versprach Héloïse gerade eine Pflanze, die sie und ihr Mann kürzlich aus England mitgebracht hatten.

»Wollen Sie diesen Sommer irgendwo Feuer legen?«, fragte Antoine Grais.

»Das ist eigentlich nicht mein Ding.« Tom lächelte.

»Kommen Sie, ich zeige Ihnen das zukünftige Gewächshaus.«

Er öffnete die Flügeltür und ging mit Antoine die kleine Treppe hinab auf den Rasen. Tom hatte eine Taschenlampe dabei. Die Arbeiter hatten das Fundament mit Zement ausgegossen, daneben die Stangen des Stahlrahmens gestapelt, was dem Rasen nicht guttat, und waren seit einer Woche nicht mehr erschienen. Einer aus dem Dorf hatte Tom vor diesem Trupp gewarnt – die Männer hatten diesen Sommer so viel zu tun, dass sie von einer Baustelle zur anderen hetzten, um es allen Auftraggebern recht zu machen oder zumindest die meisten bei der Stange zu halten.

»Ich denke, das wird schon werden«, sagte Antoine schließlich.

Tom hatte sich von Antoine beraten lassen, welches Gewächshaus das beste sei, und ihn dafür bezahlt. Antoine hatte ihm auch die Baustoffe billig beschaffen können, billiger zumindest, als sie der Maurer berechnet hätte. Tom musste immer wieder zu dem Weg hinüberblicken, der durch den Wald hinter Antoine führte und ganz im Dunkeln lag. Autoscheinwerfer waren jedenfalls nicht zu sehen.

Als die vier nach dem Essen gegen elf bei Kaffee und Bénédictine saßen, entschloss er sich trotzdem, Héloïse und Madame Annette morgen aus dem Haus zu schaffen. Bei Héloïse dürfte das nicht schwer sein; er würde sie überreden, ein paar Tage zu Noëlle zu gehen (sie und ihr Mann hatten eine sehr große Wohnung in Neuilly) oder ihre Eltern zu besuchen. Madame Annette hatte eine Schwester in Lyon, die zum Glück Telefon besaß, also ließ sich da schnell etwas arrangieren. Und die Erklärung? Die Vorstellung, einen absonderlichen Vorwand zu erfinden, etwa: »Ich muss ein paar Tage allein sein«, war ihm zuwider, doch wenn er offen sagte, dass sie in Gefahr schwebten, würden die beiden Frauen Angst bekommen. Und sie würden die Polizei holen wollen.

Noch am selben Abend, als sie gerade zu Bett gingen, sprach Tom mit Héloïse. »Liebes«, begann er auf Englisch, »ich fürchte, dass etwas Schreckliches passieren wird, und da will ich dich nicht im Haus haben. Nur zu deiner eigenen Sicherheit. Ich möchte auch, dass Madame Annette morgen für ein paar Tage verschwindet – du kannst mir hoffentlich helfen, mein Schatz, sie zu einem Besuch bei ihrer Schwester zu überreden.«

Héloïse, in blassblaue Kissen gelehnt, runzelte die Stirn und stellte das Joghurtschälchen ab. »Was soll denn so Schreckliches geschehen? Sag es mir, *Tomme*!«

»Nein.« Tom schüttelte den Kopf, dann lachte er. »Vielleicht bin ich nur überängstlich. Vielleicht passiert gar nichts. Aber es kann doch nicht schaden, auf Nummer sicher zu gehen, oder?«

»Red nicht drum herum, *Tomme*. Was ist los? Es ist Reeves, hab ich recht?«

»Na gut, ja.« Immer noch besser, viel besser, als die Mafia zu erwähnen.

»Wo ist er jetzt?«

»In Amsterdam, glaube ich.«

»Lebt er nicht in Deutschland?«

»Doch, aber er hat dort zu tun.«

»Wer hängt da noch mit drin? Warum hast du Angst? *Tomme*, was hast du getan?«

»Aber *chérie,* gar nichts!« In solchen Fällen seine übliche Antwort. Er schämte sich nicht einmal dafür.

»Dann willst du also Reeves schützen?«

»Er hat mir ab und zu einen Gefallen getan. Jetzt aber will ich dich schützen, uns und Belle Ombre. Nicht Reeves. Also lass es mich versuchen, *chérie*!«

»Belle Ombre?«

Tom lächelte und sagte ruhig: »Ich will keinen Aufruhr im Haus. Ich will nicht, dass etwas in die Brüche geht, und sei es nur eine Fensterscheibe. Du musst mir vertrauen, ich versuche nur, jede Gewalt oder Gefahr zu vermeiden.«

Héloïse blinzelte ein paarmal und erwiderte dann leicht verärgert: »Na gut, *Tomme.*«

Sie würde keine Fragen mehr stellen, es sei denn, die Polizei ermittelte gegen ihn oder er müsste eine herumliegende Mafialeiche erklären. Kurz darauf lächelten beide wieder, und in der Nacht schlief Tom in ihrem Bett. Jonathan dürfte es viel schwerer haben, dachte Tom, auch wenn Simone gar nicht schwierig, neurotisch oder aufdringlich neugierig wirkte. Jonathan lag es jedoch nicht, außergewöhnliche Dinge zu tun; selbst harmlose Notlügen fielen ihm schwer. Wenn seine Frau ihm nun misstraute, musste das für Jonathan so niederschmetternd sein, wie er gesagt hatte. Und dass Simone an ein Verbrechen dachte, an etwas Schändliches, dessen Jonathan sich schämte und das er nicht zugeben konnte, war bei dem vielen Geld nur natürlich.

Am Morgen sprachen Tom und Héloïse gemeinsam mit Madame Annette. Héloïse hatte ihren Tee oben getrunken, Tom saß mit seinem zweiten Kaffee im Wohnzimmer.

»*Monsieur Tomme* sagt, er will ein paar Tage allein sein. Er will Zeit zum Nachdenken haben und zum Malen«, begann Héloïse.

Sie hatten beschlossen, das sei letzten Endes die beste Ausrede. »Und Ihnen würde ein bisschen Urlaub auch nicht schaden, Madame Annette. Kleine Ferien sozusagen, vor den großen im August«, fügte Tom hinzu, obwohl die Frau robust und putzmunter wie immer wirkte und in Hochform schien.

»Aber natürlich, *Madame et M'sieur,* wenn Sie das wünschen. Das wird wohl das große Bild, oder?« Sie lächelte. Ihre blauen Augen strahlten nicht gerade, doch sie war einverstanden. Und sie erklärte sich sofort bereit, ihre Schwester Marie-Odile in Lyon anzurufen.

Um halb zehn kam die Post, darunter ein weißer Brief mit einer Schweizer Marke, die Adresse in Druckschrift, ohne Absender, vermutlich von Reeves. Tom wollte ihn schon im Wohnzimmer öffnen, doch dort sprach Héloïse gerade mit Madame Annette darüber, sie nach Paris zum Zug zu bringen, also ging er auf sein Zimmer. Der Brief lautete:

11. Mai

Lieber Tom,

ich bin in Ascona. Musste mein Hotel und Amsterdam verlassen, es war sehr knapp, konnte aber immerhin meine Sachen noch einlagern. Herrgott, können sie mich nicht in Ruhe lassen? Hier bin ich nun in dieser schönen Stadt und wohne als Ralph Platt in einem Gasthaus auf dem Berg, das Die drei Bären heißt –

urig, nicht? Jedenfalls weit abgelegen, eher eine Familienpension. Mit den besten Wünschen für Sie und Héloïse,

Ihr R.

Tom zerknüllte den Brief, zerriss ihn dann aber und warf die Schnipsel in den Papierkorb. Es war genauso schlimm, wie er gedacht hatte: Die Mafia war Reeves nach Amsterdam gefolgt und hatte alle Telefonnummern überprüft, die Reeves angerufen hatte. Damit kannte sie sicher auch seine Nummer. Tom fragte sich, was genau dort im Hotel »sehr knapp« gewesen war, und schwor sich, nicht zum ersten Mal, nie wieder etwas mit Reeves Minot zu tun zu haben. In diesem Fall hatte er dem Mann nur eine Idee geliefert, sonst nichts. An sich hätte das für ihn ungefährlich sein sollen. Sein Fehler, das wurde Tom klar, hatte darin bestanden, Jonathan Trevanny zu helfen. Was Reeves natürlich nicht wusste, sonst wäre er nicht so dumm gewesen, ihn in Belle Ombre anzurufen.

Auch wenn Jonathan samstags arbeiten musste, wollte er ihn bis heute Abend hier im Haus haben, besser schon am Nachmittag. Falls etwas passierte, würden zwei Leute im Haus, einer vorne und einer hinten, besser mit der Lage fertig als nur einer, der nicht überall zugleich sein konnte. Und an wen sollte er sich sonst wenden? Jonathan war kein großer Kämpfer, doch wenn es hart auf hart ging, würde er sich vielleicht behaupten können, so wie neulich im Zug. Da hatte er sich ganz gut gehalten und ihn ja sogar, wie Tom nicht vergessen hatte, durch die offene Tür zurück in den Zug gerissen. Hätte Jonathan ihn nicht gerettet, wäre er sicher hinausgefallen. Er wollte, dass Jonathan die Nacht über bei ihm blieb, und dazu musste er ihn abholen – einen Bus gab es nicht, und da heute noch einiges passieren könnte, wollte er nicht, dass Jonathan ein Taxi nahm. Der Taxifahrer könnte sich später erinnern, jemanden von Fontainebleau nach Villeperce gefahren zu haben, eine auffällig lange Strecke.

»Du rufst mich heute Abend an, ja, *Tomme*?«, fragte Héloïse. Sie war in ihrem Zimmer und packte einen großen Koffer. Zuerst würde sie zu ihren Eltern fahren.

»Ja, Liebes. Gegen halb acht?« Héloïses Eltern aßen um Punkt acht zu Abend. »Ich werde wahrscheinlich etwas sagen wie ›Alles in Ordnung‹.«

»Ist es nur der heutige Abend, der dir Sorgen macht?«

Nein, aber das wollte Tom ihr nicht sagen. »Ich denke schon.«

Gegen elf Uhr waren Héloïse und Madame Annette reisefertig. Bevor er ihnen mit dem Gepäck half, schaffte es Tom, als Erster in der Garage zu sein, obwohl Madame Annette nach alter französischer Schule meinte, sie müsse das gesamte Gepäck nacheinander zum Auto tragen, weil sie eben die Dienerin war. Dort warf er einen Blick unter die Motorhaube des Alfa: das vertraute Bild, Stahl und Drähte. Er ließ den Motor an. Nichts, keine Explosion. Gestern Abend war er vor dem Essen zur Garage gegangen und hatte die Tür mit einem Vorhängeschloss gesichert, doch der Mafia traute er alles zu. Diese Leute konnten ein Vorhängeschloss knacken und hinterher wieder zuschnappen lassen.

»Wir telefonieren, Madame Annette«, sagte Tom und küsste sie auf die Wange. »Lassen Sie es sich gut gehen!«

»*Au revoir, Tomme!* Ruf mich heute Abend an, ja? Und pass auf dich auf!«, rief Héloïse.

Tom winkte ihnen grinsend hinterher. Offensichtlich war Héloïse nicht besonders beunruhigt. Umso besser.

Dann kehrte er ins Haus zurück und rief Jonathan an.

18

Für Jonathan war es kein guter Morgen gewesen. Simone hatte zu ihm gesagt, durchaus freundlich zwar, weil sie Georges gerade in einen Rollkragenpulli half: »Ich sehe nicht, dass es zwischen uns ewig so weitergeht, Jon. Du etwa?«

Bald mussten sie Georges in den Kindergarten bringen. Es war fast Viertel nach acht.

»Nein, ich auch nicht. Was das Schweizer Geld angeht …« Entschlossen redete Jonathan einfach weiter, doch schnell, damit Georges nicht alles verstand. »Die haben eine Wette abgeschlossen, wenn du es wissen willst. Ich halte für beide die Einsätze. Deshalb –«

»Wer sind ›die‹?« Simone wirkte nicht weniger wütend und verwirrt als zuvor.

»Die Ärzte«, sagte Jonathan. »Sie probieren eine neue Behandlung aus – das heißt, einer von ihnen. Und jemand wettet gegen ihn, ein anderer Arzt. Ich dachte, du würdest das ziemlich makaber finden, deshalb wollte ich dir nichts davon erzählen. Das heißt aber, uns gehören tatsächlich nur ungefähr zweihunderttausend, jetzt noch weniger. Das zahlen die mir aus Hamburg, weil ich ihre Tabletten teste.«

Er sah, dass sie ihm glauben wollte, es aber nicht konnte. »Unsinn!«, rief sie. »So viel Geld, Jon – für eine Wette?«

Georges blickte zu ihr auf.

Jonathan sah seinen Sohn an und fuhr sich mit der Zunge über die Lippen.

»Weißt du, was ich glaube? Ist mir egal, wenn Georges das mitkriegt! Ich glaube, das ist schmutziges Geld. Du verwahrst es, versteckst es, was immer, für Tom Ripley, und der ist auch nicht sauber. Natürlich überlässt er dir ein bisschen was dafür, dass du ihm den Gefallen tust!«

Jonathan merkte, dass er zitterte, und setzte die Schale Milchkaffee auf dem Küchentisch ab. Beide waren aufgestanden. »Könnte Ripley sein Geld in der Schweiz nicht selber bunkern?« Am liebsten wäre er zu ihr gegangen, hätte sie bei den Schultern gepackt und ihr gesagt, sie müsse ihm aber glauben. Doch sie würde ihn nur zurückstoßen. Also richtete er sich zu voller Höhe auf und sagte: »Wenn du mir nicht glaubst, kann ich's auch nicht ändern.« Am letzten Montag, als Jonathan ohnmächtig geworden war, hatte man ihm Blut übertragen. Simone hatte ihn ins Krankenhaus begleitet, danach war er allein zu Dr. Perrier gegangen, den er zuvor hatte anrufen müssen, um einen Termin für die Transfusion zu bekommen. Der Termin bei Dr. Perrier war reine Routine, aber Jonathan hatte Simone gesagt, Perrier habe ihm mehr von den Medikamenten gegeben, die der Hamburger Arzt nach Fontainebleau schickte – dabei hatte Dr. Wentzel gar nichts geschickt, weil die von ihm empfohlenen Tabletten auch in Frankreich zu bekommen waren. Jonathan hatte reichlich davon zu Hause. Er hatte beschlossen, dieser Hamburger Arzt solle »für«, der aus München »gegen« ihn wetten, aber so weit war er bei Simone noch gar nicht gekommen.

»Ich glaube dir einfach nicht«, sagte Simone, sanft und drohend zugleich. »Komm, Georges, wir müssen los.«

Jonathan musste blinzeln, als er den beiden nachsah, wie sie durch den Flur zur Haustür gingen. Georges nahm seinen kleinen Ranzen auf und vergaß, Jonathan auf Wiedersehen zu sagen, so durcheinander war er wohl von dem Streit. Auch Jonathan sagte nichts.

Es war Samstag, also hatte Jonathan im Laden viel zu tun. Ab und zu klingelte das Telefon. Gegen elf Uhr war Tom Ripley am Apparat.

»Wir sollten uns heute noch treffen, es ist wichtig«, sagte Tom. »Können Sie sprechen?«

»Eigentlich nicht.« Ihm gegenüber wartete ein Mann darauf, ihm das Geld für ein gerahmtes Bild zu geben, das verpackt zwischen ihnen auf dem Tresen lag.

»Tut mir leid, Sie am Samstag zu belästigen, aber … Wie schnell könnten Sie zu mir kommen? Können Sie über Nacht bleiben?«

Jonathan verschlug es für einen Moment die Sprache. Den Laden schließen, Simone Bescheid geben. Aber was sollte er sagen? »Ja, natürlich. Das geht.«

»Wie schnell? Ich hole Sie ab. Sagen wir, gegen zwölf? Oder ist das zu früh?«

»Nein, das schaffe ich schon.«

»Ich warte vor dem Laden. Oder im Wagen, auf der Straße. Noch was: Bringen Sie die Pistole mit.« Er hängte auf.

Jonathan kümmerte sich um seine Kunden, und bevor noch der letzte gegangen war, hängte er das FERMÉ-Schild an die Tür. Was war wohl seit gestern mit Tom Ripley geschehen? Samstags arbeitete Simone nicht, allerdings war sie am Vormittag meist unterwegs, weil sie dann einkaufte und andere Besorgungen erledigte, zum Beispiel Kleider in die Reinigung brachte. Er würde ihr einen Zettel schreiben und ihn durch den Briefschlitz in der Haustür einwerfen. Um zwanzig vor zwölf hatte Jonathan die Nachricht geschrieben und machte sich auf den kürzesten Weg die Rue de la Paroisse entlang, wo die Chancen fünfzig zu fünfzig standen, Simone zu begegnen. Aber er traf sie nicht, steckte den Zettel durch den Schlitz mit der Aufschrift LETTRES und eilte zurück zum Laden. Auf dem Papier stand:

Liebes,
bin zum Mittagessen nicht zu Hause und abends auch nicht. Habe den Laden geschlossen. Großer Auftrag in Aussicht, ist weiter weg von hier, werde dorthin gefahren.

J.

Die Nachricht war nicht gerade ausführlich und ganz und gar untypisch für ihn. Aber schlimmer als am Morgen konnte es auch nicht mehr kommen.

Jonathan ging zurück in den Laden, warf sich seinen alten Regenmantel über und steckte die italienische Pistole in die Tasche. Kaum stand er wieder draußen, fuhr der grüne Renault vor. Tom hielt nur ganz kurz, öffnete die Tür, und Jonathan stieg ein.

»Hallo«, sagte Tom. »Wie geht's?«

»Zu Hause?« Jonathan sah sich nach Simone um, die irgendwo hier aufkreuzen konnte. »Leider nicht so gut.«

Was Tom nicht überraschte. »Aber Ihnen geht's gut?«

»Ja, danke.«

Tom bog am Prisunic rechts in die Rue Grande ab. »Die haben mich wieder angerufen«, sagte er. »Oder besser, meine Haushälterin. Genau wie beim ersten Mal, falsch verbunden, sie hat keinen Namen genannt, aber es macht mir Sorgen. Übrigens habe ich sie und meine Frau weggeschickt. Mein Gefühl sagt mir, dass etwas passieren könnte. Also habe ich mich an Sie gewandt, damit Sie mit mir die Stellung halten. Da ist niemand, den ich sonst fragen könnte. Ich habe Angst, die Polizei um Schutz zu bitten. Sollte die bei meinem Haus ein paar Mafiamänner aufgreifen, müsste ich natürlich unangenehme Fragen beantworten, was die dort verloren hätten.«

Jonathan verstand.

»Wir sind noch nicht da.« Tom fuhr am Denkmal vorbei und nahm die Straße nach Villeperce. »Sie können es sich also noch anders überlegen. Ich fahre Sie gern wieder zurück. Sie brauchen sich nicht zu entschuldigen, wenn Sie nicht mitmachen wollen. Es kann gefährlich werden, vielleicht aber auch nicht. Jedenfalls ist es leichter für zwei als für einen, Wache zu halten.«

»Verstehe.« Jonathan war wie gelähmt.

»Ich will nur mein Haus nicht alleinlassen.« Tom fuhr nun schneller. »Ich will nicht, dass es in Flammen aufgeht oder eine Bombe in ihm explodiert wie in Minots Wohnung. Er ist übrigens jetzt in Ascona. Sie haben ihn in Amsterdam aufgespürt, er musste weg.«

»Ach ja?« Einen Augenblick lang spürte Jonathan panische Angst. Ihm wurde übel. Um ihn schien alles zusammenzubrechen. »Haben Sie … Ist Ihnen rings um das Haus irgendwas aufgefallen?«

»Eigentlich nicht«, sagte Tom nonchalant, die Zigarette lässig in den Mundwinkel geklemmt.

Noch konnte er aussteigen, dachte Jonathan. Jetzt, sofort. Er brauchte nur zu sagen, dass er sich dem nicht gewachsen fühle, dass er ohnmächtig werden könne, sollte es hart auf hart gehen. Dann konnte er in die Sicherheit seines eigenen Hauses zurückkehren. Er atmete tief durch und kurbelte das Fenster weiter herunter. Er wäre ein Mistkerl, wenn er das täte, ein Feigling und ein Schwein. Versuchen konnte er es wenigstens, das schuldete er Tom. Und warum sollte ihm jetzt auf einmal so viel an der eigenen Sicherheit liegen? Jonathan lächelte dünn. Er fühlte sich schon besser. »Ich habe Simone von der Wette auf mein Leben erzählt. Sie hat es nicht geschluckt.«

»Was hat sie gesagt?«

»Dasselbe wie zuvor. Sie glaubt mir nicht. Schlimmer noch, sie hat uns gestern irgendwo zusammen gesehen. Nun glaubt sie, ich würde für Sie Geld verwahren. Schmutziges Geld, verstehen Sie?«

»Ja.« Tom begriff. Aber verglichen mit dem, was Belle Ombre, ihm und womöglich auch Jonathan zustoßen konnte, schien es ihm nicht weiter wichtig. »Ich bin kein Held, wissen Sie«, sagte er unvermittelt. »Wenn die Mafia mich erwischt und etwas aus mir herausprügeln will, wäre ich wohl kaum so tapfer wie Fritz.«

Jonathan sagte nichts. Er spürte, dass Tom genauso wenig wohl war in seiner Haut wie ihm gerade eben.

Es war ein besonders schöner Tag mit strahlendem Sonnenschein und einer klaren, sommerhellen Luft. Schade, an einem solchen Tag arbeiten zu müssen, drinnen eingesperrt zu sein, so wie Simone am Nachmittag. Natürlich brauchte sie gar nicht mehr ins Geschäft zu gehen, das hatte er ihr schon seit Wochen sagen wollen.

Sie erreichten Villeperce, eines dieser ruhigen Dörfer, in denen es oft nur einen Metzger und einen Bäcker gab.

»Das ist Belle Ombre.« Tom wies mit dem Kopf auf ein Türmchen mit kleiner Kuppel, das sich über ein paar Pappeln erhob.

Das Dorf lag vielleicht einen halben Kilometer hinter ihnen. An der Straße standen vereinzelte große Häuser. Belle Ombre sah aus wie ein kleines *château* mit seinen klassischen Linien, deren Strenge von vier runden, bis zum Rasen hinabreichenden Erkertürmchen gemildert wurde. Tom stieg aus und öffnete das eiserne Tor mit einem mächtigen Schlüssel, den er dem Handschuhfach entnommen hatte. Dann rollte der Wagen auf den Kies vor der Garage.

»Was für ein schönes Haus«, sagte Jonathan.

Tom nickte lächelnd. »Im Grunde ein Hochzeitsgeschenk meiner Schwiegereltern. In letzter Zeit freue ich mich jedes Mal, wenn ich ankomme und sehe, dass es noch steht. Bitte, treten Sie ein.«

Er zog auch einen Schlüssel für die Haustür hervor.

»Bin nicht daran gewöhnt abzuschließen«, sagte er. »Sonst ist meine Haushälterin da.«

Jonathan folgte ihm durch eine geräumige Diele mit weißen Marmorfliesen in das quadratische Wohnzimmer: zwei Teppiche, ein großer Kamin, ein einladendes, mit gelbem Satin bezogenes Sofa. Und ein Cembalo vor der Flügeltür zum Garten. Die Möbel waren alle hochwertig und gut gepflegt.

»Legen Sie doch ab«, sagte Tom, vorerst erleichtert, denn im Haus war alles ruhig, und im Dorf hatte er nichts Ungewöhnliches bemerkt. Er ging zum Tisch in der Diele und nahm die Luger aus der Schublade. Jonathan sah ihm zu. Tom musste lächeln: »Dieses Ding werde ich den ganzen Tag bei mir tragen, daher die alten Hosen. Große Taschen. Ich kann verstehen, warum manche Leute Schulterhalfter vorziehen.« Er steckte die Waffe in die Hosentasche. »Sie auch, wenn's Ihnen nichts ausmacht.«

Jonathan steckte seine Pistole ein.

Tom fiel das Gewehr oben in seinem Zimmer ein. Er kam nur ungern so schnell zur Sache, aber vielleicht war es besser so. »Kommen Sie! Ich will Ihnen etwas zeigen.«

Er führte ihn die Treppe hinauf in das Zimmer. Jonathan fiel sofort die *commode de bateau* auf und ging zu ihr, um sie näher zu betrachten.

»Hat meine Frau mir neulich geschenkt. – Schauen Sie, hier …« Tom hielt das Gewehr in den Händen. »Für große Schussweiten. Nicht schlecht, aber natürlich nicht so zielgenau wie ein Armeegewehr. Werfen Sie mal einen Blick durch das Fenster zur Straße.«

Jonathan sah hinaus. Gegenüber, ein gutes Stück abseits der Straße, stand ein zweistöckiges Haus aus dem neunzehnten Jahrhundert, halb von Bäumen verdeckt, die in unregelmäßigen Abständen beiderseits die Straße säumten. Jonathan stellte sich vor, wie ein Wagen auf der Straße vor der Toreinfahrt hielt: Genau das meinte Tom; dann wäre das Gewehr zielsicherer als die Pistole.

»Kommt natürlich darauf an, was die machen«, sagte Tom. »Wenn sie zum Beispiel eine Brandbombe werfen wollen, ist das Gewehr genau richtig. Dann wären da noch die Fenster nach hinten und zur Seite. Folgen Sie mir.«

Tom führte Jonathan in Héloïses Zimmer, dessen Fenster auf den Rasen hinter dem Haus ging. Jenseits davon standen die Bäume dichter, zur Rechten säumten Pappeln den Rasen.

»Durch den Wald dort führt ein Weg. Links können Sie ihn gerade noch erkennen. Und von meinem Atelier aus …«

Tom ging den Flur entlang und öffnete eine Tür zu seiner Linken. In diesem Zimmer gingen die Fenster auf den Rasen und auf das Dorf Villeperce, von dem aber nur Zypressen, Pappeln und die Dachziegel eines kleinen Hauses zu sehen waren. »Vielleicht halten wir am besten vorn und hinten Wache. Wir müssen ja nicht an der Fensterscheibe kleben, aber … Noch etwas Wichtiges: Der Feind soll denken, ich wäre allein zu Hause. Wenn Sie –«

Das Telefon klingelte. Tom wollte zuerst nicht abheben, dachte dann aber, er könnte vielleicht etwas in Erfahrung bringen. Er hob in seinem Zimmer ab.

»Oui?«

»Monsieur Ripley?« Eine französische Frauenstimme »*Ici* Madame Trevanny. Ist mein Mann zufällig bei Ihnen?«

Sie klang sehr angespannt.

»Ihr Mann? *Mais non,* Madame!« Tom legte Erstaunen in seine Stimme.

»Merci, M'sieur. Excusez-moi.« Sie hängte auf.

Tom seufzte. Der Mann hatte wirklich Probleme.

Jonathan stand in der Tür: »Meine Frau?«

»Ja. Tut mir leid. Ich sagte, Sie wären nicht hier. Wenn Sie wollen, schicken Sie ihr ein Telegramm. Oder rufen Sie an. Vielleicht ist sie in Ihrem Laden.«

»Nein, nein, das glaube ich kaum.« Doch möglich war es, denn sie hatte einen Schlüssel. Es war erst Viertel nach eins. Woher sollte sie diese Nummer haben, wenn nicht von dem Notizzettel im Geschäft?

»Wenn Sie wollen, fahre ich Sie auch gleich wieder nach Fontainebleau zurück. Es liegt bei Ihnen, Jonathan.«

»Nein, danke«, erwiderte er. Darauf konnte er verzichten. Simone wusste, dass Tom log.

»Pardon, dass ich gerade die Unwahrheit gesagt habe. Sie können das ja alles auf mich schieben. Tiefer kann ich wohl nicht mehr sinken, jedenfalls nicht in den Augen Ihrer Frau.« Was Tom in diesem Moment völlig egal war; er hatte weder Zeit noch Lust, mit Simone zu leiden. Jonathan schwieg. »Gehen wir hinunter, und schauen wir nach, was die Küche zu bieten hat.«

Tom zog die Vorhänge in seinem Zimmer nicht ganz zu, sodass man hinausspähen konnte, ohne sie anzufassen. Genauso verfuhr er in Héloïses Zimmer und unten im Wohnzimmer. Madame Annettes Zimmer betrat er nicht. Ihre Fenster gingen auf den Waldweg und den Rasen hinter dem Haus.

Vom gestrigen Abend war noch mehr als genug ihres köstlichen Ragouts übrig. Das Fenster über der Spüle in der Küche hatte keine Vorhänge, deshalb setzte Tom Jonathan so an den Küchentisch, dass er durchs Fenster nicht zu sehen war, und gab ihm einen Scotch mit Soda.

»Schade, dass wir heute Nachmittag nicht im Garten

arbeiten können«, sagte Tom, der den Salat in der Spüle wusch. Zwanghaft sah er jedes Mal auf, wenn ein Auto vorbeifuhr. In den letzten zehn Minuten war das allerdings nur zweimal vorgekommen.

Jonathan war nicht entgangen, dass beide Garagentore weit offen standen. Tom hatte seinen Wagen auf dem Kies vor dem Haus geparkt. Es war so still, dass man jeden Schritt auf den Steinen hören würde.

»Und nicht mal Musik kann ich anstellen, das könnte andere Geräusche übertönen. Wie langweilig«, sagte Tom.

Beide aßen nicht viel, blieben aber lange am Tisch in der Essecke sitzen, die vom Wohnzimmer abging. Tom kochte Kaffee. Da zum Abendessen nicht mehr viel im Haus war, rief er beim Metzger von Villeperce an und bestellte ein anständiges Steak für zwei.

»Madame Annette? Oh, sie macht ein paar Tage Urlaub«, antwortete er auf die Frage des Metzgers. Die Ripleys waren so gute Kunden, dass Tom den Mann bedenkenlos bitten konnte, bei dem Obst- und Gemüsehändler nebenan vorbeizugehen und einen Kopfsalat sowie frisches Gemüse mitzubringen.

Eine halbe Stunde später kündigte das unüberhörbare Knirschen von Autoreifen auf Kies den Lieferwagen des Metzgers an. Tom sprang auf, ging hinaus, bezahlte den gut gelaunten Lehrling mit der blutbespritzten Schürze und gab ihm ein Trinkgeld. Jonathan blätterte gerade Bücher über Möbel durch und schien ganz zufrieden, also ging Tom nach oben in sein Atelier, das Madame Annette niemals betrat, und räumte ein bisschen auf.

Kurz vor fünf gellte das Telefon wie ein Schrei durch die

Stille. Tom hörte das Schrillen nur gedämpft, hatte er doch gewagt, in den Garten zu gehen und mit der Heckenschere herumzuschnippeln. Er stürzte ins Haus, obwohl er wusste, dass Jonathan den Apparat niemals anrühren würde. Sein Gast saß immer noch auf dem Sofa, von Büchern umgeben.

Es war Héloïse. Sie war überglücklich, denn sie hatte Noëlle angerufen: Jules Grifaud, ein Innenarchitekt und Freund von Noëlle, hatte gerade ein Chalet in der Schweiz gekauft und Noëlle und sie eingeladen, mit ihm dorthin zu fahren und ihm eine Woche lang Gesellschaft zu leisten, während er das Haus einrichtete.

»Die Landschaft dort ist so schön«, sagte sie. »Außerdem können wir ihm helfen …«

Für Tom klang es todlangweilig, aber Héloïse war begeistert, und nur das zählte. Dass sie nicht wie ein gewöhnlicher Tourist auf Kreuzfahrt in der Adria gehen wollte, überraschte ihn nicht.

»Geht es dir gut, *chéri*? Was machst du?«

»Ach, ich arbeite ein bisschen im Garten … Ja, alles ist ruhig hier. Sehr ruhig.«

19

Gegen halb acht Uhr abends stand Tom am Fenster des Wohnzimmers, als er draußen auf der Straße den dunkelblauen Citroën vorbeirollen sah – derselbe Wagen wie am Morgen, dachte er. Diesmal fuhr er zwar schneller, doch nicht so schnell wie andere Autos, die ein Ziel vor sich hatten. War es wirklich derselbe Wagen? In der Dämmerung täuschten die Farben, verschwammen die Unterschiede zwischen Blau und Grün. Andererseits war es ein Cabrio mit einem schmutzig weißen Schiebedach gewesen, genau wie das Auto am Morgen. Tom warf einen Blick auf das Tor von Belle Ombre: Er hatte es geöffnet, der Metzgerlehrling dagegen hatte es zugezogen. Tom beschloss, das Tor angelehnt zu lassen, geschlossen, aber nicht verschlossen. Die Flügel quietschten leise.

»Was ist los?«, fragte Jonathan. Er trank Kaffee, Tee hatte er abgelehnt. Toms Unruhe steckte ihn an, doch soweit er sehen konnte, hatte Tom eigentlich keinen Grund, so ängstlich zu sein.

»Ich dachte, ich hätte denselben Wagen gesehen wie heute Morgen. Einen dunkelblauen Citroën. Der von heute Morgen hatte ein Pariser Nummernschild. Ich kenne die meisten Autos aus der Gegend, nur wenige sind in Paris zugelassen.«

»Konnten Sie denn eben das Kennzeichen lesen?« Jonathan kam es schon dunkel vor, er hatte die Lampe neben sich angeknipst.

»Nein. Ich hole das Gewehr.« Tom lief die Treppe hinauf und kam kurz danach mit der Waffe zurück. Alle Lichter oben im Haus hatte er wieder gelöscht. Zu Jonathan sagte er: »Wenn ich's irgendwie vermeiden kann, will ich nicht schießen. Ist viel zu laut. Die Jagdzeit ist vorbei – ein Schuss, und wir hätten die Nachbarn auf dem Hals oder sonst wen, der hier herumschnüffeln will. Jonathan?«

Der war aufgestanden. »Ja?«

»Kann sein, dass Sie das Ding hier wie eine Keule schwingen müssen.« Tom zeigte ihm, wie er den Kolben, den schwersten Teil der Waffe, am wirkungsvollsten einsetzen konnte. »Falls Sie schießen müssen, dann schauen Sie jetzt zu, wie das geht. Im Moment ist die Waffe gesichert.« Tom zeigte es ihm.

Aber sie sind doch nicht hier, dachte Jonathan. Und fühlte sich zugleich seltsam unwirklich, so wie schon in Hamburg und München, als ihm klar geworden war, dass es die menschlichen Ziele wirklich gab und sie bald in Fleisch und Blut vor ihm stehen würden.

Tom berechnete, wie lange der Citroën für eine langsame Fahrt auf der Ringstraße brauchen würde, die zurück ins Dorf führte. Natürlich konnten die Männer auch irgendwo wenden und sofort zurückfahren. »Ich glaube, wenn einer von denen an die Tür kommt und ich aufmache, schießt der mich über den Haufen«, sagte er. »Das wäre das Einfachste für sie, nicht? Der Kerl mit der Kanone springt in den wartenden Wagen, und weg sind sie.«

Jonathan fand Tom ein bisschen überspannt, hörte aber aufmerksam zu.

»Möglich ist auch, dass sie eine Bombe durch das Fenster werfen.« Tom zeigte auf das Fenster zur Straße. »Genau wie bei Reeves. Wenn es Ihnen also nichts ausmacht ... Ich meine, es tut mir leid, aber ich bin es nicht gewohnt, mit anderen Pläne zu schmieden. Normalerweise improvisiere ich. Also, wenn es Ihnen nichts ausmacht, könnten Sie sich vielleicht im Gebüsch rechts von der Tür verstecken, dort ist es dichter, und jeden niederschlagen, der an der Tür klingelt, ja? Womöglich klingeln die gar nicht, aber wenn sie eine Bombe werfen wollen, bin ich mit der Luger da. Falls einer zur Tür kommt, schlagen Sie schnell zu, denn der Mann wird auch schnell sein. Er wird eine Kanone in der Tasche haben und nur frei zum Schuss kommen wollen, und zwar auf mich.« Tom ging zum Kamin. Er hatte Feuer machen wollen, es dann aber vergessen. Aus dem Holzkorb nahm er ein Scheit und legte es auf den Boden rechts von der Haustür. Es war nicht so schwer wie die Amethystvase auf der Kommode daneben, aber viel handlicher.

»Und wenn ich nun aufmache?«, fragte Jonathan. »Wenn die wissen, wie Sie aussehen, so wie Sie sagen, dann werden sie merken, dass Sie's nicht sind, und –«

»Nein.« Jonathans mutiges Angebot überraschte Tom. »Zunächst einmal warten die vielleicht gar nicht erst, sondern schießen sofort. Und selbst wenn sie es merken und Sie sagen, ich wohnte hier nicht oder wäre nicht zu Hause, würden die Sie einfach beiseiteschieben und selber nachsehen oder ...« Tom musste lachen, als er sich vorstellte, wie der Mafioso Jonathan eine Kugel in den Bauch jagte und ihn gleichzeitig ins Haus drängte. »Ich denke, wenn's recht ist, sollten Sie jetzt Posten vor der Tür beziehen. Wie lange Sie dort draußen bleiben müssen, weiß ich nicht, aber ich kann Ihnen ja immer etwas zu essen oder zu trinken bringen.«

»Kein Problem.« Jonathan nahm das Gewehr entgegen und ging hinaus. Auf der Straße vor dem Haus war alles ruhig. Er stand im Schatten des Hauses und schwang die Waffe zur Probe durch die Luft, so hoch, dass der Kolben einen Mann auf den Stufen am Kopf treffen müsste.

»Gut«, sagte Tom. »Wie wär's jetzt mit einem Scotch? Das Glas können Sie im Gebüsch liegen lassen. Macht nichts, wenn es zerbricht.«

Jonathan lächelte. »Nein, danke.« Er kroch in das Gebüsch, mehr als einen Meter hohe Sträucher, Zypressen wohl und auch Lorbeer. Wo er kauerte, war es stockdunkel; das Versteck schien perfekt. Tom hatte die Tür wieder geschlossen.

Jonathan hockte auf dem Boden, die Knie unter dem Kinn, das Gewehr zu seiner Rechten. Wie lange mochte das dauern? Eine Stunde? Länger noch? Oder spielte Tom womöglich nur ein Spiel? Ncin, das konnte und wollte er nicht glauben – Tom war durchaus bei Verstand, er glaubte, heute Abend könne etwas passieren, und traf für den Fall der Fälle seine Vorkehrungen, was nur vernünftig war. Als sich dann ein Auto näherte, schrak Jonathan ängstlich zusammen und wäre am liebsten sofort ins Haus geflüchtet. Der Wagen fuhr so schnell vorbei, dass er durch die Büsche und das Tor nicht einmal einen Blick darauf erhaschen konnte. Er lehnte die Schulter gegen einen schlanken Stamm, denn er wurde langsam müde. Fünf Minuten später lag er ausgestreckt auf dem Rücken, war aber immer noch wach. Die Kälte des Bodens kroch allmählich in seine Knochen. Sollte das Telefon wiederum klingeln, könnte es durchaus Simone sein. Ob sie wohl außer sich geraten und ein Taxi hierher nehmen würde? Oder ihren Bruder Gérard in Nemours anrufen und ihn bitten, sie in seinem Wagen hinzufahren? Das schon eher. Jonathan dachte nicht weiter darüber nach, es wäre so furchtbar, so absurd, einfach unvorstellbar. Wie sollte er erklären, dass er hier im Gebüsch auf der Lauer lag, selbst wenn sie das Gewehr nicht sähe?

Jonathan hörte die Tür aufgehen. Er musste eingenickt sein.

»Nehmen Sie die Decke hier«, flüsterte Tom. Die Straße war leer. Tom trat heraus und gab Jonathan eine dicke Wolldecke. »Legen Sie sich die unter. Der Boden muss schrecklich kalt sein.« Erst bei seinem Flüstern wurde ihm klar, dass die Männer von der Mafia auch zu Fuß kommen und sich anschleichen könnten. Daran hatte er nicht gedacht. Ohne ein weiteres Wort kehrte er ins Haus zurück.

Tom ging die Treppe hinauf. Im Dunkeln peilte er an den Fenstern vorn und hinten die Lage. Anscheinend war alles ruhig. Etwa hundert Meter weiter links an der Straße zum Dorf leuchtete eine Straßenlampe, doch ihr heller Lichtkegel reichte nicht weit, gewiss nicht bis Belle Ombre. Überall Totenstille, doch das war normal.

Selbst durch die geschlossenen Fenster hätte man noch die Schritte eines Mannes auf der Straße hören können. Tom hätte gern eine Platte aufgelegt. Gerade wollte er sich vom Fenster abwenden, als er ein leises Knirschen hörte: Jemand näherte sich auf dem Seitenstreifen neben der Straße. Dann bemerkte er auch den eher schwachen Lichtstrahl einer Taschenlampe, der von rechts in Richtung Villeperce wanderte. Sicher niemand, der nach Belle Ombre wollte, und so war es auch: Die Gestalt ging weiter, und er verlor sie aus dem Blick, bevor sie den Lichtkegel der Lampe erreichte. Ob Mann oder Frau, konnte er nicht sagen.

Vielleicht hatte Jonathan Hunger bekommen. Das ließ sich nicht ändern. Er selbst hatte auch Hunger. Doch das ließ sich natürlich ändern. Die Fingerspitzen auf dem Geländer, tastete er sich im Dunkeln die Treppe hinunter bis in die Küche, wo wie im Wohnzimmer Licht brannte, und machte ein paar Kaviarschnittchen. Der Kaviar stand im Kühlschrank, ein angebrochenes Glas vom Abend zuvor, die Arbeit war also schnell getan. Tom wollte gerade Jonathan einen Teller bringen, als er Motorengeräusche vernahm. Der Wagen fuhr von links kommend am Haus vorbei und hielt an. Eine Tür schlug zu, kaum hörbar, so als sei sie nicht richtig ins Schloss gefallen. Tom stellte den Teller auf die Kommode neben der Tür und zog seine Pistole.

Entschlossene Schritte, doch eher höflich und langsam, erst auf der Straße, dann auf dem Kies. Kein Bombenwerfer, dachte Tom. Es klingelte. Tom wartete einen Augenblick und fragte dann auf Französisch: »Wer ist da?«

»Ich habe mich verfahren, bitte helfen Sie mir«, antwortete ein Mann in akzentfreiem Französisch.

Jonathan hatte mit dem Gewehr im Gebüsch gekauert, seit er die Schritte vernommen hatte. Jetzt sprang er in dem Moment hervor, da er Tom den Riegel zurückschieben hörte. Der Mann stand zwei Stufen über ihm, doch Jonathan war fast auf gleicher Höhe und schwang den Kolben, so fest er nur konnte, gegen den Kopf des Mannes. Der musste ihn gehört haben und wandte sich ihm zu, als Jonathans Schlag ihn hinter dem linken Ohr traf, knapp unter dem Hutrand. Der Mann wankte, fiel links gegen den Türrahmen und brach zusammen.

Tom öffnete die Tür und zog den Mann an den Füßen ins Haus; Jonathan half, indem er die Schultern hochhob, holte dann das Gewehr und schlüpfte durch die Tür, die Tom leise schloss, zurück ins Haus. Tom nahm das Holzscheit und ließ es auf den Kopf des Mannes niedersausen. Der Blondschopf hatte seinen Hut verloren, der nun verkehrt herum auf dem Marmorboden lag. Tom streckte die Hand nach dem Gewehr aus, Jonathan reichte es ihm, und Tom hieb dem Mann den Kolben auf die Schläfe.

Jonathan wollte seinen Augen nicht trauen. Blut floss über den weißen Marmor. Vor ihm lag der stämmige Leibwächter mit dem blonden Kraushaar, der im Zug so nervös gewesen war.

»Den Scheißkerl hätten wir!«, zischte Tom befriedigt. »Das ist dieser Leibwächter. Passen Sie auf, die Kanone!«

Eine Pistole ragte aus der rechten Jackentasche des Mannes.

»Weiter, ins Wohnzimmer!«, sagte Tom. Beide zogen und schoben den Mann über den Boden. »Vorsicht mit dem Teppich dort, das Blut!« Er stieß den Teppich beiseite. »Gleich geht es weiter, sicher sind sie zu zweit oder zu dritt.«

Er zog ein Taschentuch – lavendelblau, mit Monogramm – aus der Brusttasche des Mannes und wischte damit eine Blutlache neben der Tür auf. Dann beförderte er den Hut mit einem Fußtritt über den Körper bis vor die Tür zur Küche. Er verriegelte die Haustür, die Linke über den Riegel gelegt, um jeden Lärm zu vermeiden. »Beim Nächsten wird's vielleicht nicht so einfach«, flüsterte er.

Schritte auf dem Kies, dann klingelte jemand zweimal nervös.

Tom lachte lautlos und zog die Luger. Er bedeutete Jonathan, ebenfalls zur Waffe zu greifen. Plötzlich krümmte er sich wie im Krampf, um einen Lachanfall zu unterdrücken. Er richtete sich auf, grinste Jonathan an und wischte sich die Tränen aus den Augen.

Jonathan lächelte nicht.

Wieder läutete die Türglocke, diesmal lange und ununterbrochen.

Im Bruchteil einer Sekunde war Tom wie verwandelt. Er runzelte die Stirn und verzog das Gesicht, als wisse er nicht mehr weiter.

»Schießen Sie nicht«, flüsterte er, »es sei denn, Sie können nicht anders.« Die linke Hand streckte er zur Tür aus.

Vermutlich wollte Tom die Tür öffnen und schießen, dachte Jonathan, oder den Mann mit der Waffe in Schach halten.

Wieder das Knirschen von Schritten. Der Mann dort draußen näherte sich dem Fenster, dessen Vorhänge ganz zugezogen waren. Jonathan stahl sich vom Fenster weg.

»Angi? – Angi!«, zischte der Mann.

»Gehen Sie zur Tür, und fragen Sie ihn, was er will«, flüsterte Tom. »Und zwar auf Englisch, als wären Sie der Butler. Lassen Sie ihn rein, ich halte ihn in Schach. Können Sie das?«

Ob er es konnte oder nicht, darüber dachte Jonathan lieber nicht nach. Nun klopfte der Mann an die Tür, dann klingelte er wieder. »Wer ist da, bitte?«, rief Jonathan vor der Tür.

»Je – je voudrais demander mon chemin, s'il vous plaît.« Ein ziemlich starker Akzent.

Tom grinste verächtlich.

»Wen möchten Sie sprechen, Sir?«, fragte Jonathan.

»Une direction, s'il vous plaît!«, schrie der Mann schon fast verzweifelt.

Tom und Jonathan wechselten einen Blick, dann bedeutete Tom ihm mit einer Handbewegung, die Tür zu öffnen. Er selbst stand gleich links neben der Tür, von außen gesehen, würde aber bei geöffneter Tür von ihr verdeckt.

Jonathan schob den Riegel zurück, drehte den Knauf des automatischen Schlosses und öffnete die Tür nur halb. Er erwartete einen Schuss in den Bauch, stand aber dennoch gerade und hochaufgerichtet da, die rechte Hand an der Pistole in seiner Jackentasche.

Der etwas kleinere Italiener, der einen Hut trug, genau wie der andere, hatte ebenfalls eine Hand in die Jackentasche gesteckt. Er war sichtlich überrascht, einen großen, eher gewöhnlich gekleideten Mann vor sich zu sehen.

»Sir?« Jonathan bemerkte, dass der linke Jackenärmel des Mannes leer war.

Als der Mann einen Schritt ins Haus trat, stieß Tom ihm die Luger in die Seite.

»Deine Kanone!«, sagte Tom auf Italienisch.

Auch Jonathan richtete seine Pistole auf ihn. Der Mann zog die Jackentasche hoch, als wolle er schießen, und Tom drückte ihm die Linke ins Gesicht. Der Italiener schoss nicht, er schien wie gelähmt, als er auf einmal Ripley so nah vor sich sah.

»Riiipley!« In seiner Stimme mischten sich Schrecken, Verblüffung und etwas wie Triumph.

»Ja, ja, schon gut. Her mit der Kanone!«, befahl Tom auf Englisch, stieß den Mann erneut in die Rippen und trat die Tür mit dem Fuß zu.

Der Italiener begriff. Auf Toms Zeichen ließ er die Pistole fallen. Dann sah er seinen Kumpan ein paar Meter weiter auf dem Boden liegen und fuhr zusammen, die Augen weit aufgerissen.

»Verriegel die Tür, Jonathan«, sagte Tom. Dann, auf Italienisch: »Seid ihr noch mehr?«

Der Italiener schüttelte heftig den Kopf, was gar nichts bedeuten musste. Er trug seinen Arm unter der Jacke in einer Schlinge. So viel also zu den Zeitungsmeldungen.

»Pass auf ihn auf, während ich ihn filze.« Tom begann, den Mann zu durchsuchen. »Weg mit der Jacke!« Er riss dem Italiener den Hut vom Kopf und warf ihn in Angis Richtung.

Der Italiener ließ sein Jackett von den Schultern zu Boden gleiten. Das Schulterhalfter war leer, auch in den Taschen trug er keine Waffen.

»Angi ...?«, sagte der Italiener.

»Angi è morto«, erwiderte Tom. »Genau wie du gleich, wenn du nicht tust, was wir sagen. Du willst wohl unbedingt sterben? Wie heißt du? Wie du heißt, will ich wissen!«

»Lippo. Filippo.«

»Lippo. Die Hände hoch und nicht bewegen. Die eine

Hand. Geh, stell dich dorthin.« Er wies auf den Toten. Lippo hob den unverletzten rechten Arm. »Halt ihn in Schach, Jon, ich will mir mal ihren Wagen ansehen.«

Die Luger schussbereit in der Hand, ging Tom hinaus auf die Straße, wandte sich nach rechts und näherte sich vorsichtig dem Auto. Der Motor lief. Der Wagen stand mit eingeschaltetem Standlicht am Straßenrand. Tom blieb stehen, schloss einige Sekunden lang die Augen, riss sie dann weit auf und versuchte festzustellen, ob sich links und rechts vom Wagen oder hinter der Rückscheibe etwas bewegte. Langsam und stetig kam er näher, er rechnete mit einem Schuss aus dem Auto. Stille. Hatten sie wirklich nur zwei Mann geschickt? In der Aufregung hatte er die Taschenlampe vergessen. Tom öffnete die linke Tür, die Pistole auf den Vordersitz gerichtet, falls dort jemand kauern sollte. Die Innenbeleuchtung ging an. Der Wagen war leer. Tom schloss die Tür gerade so weit, dass das Licht ausging, beugte sich herab und horchte. Kein Laut. Er lief zurück und öffnete das Einfahrtstor, dann eilte er zum Wagen und fuhr ihn rückwärts auf den Kies vor dem Haus. Im selben Moment kam auf der Straße aus Richtung des Dorfes ein Auto vorbei. Tom stellte Motor und Licht ab. An der Tür klopfte er und sagte seinen Namen, damit Jonathan öffnete.

»Anscheinend sind das alle«, sagte Tom.

Jonathan stand dort, wo er ihn zuletzt gesehen hatte, und zielte mit der Pistole auf Lippo, der den unverletzten Arm gesenkt hatte und etwas abgespreizt hielt. Tom lächelte erst Jonathan, dann Lippo zu. »Bist du jetzt der Einzige, Lippo? Wenn du lügst, ist *finito* für dich, kapiert?«

Der Mann schien seinen Mafiastolz zurückzugewinnen. Er starrte Tom nur an, die Augen zu schmalen Schlitzen verengt.

»*Rispondi*, du …!«

»*Sì!*«, stieß Lippo wütend und verängstigt hervor.

»Wirst du müde, Jonathan? Setz dich.« Tom schob ihm einen gelben Polstersessel hin. »Du auch, wenn du willst«, sagte er zu Lippo. »Dort neben deinen Kumpel.« Tom sprach italienisch. Sein Slang kam zurück.

Der Mann aber blieb stehen. Knapp über dreißig, vermutete Tom, ungefähr einssechzig, runde, aber kräftige Schultern und schon ein kleiner Bauch, hoffnungslos dumm, kein zukünftiger Capo. Glattes, schwarzes Haar und ein blasses, olivendunkles Gesicht, das nun leicht ins Grünliche spielte.

»Komme ich dir vielleicht bekannt vor? Aus dem Zug? Ein kleines bisschen?« Tom sah lächelnd hinab auf den blonden Hünen. »Wenn du dich anständig benimmst, Lippo, endest du nicht so wie Angi. Verstanden?« Er stützte die Hände in die Hüften und lächelte Jonathan zu. »Wie wär's mit einem Gin Tonic zur Stärkung? Geht's besser, Jonathan?« Der hatte wieder Farbe bekommen.

Jonathan nickte, lächelte verkniffen. »Ja.«

Tom ging in die Küche. Er zog gerade die Eiswürfelschale aus dem Kühlschrank, als das Telefon klingelte. »Nicht rangehen, Jonathan!«

»In Ordnung.« Viertel vor zehn: Jonathans Gefühl sagte ihm, dass es wieder Simone war.

Tom fragte sich, wie er Lippo zwingen konnte, seine Kumpane auf eine falsche Fährte zu locken. Das Telefon klingelte achtmal, dann verstummte es. Unbewusst hatte er mitgezählt. Er nahm ein Tablett mit zwei Gläsern, Eis und einer angebrochenen Flasche Tonic Water und ging ins Wohnzimmer. Der Gin stand auf dem Barwagen neben dem Esstisch. Tom reichte Jonathan seinen Drink und sagte: »Prost!« Dann, an Lippo gewandt: »Wo ist dein Hauptquartier, Lippo? Milano?«

Lippo zog es vor, weiter überheblich zu schweigen. Was für ein Langweiler. Er würde ihn ein bisschen weich klopfen müssen. Voller Abscheu betrachtete Tom die angetrocknete Blutlache unter Angis Kopf. Er stellte sein Glas auf der Kommode neben der Tür ab und ging in die Küche, wo er einen dicken Scheuerlappen anfeuchtete (einen *torchon,* wie Madame Annette das nannte) und damit das Blut von dem Parkett wischte, das sie gebohnert hatte. Mit dem Fuß stieß Tom Angis Kopf zur Seite und legte den Lappen darunter. Es kam kein Blut mehr. Einer Eingebung folgend, durchsuchte Tom die Taschen des Toten in Hose und Jacke genauer. Er fand Zigaretten, ein Feuerzeug, Kleingeld, eine Brieftasche in der Brusttasche des Jacketts, die er dort ließ. In der hinteren Hosentasche steckte ein zusammengeknülltes Taschentuch, und als er es herauszog, fand er eine Garrotte darin eingewickelt. »Sieh mal!«, sagte Tom zu Jonathan. »Genau was ich suchte. Ah, diese Rosenkränze der Mafia!« Tom hielt die Schlinge hoch und lachte vor Vergnügen. »Für dich, Lippo, wenn du ein böser Junge bist«, setzte er auf Italienisch hinzu. »Kanonen machen Lärm, und den wollen wir schließlich nicht, oder?«

Jonathan blickte zu Boden, als Tom auf Lippo zuschlenderte, die Garrotte um den Finger wirbelnd.

»Lippo, du gehörst zur ruhmreichen Genotti-Familie. *Non è vero?*«

Lippo zögerte, doch nur für einen Moment, als habe er kurz daran gedacht, es abzustreiten. *»Sì«*, antwortete er bestimmt, eine Spur *vergogna* in der Stimme.

Tom fand das lustig. Gemeinsam und geschlossen waren diese Familien stark. Allein aber waren ihre Mitglieder feige, so wie dieser Mann hier, wurden blass oder eben grün im Gesicht. Lippo tat ihm leid, wegen des Arms, aber er hatte noch gar nicht angefangen, den Mann zu foltern, und er kannte die Martern der Mafia für ihre Opfer, wenn diese Geld nicht herausrückten oder bestimmte Gefälligkeitsdienste verweigerten: Man zog ihnen Zähne und Zehennägel, drückte brennende Zigaretten auf ihnen aus. »Wie viele Leute hast du schon umgelegt, Lippo?«

»Nessuno!«, rief Lippo.

»Keinen«, übersetzte er für Jonathan. »Sehr witzig.« Tom ging in die kleine Toilette gegenüber der Haustür und wusch sich die Hände. Dann leerte er seinen Drink, nahm das Holzscheit, das neben der Tür lag, in die Hände und näherte sich dem Italiener. »Lippo, noch heute Abend wirst du deinen Boss anrufen. Vielleicht deinen neuen Capo, *eh*? Wo ist er heute Abend? In Milano? Monaco di Baviera?« Tom zog Lippo mit dem Scheit eins über, nur zum Zeichen, dass er es ernst meinte, aber der Schlag auf den Kopf fiel ziemlich heftig aus, weil Tom nervös war.

»Aufhören!«, schrie Lippo. Er wankte und wäre fast zu Boden gegangen. Eine Hand presste er mitleidheischend auf den Kopf. »Jemand, der bloß einen Arm hat?«, kreischte er. Nun fiel er in sein richtiges Italienisch zurück, in die Gossensprache von Neapel, vielleicht auch von Mailand. Tom war da kein Fachmann.

»Sì, sì! Und auch noch zwei gegen einen!«, versetzte Tom. »Wir spielen nicht fair, wie? Willst du dich darüber beschweren?« Mit einem üblen italienischen Schimpfwort fuhr Tom herum und ging eine Zigarette holen. »Warum betest du nicht schon mal zur Jungfrau Maria?«, bemerkte er über die Schulter. »Und noch was«, sagte er auf Englisch. »Kein Geschrei mehr, oder ich schlag dir das Ding hier über den Schädel, bevor du *no* sagen kannst!« Er schwang das Feuerholz durch die Luft, *ssswisch,* damit Lippo ihn richtig verstand. »Das Holz hat Angi getötet.«

Lippo blinzelte ein paarmal. Den Mund leicht geöffnet, atmete er keuchend und flach.

Jonathan hatte sein Glas geleert und zielte nun mit der Pistole auf Lippo, hielt sie in beiden Händen, weil sie ihm schwer geworden war. Er war sich gar nicht sicher, dass er Lippo treffen würde, sollte er schießen müssen, zumal Tom oft zwischen ihm und dem Mann stand. Jetzt schüttelte er den Italiener am Gürtel. Jonathan verstand nicht alles, was Tom sagte: Kurze, knappe Sätze auf Italienisch, der Rest war Französisch oder Englisch. Tom sprach meist leise, doch schließlich wurde er wütend und laut, stieß den Italiener zurück und wandte sich um. Der Mann hatte kaum ein Wort gesagt.

Tom ging zum Radio, drückte ein paar Knöpfe, und ein Cellokonzert ertönte. Er drehte den Regler auf mittlere Lautstärke und versicherte sich, dass die Vorhänge zur Straße vollständig zugezogen waren. »Ist das nicht öde?«, sagte er entschuldigend zu Jonathan. »Und unerquicklich. Er will mir nicht sagen, wo sein Boss ist, also muss ich ihn ein bisschen weichklopfen. Selbstverständlich hat er vor seinem Boss genauso viel Angst wie vor mir.« Tom schenkte Jonathan ein kurzes Lächeln und ging den Sender wechseln. Er fand Popmusik. Dann nahm er entschlossen das Scheit zur Hand. Den ersten Schlag konnte Lippo noch ablenken, doch mit der Rückhand traf ihn Tom voll auf die Stirn. Lippo heulte auf und kreischte: *»No, lasciami!«*

»Die Nummer von deinem Boss!«, schrie Tom.

Ein krachender Schlag auf den Bauch traf die Hand, die Lippo schützend dorthin hielt. Glassplitter fielen zu Boden. Lippo trug seine Uhr rechts, der Schlag musste sie zerschmettert haben. Das Gesicht schmerzverzerrt, presste er die Hand auf den Bauch und starrte auf die Splitter zu seinen Füßen. Er schnappte nach Luft. Tom wartete, das Scheit zum Schlag erhoben.

»Milano!«

»Okay, du wirst jetzt …«

Den Rest verstand Jonathan nicht.

Tom zeigte auf das Telefon, trat dann an den Tisch vor dem Fenster, wo das Telefon stand, und holte Stift und Papier. Er fragte den Italiener nach der Mailänder Nummer.

Lippo nannte sie, Tom schrieb mit.

Dann redete Tom länger auf ihn ein, wandte sich an Jonathan und sagte: »Ich habe dem Kerl gesagt, ich werde ihn mit der Schlinge hier kaltmachen, wenn er nicht seinen Boss anruft und ihm sagt, was er sagen soll.« Dabei zog er die Schlinge der Garrotte zurecht. Als er sich zu Lippo umdrehte, drangen von der Straße Motorengeräusche herüber. Der Wagen hielt vor dem Tor.

Jonathan stand auf. Wahrscheinlich entweder Verstärkung von der Mafia oder Simone in Gérards Auto. Er wusste in diesem Moment nicht, was schlimmer wäre, denn beides kam ihm wie ein Todesurteil vor.

Tom sah nicht hinaus, er wollte vermeiden, dass sich die Vorhänge bewegten. Der Motor lief weiter. Lippos Miene blieb unverändert, Tom bemerkte kein Anzeichen der Erleichterung.

Dann fuhr der Wagen nach rechts davon. Tom spähte zwischen den Vorhängen hinter ihm her: Er entfernte sich immer weiter. Alles in Ordnung, falls beim Anhalten nicht ein paar Männer ausgestiegen waren, die nun im Gebüsch hockten und durch die Fenster feuern konnten. Tom horchte ein Weilchen. Könnten die Grais gewesen sein, wie auch der Anruf von eben. Vielleicht hatten sie das fremde Auto in der Einfahrt stehen sehen und waren weitergefahren in der Annahme, die Ripleys hätten Besuch.

»Also, Lippo«, sagte er ruhig, »du rufst jetzt deinen Capo an, und ich höre mit dem kleinen Ding hier zu.« Tom nahm den runden Ohrhörer zur Hand, der bei französischen Telefonen für einen zweiten Zuhörer hinten am Apparat steckte. »Und wenn mir irgendetwas nicht ganz koscher vorkommt«, fuhr Tom auf Französisch fort, das der Italiener offenbar durchaus verstand, »hab ich gar keine Hemmungen, das Ding hier ganz schnell strammzuziehen, verstanden?« Tom zeigte ihm mit der Garrotte um sein Handgelenk, was er meinte, trat dann hinter Lippo und warf ihm die Schlinge über den Kopf.

Der Mann riss verblüfft den Kopf zurück. Tom führte ihn wie einen Hund an der Leine zum Tisch mit dem Telefon. Er drückte ihn in den Sessel daneben, damit er über ihm stehend genug Zug auf die Schlinge bringen konnte.

»Ich rufe jetzt die Nummer für dich an – es wird wohl leider ein R-Gespräch. Du wirst Folgendes sagen: Du bist mit Angi in Frankreich, und ihr glaubt, dass man euch verfolgt. Ihr habt Tom Ripley gesehen, und Angi hält ihn nicht für den Gesuchten. Okay? Verstanden? Nur ein einziges komisches Wort, irgendein Kode, dann das hier …« Tom zog die Garrotte zu, doch nicht so fest, dass die Schnur in Lippos Hals verschwand.

»Sì, sì!« Lippos schreckensstarrer Blick wanderte zwischen Tom und dem Telefon hin und her.

Tom wählte das Amt und verlangte eine Fernverbindung mit R-Gespräch nach Mailand in Italien. Als die Vermittlung, wie in Frankreich üblich, nach seiner Telefonnummer fragte, nannte er sie.

»Wer meldet das Gespräch an?«, fragte die Frau.

»Lippo. Einfach nur Lippo«, antwortete Tom. Dann gab er die Nummer durch. Sie sagte, sie werde zurückrufen. Er sah Lippo an: »Wenn das am andern Ende der Krämer um die Ecke oder eines deiner Mädchen ist, erwürg ich dich trotzdem, *capisc'*?«

Lippo wand sich, als suche er verzweifelt nach einem Schlupfloch, finde aber keines.

Das Telefon klingelte. Tom bedeutete Lippo stumm, abzuheben, hielt die Muschel ans Ohr und hörte mit. Die Frau vom Amt sagte, der Anruf sei angenommen.

»Pronto?« Eine Männerstimme am anderen Ende.

Lippo hielt den Hörer mit der Rechten an sein linkes Ohr. »*Pronto*. Hier Lippo. Luigi?«

»Sì?«, sagte der andere.

»Hör mal, ich …« Das Hemd klebte ihm schweißnass am Rücken. »Wir haben gesehen …«

Tom zog die Schlinge fester zu: Lippo sollte zur Sache kommen.

»Ihr seid in Frankreich, ja? Du und Angi?« Die Stimme klang ungeduldig. »*Allora,* was ist passiert?«

»Nichts. Ich … wir haben diesen Kerl gesehen. Angi sagt, das ist er nicht – nein, das ist nicht unser Mann.«

»Und ihr glaubt, ihr werdet verfolgt«, flüsterte Tom. Die Verbindung war so schlecht, dass er nicht fürchten musste, der Mann in Mailand könne ihn hören.

»Und wir glauben, wir … werden verfolgt.«

»Verfolgt? Von wem?«, kam es scharf zurück.

»Keine Ahnung. Was zum – solln wir jetzt machen?«, fragte Lippo in bestem italienischen Ganovenjargon. Das eine Wort kannte Tom nicht. Lippo klang jetzt zu Tode erschreckt.

Tom bebte vor lautlosem Lachen. Er sah zu Jonathan hinüber, der immer noch treu mit seiner Pistole auf den Italiener zielte. Tom konnte nicht alles verstehen, was Lippo sagte, doch zu tricksen versuchte der Mann offenbar nicht.

»Zurückkommen?«, fragte Lippo.

»Si!«, sagte Luigi. »Lasst den Wagen stehen, nehmt ein Taxi zum nächsten Flughafen! Wo seid ihr jetzt?«

»Sag ihm, du musst Schluss machen!«, flüsterte Tom mit einer entsprechenden Handbewegung.

»Muss Schluss machen. *Rivederc',* Luigi.« Lippo legte auf. Wie ein geprügelter Hund sah er zu Tom auf.

Lippo war erledigt, und er wusste es. Ausnahmsweise

war Tom stolz auf seinen Ruf. Er hatte nicht vor, Lippo am Leben zu lassen. Die Genotti-Familie hätte unter diesen Umständen auch keinen verschont.

»Steh auf, Lippo.« Tom lächelte. »Wollen doch mal sehen, was du sonst noch in den Taschen hast.«

Als Tom daranging, ihn wieder zu filzen, zuckte der Mann mit dem unverletzten Arm, als wolle er zuschlagen, doch Tom duckte sich nicht einmal weg. Nur die Nerven, dachte er. In einer Hosentasche fand er Münzen und einen zerknüllten Papierstreifen, eine uralte italienische Straßenbahnfahrkarte. Und dann, in der hinteren Hosentasche, eine Garrotte, diesmal sportlich rot-weiß gestreift, die ihn an die rot-weißen Spiralstangen vor amerikanischen Friseursalons erinnerte. Die Schnur war dünn wie Katgut. Was sie wohl auch war.

»Sieh mal an, noch eine!«, sagte Tom zu Jonathan, während er die Garrotte hochhielt wie einen schönen Stein, den er am Strand gefunden hatte. Jonathan blickte nur flüchtig auf die baumelnde Schlinge. Die erste Garrotte lag immer noch um Lippos Hals. Zum Toten, der keine zwei Meter von ihm auf dem polierten Parkett lag, einen Fuß unnatürlich einwärts verdreht, sah er nicht hin, nahm aber die hingestreckte Gestalt aus den Augenwinkeln wahr.

»Oje«, sagte Tom nach einem Blick auf seine Uhr: Schon nach zehn; er hatte nicht gedacht, dass es so spät war. Es musste jetzt getan werden, denn Jonathan und er würden Stunden für die Hinfahrt brauchen und sollten, wenn irgend möglich, vor Sonnenaufgang zurück sein. Sie mussten die Leichen in einiger Entfernung von Villeperce loswerden. Weiter im Süden natürlich, Richtung Italien. Vielleicht eher im Südosten. Eigentlich nicht so wichtig, aber Südosten war ihm lieber. Er atmete einmal tief durch, doch er konnte es noch nicht tun; Jonathans Anwesenheit hemmte ihn. Andererseits hatte Jonathan bereits eine Leiche verschwinden sehen, und sie hatten keine Zeit zu verlieren. Tom hob das Holzscheit auf. Lippo duckte sich, warf sich zu Boden oder stolperte und fiel einfach hin, Tom aber ließ das Holz auf seinen Kopf niedersausen, einmal, dann noch einmal. Allerdings schlug er nicht mit voller Kraft zu, wollte er doch nicht noch mehr Blut auf dem Boden vergießen, den Madame Annette gebohnert hatte. »Er ist nur bewusstlos«, sagte er zu Jonathan. »Wir müssen ihn erledigen. Wenn du nicht zusehen willst, geh lieber in die Küche.«

Jonathan war aufgestanden. Zusehen wollte er ganz gewiss nicht.

»Kannst du fahren?«, fragte Tom. »Meinen Wagen, meine ich. Den Renault.«

»Ja.« Jonathans Führerschein stammte noch aus seiner ersten Zeit in Frankreich mit Roy, dem Freund aus England, lag jetzt jedoch zu Hause.

»Wir müssen heute Nacht fahren. Geh in die Küche.« Tom winkte Jonathan hinaus. Dann machte er sich ans Werk und zog die Garrotte fest zu. Eine unangenehme Arbeit – die Phrase schoss ihm durch den Kopf –, aber was war mit denen, die nicht das Glück hatten, betäubt und bewusstlos zu sein? Tom hielt die Schnur straff gespannt, die Schlinge war im fleischigen Hals verschwunden. Der Gedanke, dass ihm Vito Marcangelo im Mozart-Express auf dieselbe Weise erlegen war, gab ihm Kraft: Er hatte es schon einmal geschafft, dies war nicht das erste Mal.

Draußen auf der Straße näherte sich zögernd ein Auto, fuhr vor und hielt an. Tom hörte, wie die Handbremse angezogen wurde. Er hielt die Schlinge weiterhin fest zugezogen. Wie viele Sekunden schon? Fünfundvierzig? Sicher nicht mehr als eine Minute, leider.

»Was ist da los?«, flüsterte Jonathan, der aus der Küche kam.

Der Motor des Wagens lief noch.

Tom schüttelte den Kopf.

Das Geräusch leichtfüßiger Schritte auf dem Kies, dann das Klopfen an der Tür. Jonathan wurde auf einmal schwach, als wollten ihm die Beine versagen.

»Ich glaube, das ist Simone«, sagte er.

Tom hoffte inständig, dass Lippo tot war. Dessen Gesicht war noch nicht einmal dunkelrot angelaufen. Zum Teufel mit ihm!

Wieder das Klopfen. »Monsieur Ripley? Jon?!«

»Frag sie, ob jemand bei ihr ist«, sagte Tom. »Wenn ja, können wir nicht aufmachen. Dann sag ihr, wir hätten zu tun.«

»Ist jemand bei dir, Simone?«, fragte Jonathan durch die geschlossene Tür.

»Nein, niemand! Ich habe das Taxi warten lassen. Was geht hier vor, Jon?«

Tom hatte mitgehört.

»Sag ihr, sie soll das Taxi wegschicken.«

»Bezahl das Taxi, Simone!«, rief Jonathan.

»Hab ich schon!«

»Sag dem Mann, er kann fahren.«

Simone ging zur Straße zurück. Sie hörten das Taxi wegfahren. Simone kam wieder und nahm die Stufen zur Haustür, doch diesmal klopfte sie nicht, sondern wartete nur.

Tom richtete sich auf, lockerte die Schlinge um Lippos Hals aber nicht. Konnte Jonathan nicht hinausgehen und ihr klarmachen, dass sie nicht hereinkommen konnte? Dass sie Leute im Haus hatten? Dass sie ihr ein anderes Taxi rufen würden? Was wohl der Fahrer von eben denken würde? Lieber diesen Mann wegschicken, als vor seinen Augen Simone nicht in ein hell erleuchtetes Haus hineinlassen, in dem sich mindestens eine Person aufhielt.

»Jon!«, rief sie. »Machst du nun endlich die Tür auf? Ich will mit dir reden.«

Leise sagte Tom: »Kannst du mit ihr draußen warten, während ich ein anderes Taxi rufe? Erzähl ihr, wir hätten mit ein paar Leuten Geschäftliches zu besprechen.«

Jonathan nickte, zögerte kurz, schob dann den Riegel zurück und öffnete die Tür. Er hatte hinausschlüpfen wollen, doch Simone drückte ihn mitsamt der Tür beiseite und stand sofort in der Diele.

»Jon! Tut mir leid, wenn ich …« Ganz außer Atem, sah sie sich um, wohl nach Tom Ripley, dem Herrn des Hauses. Sie erblickte ihn – und im selben Moment die beiden auf dem Boden liegenden Männer. Ein kurzer Aufschrei, die Handtasche entglitt ihr und landete mit einem leisen Plopp auf den Marmorfliesen. »*Mon dieu,* was ist hier passiert?«

Jonathan nahm sie fest bei der Hand. »Schau nicht hin. Diese Männer …«

Simone stand wie erstarrt.

Tom kam auf sie zu. »Guten Abend, Madame. Haben Sie keine Angst: Diese Männer wollten hier einbrechen.

Sie sind bewusstlos. Es gab ein bisschen Ärger. – Jonathan, bring doch Simone in die Küche, ja?«

Simone blieb, wo sie war. Sie schwankte, lehnte sich kurz gegen Jonathan, hob dann den Kopf und starrte Tom mit wildem Blick an. »Die sind tot! Mörder! *C'est épouvantable!* Jonathan, ich kann das nicht glauben – du hier!«

Tom trat an den Barwagen. »Meinst du, Simone könnte einen Brandy vertragen?«, rief er Jonathan zu.

»Ja. Simone, wir gehen in die Küche.« Er wollte sie begleiten, sie von den Leichen abschirmen, indem er neben ihr ging, aber sie rührte sich nicht von der Stelle.

Die Brandyflasche ließ sich schwer öffnen, also nahm Tom den Whisky und goss einen Fingerbreit in ein Glas auf dem Barwagen. Er brachte Simone den Drink ohne Eis oder Wasser. »Madame, ich weiß, das ist furchtbar. Diese Männer gehören zur italienischen Mafia. Sie sind gekommen, um uns, oder mindestens mich, in meinem Haus anzugreifen.« Erleichtert sah er sie am Whisky nippen. Sie verzog dabei kaum das Gesicht, als nehme sie eine Medizin, die ihr guttun würde. »Jonathan hat mir geholfen, dafür bin ich ihm sehr dankbar. Ohne ihn …« Er verstummte.

Wut stieg wieder in Simone auf. »Ohne ihn –? Was hat er hier zu suchen?«

Tom stand ganz gerade. Er ging in die Küche voran: Vielleicht war das der einzige Weg, sie aus dem Wohnzimmer zu lotsen. Simone und Jonathan folgten ihm. »Ich kann Ihnen das jetzt nicht erklären, Madame. Nicht heute Nacht. Wir müssen jetzt losfahren, mit diesen Männern. Wären Sie bereit …?« Hatten sie, hatte er die Zeit, sie im Renault nach Fontainebleau zu fahren, dann zurückzukehren und mit Jonathans Hilfe die Leichen wegzuschaffen? Nein. Tom wollte auf keinen Fall so viel Zeit verlieren, rund eine Dreiviertelstunde. »Madame, soll ich ein Taxi rufen, das Sie nach Fontainebleau zurückbringt?«

»Ich bleibe bei meinem Mann. Ich will wissen, was er hier verloren hat – mit Abschaum wie Ihnen!«

Ihre ganze Wut war nur gegen ihn gerichtet. Tom wäre es am liebsten gewesen, sie hätte sich jetzt gleich entladen, ein für alle Mal, in einem einzigen großen Ausbruch. Mit wütenden Frauen war er noch nie klargekommen, hatte bislang auch nicht mit vielen zu tun gehabt. Er kam sich dann immer vor, als wäre er vom Chaos umringt wie von einem Kreis kleiner Feuer: Kaum hatte er eines ausgetreten, sprang die Frau gedanklich schon zum nächsten weiter. Zu Jonathan sagte er: »Wenn Simone doch nur ein Taxi nach Fontainebleau nehmen würde …«

»Ich weiß, ich weiß. Simone, es ist wirklich besser, du fährst nach Hause.«

»Kommst du mit?«, fragte sie.

»Ich – ich kann nicht«, erwiderte Jonathan verzweifelt.

»Das heißt, du willst nicht. Du stehst auf seiner Seite.«

»Schatz, lass uns später darüber reden, ja? Ich …«

Während Jonathan im selben Ton weitersprach, musste Tom denken, dass Jonathan womöglich gar nicht helfen wollte oder es sich anders überlegt hatte. Bei seiner Frau kam er jedenfalls nicht weiter. Tom unterbrach ihn:

»Jonathan.« Er winkte ihn zu sich. »Madame, Sie entschuldigen uns bitte für einen Moment.« Im Wohnzimmer flüsterte er ihm zu: »Wir haben sechs Stunden Arbeit vor uns. Oder ich jedenfalls. Ich muss die beiden da wegschaffen und verschwinden lassen, am besten so, dass ich im Morgengrauen oder vorher noch zurück bin. Willst du mir wirklich helfen?«

Jonathan fühlte sich so verloren, als stehe er in einer Schlacht zwischen den Fronten. Aber was Simone betraf, war die Schlacht schon verloren. Das hier konnte er ihr niemals verständlich machen. Es war nichts gewonnen, wenn er mit ihr nach Fontainebleau zurückkehrte. Simone hatte er verloren, was blieb ihm da noch? Diese Gedanken schossen ihm durch den Kopf, wie gebündelt zu einem einzigen Bild. »Ja, das will ich.«

»Gut. Danke.« Tom lächelte gezwungen. »Simone wird sicher nicht bleiben wollen. Natürlich könnte sie im Zimmer meiner Frau schlafen. Vielleicht finde ich ein Beruhigungsmittel für sie. Aber sie darf um Himmels willen nicht mitkommen!«

»Nein.« Um Simone würde er sich selber kümmern müssen. Jonathan kam sich machtlos vor; er würde sie weder überreden noch herumkommandieren können. »Sie hat sich noch nie von mir sagen lassen, was sie –«

»Die Sache ist nicht ungefährlich«, unterbrach ihn Tom. Dann verstummte er: Sie hatten genug Zeit mit Gerede verplempert. Er ging ins Wohnzimmer und warf wider Willen einen Blick auf Lippo, dessen Gesicht inzwischen bläulich verfärbt war, zumindest erschien es Tom so. Sein ungeschlachter Körper hatte jedenfalls etwas Verlassenes, etwas Leeres, wie es nur Tote an sich haben, nicht Schlafende und nicht einmal Träumende, nun da jedes Bewusstsein für immer entschwunden war. Auf dem Weg zur Küche kam ihm Simone entgegen. Er sah, dass das Glas in ihrer Hand leer war, ging zum Barwagen und nahm die Flasche mit zurück. Er schenkte ihr ein, obwohl sie ihm bedeutete, sie wolle keinen Whisky mehr. »Sie brauchen das ja nicht zu trinken, Madame«, sagte Tom. »Bevor wir gehen, muss ich Ihnen sagen, dass es für Sie nicht ungefährlich wäre, im Haus zu bleiben. Ich weiß einfach nicht, ob nicht noch mehr von diesen Kerlen hier aufkreuzen.«

»Dann komme ich mit. Ich möchte bei meinem Mann bleiben!«

»Das ist unmöglich, Madame«, sagte Tom bestimmt.

»Was haben Sie vor?«

»Genau weiß ich das nicht, aber wir müssen das hier loswerden – das Aas hier!« Er wies auf die beiden. *»Charogne!«*, wiederholte er auf Französisch.

»Simone, du musst dir ein Taxi nach Fontainebleau nehmen«, sagte Jonathan.

»Non!«

Mit der einen Hand packte er sie am Handgelenk, mit der anderen hielt er ihr Glas, damit es nicht überschwappte. »Du musst tun, was ich dir sage. Es geht um dein Leben. Und um meines. Wir können hier nicht bleiben und weiter streiten!«

Tom lief die Treppe hinauf. Nach einer Weile fand er endlich Héloïses Fläschchen mit dem hochdosierten Phenobarbitol, das sie so selten nahm, dass es im Arzneischränkchen ganz hinten stand. Mit zwei Tabletten zwischen den Fingern ging er wieder hinunter und ließ sie unauffällig in Simones Glas fallen, als er es mit einem Spritzer Soda auffüllte. Das Glas hatte er Jonathan abgenommen.

Simone trank ihren Whisky. Sie hatte sich auf das gelbe

Sofa gesetzt und schien jetzt ruhiger, obwohl die Tabletten noch nicht wirken konnten. Jonathan telefonierte gerade, wahrscheinlich bestellte er ein Taxi. Das dünne Telefonbuch für Seine-et-Marne lag aufgeschlagen auf dem kleinen Tisch. Tom war leicht benommen. Simone anscheinend auch, zudem aber sprachlos vor Entsetzen.

»Nur Belle Ombre in Villeperce«, sagte Tom auf Jonathans Blick hin.

20

Während Jonathan und Simone in eisigem Schweigen an der Tür auf das Taxi warteten, öffnete Tom die Tür zum Garten, ging hinaus und holte aus dem Geräteschuppen den Benzinkanister für den Wagen. Ganz gefüllt schien er nicht zu sein, doch wenigstens drei viertel voll. Tom hatte seine Taschenlampe dabei. Als er vorne um das Haus bog, hörte er ein Auto langsam näher kommen. Hoffentlich das Taxi. Statt den Kanister in den Renault zu legen, verbarg er ihn in dem Lorbeerbusch. Dann klopfte er an die Haustür. Jonathan machte auf.

»Ich glaube, das Taxi ist da«, sagte Tom.

Er wünschte Simone eine gute Nacht. Jonathan begleitete sie zu dem Wagen, der vor dem Einfahrtstor wartete. Das Taxi fuhr weg, Jonathan kam zurück.

Tom verriegelte gerade die Flügeltür wieder. »Herrgott noch mal«, sagte er, weil ihm nichts anderes einfiel und er so unendlich erleichtert war, wieder mit Jonathan allein zu sein. »Hoffentlich ist Simone nicht allzu wütend. Dabei könnte ich's ihr nicht einmal verdenken.«

Jonathan zuckte die Schultern, noch ganz benommen, und bekam kein Wort heraus.

Tom merkte, wie schlecht es ihm ging, und sagte, wie ein Kapitän, der seiner verängstigten Mannschaft Mut macht:

»Jonathan, die kommt schon wieder zur Besinnung.« Und die Polizei würde sie auch nicht anrufen, sonst hinge nämlich ihr Mann mit drin. Tom spürte, wie Stärke und Zuversicht zurückkehrten. Im Vorbeigehen tätschelte er Jonathans Arm: »Bin gleich wieder da.«

Er holte den Kanister aus dem Gebüsch und legte ihn in den Kofferraum seines Renault. Dann öffnete er die Fahrertür des Citroën. Im Licht der Innenbeleuchtung sah er, dass die Tankanzeige auf knapp über halb voll stand. Das könnte reichen – er plante eine Fahrt von mehr als zwei Stunden. Der Tank des Renault war etwa halb voll, außerdem würde der Wagen schwerer, weil er auch noch die Leichen aufnehmen musste. Jonathan und er hatten noch nichts gegessen. Das war nicht vernünftig. Er kehrte ins Haus zurück und bemerkte: »Vor der Fahrt sollten wir etwas essen.«

Jonathan war froh, den Leichen im Wohnzimmer für eine Weile zu entkommen, und folgte Tom in die Küche. Über der Spüle wusch er sich Gesicht und Hände. Tom lächelte ihm zu. Etwas zu essen, das brauchten sie jetzt. Er nahm das große Steak aus dem Kühlschrank und legte es unter die rotglühenden Stäbe des Rostes. Dann holte er einen Teller, zwei Steakmesser und zwei Gabeln. Schließlich setzten sie sich an den Tisch und aßen von einem Teller; sie tunkten Fleischstücke in eine Untertasse mit Salz und eine zweite mit HP-Sauce. Das Steak war ausgezeichnet. Tom hatte auf der Anrichte sogar noch eine halbe Flasche Bordeaux gefunden. Er hatte schon schlechter gegessen.

»Das wird dir guttun«, sagte Tom und warf Messer und Gabel auf den Teller.

Die Uhr im Wohnzimmer schlug halb zwölf.

»Kaffee?«, fragte Tom. »Ich habe Nescafé da.«

»Nein, danke.« Beide hatten wortlos das Steak hinuntergeschlungen. Nun fragte Jonathan: »Wie machen wir's?«

»Irgendwo verbrennen, in ihrem Wagen«, sagte Tom. »Das ist eigentlich nicht nötig, aber dann sieht es nach Mafia aus.«

Jonathan sah zu, wie Tom eine Thermosflasche ausspülte. Dass er dabei vor dem Fenster gut zu sehen war, schien ihm inzwischen egal. Tom ließ das heiße Wasser laufen, schüttete Nescafé aus dem Glas in die Flasche und füllte sie mit kochend heißem Wasser auf.

»Zucker?«, fragte er. »Den könnten wir brauchen.«

Kurz darauf half ihm Jonathan, den Blonden, bei dem schon die Leichenstarre einsetzte, hinauszutragen. Tom sagte etwas, das wohl witzig sein sollte. Dann verkündete er, dass er es sich anders überlegt habe: Beide Leichen sollten in den Citroën.

»... auch wenn der Renault größer ist«, keuchte Tom.

Vor dem Haus war es stockfinster; das Licht der fernen Straßenlaterne reichte längst nicht so weit. Sie warfen die zweite Leiche auf den Rücksitz des Citroën Cabrio, wo schon die erste lag. Tom musste lächeln, weil es so aussah, als habe Lippo den Kopf auf Angis Schulter gelegt, verkniff sich aber eine Bemerkung. Auf dem Boden des Wagens fand er ein paar Zeitungsblätter, die er über die Toten deckte und feststeckte, so gut das eben ging. Dann vergewisserte er sich, dass Jonathan mit dem Renault klarkam, zeigte ihm den Blinker und den Schalter für Fahrt- und Fernlicht.

»Okay, lass den Motor an. Ich schließ ab.« Tom ging ins Haus zurück, löschte das Licht bis auf eine Lampe im

Wohnzimmer, zog die Tür hinter sich zu und schloss zweimal ab.

Er hatte Jonathan schon erklärt, dass sie zunächst Sens ansteuern würden, danach Troyes. Von Troyes aus ginge die Fahrt dann weiter nach Osten. Tom hatte eine Karte im Wagen. Ihr erster Treffpunkt sollte der Bahnhof von Sens sein. Tom reichte Jonathan die Thermosflasche hinein.

»Alles in Ordnung?«, fragte Tom. »Wenn du willst, dann halte ruhig mal an und trink einen Kaffee.« Er winkte fröhlich zum Abschied. »Du zuerst. Ich schließe das Tor zu und überhole dich später.«

Also fuhr Jonathan zuerst hinaus, Tom zog die Flügel zu, sicherte das Tor mit einem Vorhängeschloss und überholte Jonathan bald darauf auf dem Weg nach Sens, das nur eine halbe Stunde entfernt war. Jonathan kam anscheinend gut mit dem Renault klar. In Sens sprachen sie sich kurz. Auch in Troyes wollten sie sich am Bahnhof treffen. Tom kannte die Stadt nicht, und auf der Landstraße hintereinander herzufahren war riskant, aber ›La Gare‹ war in jedem Ort gut ausgeschildert.

Tom erreichte Troyes gegen eins. Seit über einer halben Stunde hatte er Jonathans Auto im Rückspiegel nicht mehr gesehen. Er betrat das Bahnhofslokal, trank einen Kaffee, dann noch einen und hielt durch die Glastür nach dem Renault Ausschau, der jeden Moment auf den Parkplatz vor dem Bahnhof einbiegen konnte. Schließlich zahlte er und ging. Er hatte sein Auto noch nicht erreicht, als der Renault am Fuß des Abhangs auf den Parkplatz fuhr. Tom winkte, Jonathan sah ihn.

»Alles okay?«, fragte Tom. Mit Jonathan schien alles

in Ordnung. »Wenn du einen Kaffee willst oder aufs Klo musst, geh lieber allein rein.«

Jonathan lehnte dankend ab. Tom überredete ihn aber zu einem Schluck Kaffee aus der Thermosflasche. Niemand beachtete sie. Gerade war ein Zug eingelaufen; zehn, fünfzehn Leute strebten ihren geparkten Autos zu oder wurden von anderen mit dem Wagen abgeholt.

»Von hier an nehmen wir die N 19«, sagte Tom. »Unser Ziel ist Bar – Bar-sur-Aube – und dort wieder der Bahnhof. Alles klar?«

Tom fuhr los. Kaum noch Verkehr auf der *Nationale*, abgesehen von zwei, drei riesigen Lastern, deren kastenförmige Anhänger von weißen oder roten Leuchten umrahmt waren: Schemen, die wie blind vorwärtsstrebten, mindestens blind für die zwei Leichen unter den Zeitungen hinten im Citroën, eine im Vergleich zur Ladung der Ungetüme winzige Last. Tom fuhr nicht schnell, höchstens neunzig. Am Bahnhof von Bar sprach er mit Jonathan; beide lehnten aus den Wagenfenstern.

»Ich muss bald tanken«, sagte Tom. »Ich will noch bis hinter Chaumont kommen, werde also an der nächsten Tankstelle halten, okay? Und du besser auch.«

»Gut«, sagte Jonathan.

Inzwischen war es Viertel nach zwei. »Bleib auf der alten N 19. Wir treffen uns am Bahnhof von Chaumont.«

Bevor Tom die Stadt verließ, hielt er noch an einer Total-Tankstelle. Gerade gab er dem Tankwart das Geld, als Jonathan hinter ihm einbog. Tom steckte sich eine Zigarette an, ohne zu Jonathan hinzusehen, und vertrat sich ein bisschen die Beine. Dann fuhr er den Wagen beiseite und ging auf die Toilette. Bis Chaumont waren es nur noch zweiundvierzig Kilometer.

Tom kam um fünf vor drei dort an. Nicht mal ein Taxi vor dem Bahnhof, nur ein paar Autos auf dem Parkplatz, niemand zu sehen. Offenbar kamen heute Nacht keine Züge mehr; das Bahnhofslokal war geschlossen. Als Jonathan eintraf, ging Tom zum Renault hinüber und sagte:

»Fahr mir nach. Ich suche eine abgelegene Stelle.«

Jonathan war inzwischen so übermüdet, dass er noch stundenlang hätte weiterfahren können. Der Renault fuhr sich straff, sprach schnell an und ließ sich leicht lenken. In diesem Teil des Landes kannte sich Jonathan gar nicht aus, doch das machte nichts. Und jetzt war es ganz einfach, denn er brauchte nur den roten Rücklichtern des Citroën zu folgen. Tom fuhr nun langsamer, zögerte zweimal an abzweigenden Nebenstraßen, bog aber nicht ab. Eine pechschwarze Nacht, wegen der Armaturenbeleuchtung war kein Stern zu sehen. Einige Autos kamen Jonathan entgegen, ein Laster überholte ihn. Dann sah er Toms Citroën rechts blinken und abbiegen. Er folgte ihm und sah die schwarze Schlucht der schmalen Straße erst, als er schon in ihr war. Es war eher ein Feldweg als eine Straße; er verschwand sofort in einem Wald und war so schmal, dass man nicht überholen konnte – ein Weg, wie er sich in Frankreich überall auf dem Lande findet und von Bauern oder Holzsammlern benutzt wird. Hier und da Schlaglöcher, Büsche streiften die Stoßstange.

Tom hielt an. Von der Abzweigung hatten sie in einem großen Bogen vielleicht zweihundert Meter zurückgelegt. Die Scheinwerfer des Citroën erloschen, aber die Innenbeleuchtung ging an, als Tom die Tür öffnete. Er ließ sie offen stehen und kam fröhlich winkend auf Jonathan zu, der gerade Motor und Licht abstellte. Für einen Moment hatte Jonathan ein Bild von Tom vor Augen, als bestünde er nur aus Licht. Er trug weite Hosen und eine grüne Wildlederjacke. Jonathan musste blinzeln.

Dann stand Tom neben seinem Wagenfenster. »In ein paar Minuten ist alles vorbei. Fahr fünf Meter zurück. Wie das beim Renault geht, weißt du?«

Jonathan ließ den Motor an. Als er den Gang einlegte, gingen die Rückfahrleuchten an. Er hielt, Tom öffnete die Beifahrertür des Renault und nahm den Kanister heraus. Die Taschenlampe hatte er dabei.

Tom goss Benzin über die Zeitungen und die beiden Leichen darunter, spritzte auch ein bisschen auf das Dach und auf die Polster der Vordersitze, die leider aus Plastik waren, nicht aus Stoff. Er blickte hinauf in die Bäume, deren Äste genau über ihm ein fast geschlossenes Dach bildeten; das frische Laub war noch nicht sommerlich grün. Ein paar Blätter würden versengt werden, aber es war ja für eine gute Sache. Tom schüttelte die letzten Tropfen aus dem Kanister auf den Boden des Citroën, wo Abfall herumlag, der Rest von einem Sandwich, eine alte Straßenkarte.

Jonathan kam langsam näher.

»Los geht's«, sagte Tom leise und zündete ein Streichholz an. Die Fahrertür stand immer noch offen. Er warf das brennende Streichholz auf den Rücksitz des Wagens. Sofort schlugen gelbe Flammen aus den Zeitungen.

Tom trat zurück, rutschte in einer Mulde am Wegrand aus und griff nach Jonathans Hand. »In den Wagen!«, flüsterte er und ging zum Renault. Er setzte sich ans Steuer und lächelte: Der Citroën brannte gut. Nun hatte auch das Dach Feuer gefangen, aus dessen Mitte, wie bei einer Kerze, eine schmale, gelbe Flamme emporzüngelte.

Jonathan stieg neben ihm ein.

Tom ließ den Motor an. Er atmete schwer, musste aber auf einmal lachen: »Also, ich finde das richtig gut. Du nicht? Das ist einfach toll!«

Die Scheinwerfer des Renault flammten auf und ließen das lodernde Brandopfer vor ihnen für einen Augenblick verblassen. Tom drehte sich im Sitz um, sah durch das Rückfenster nach hinten und setzte zügig zurück.

Jonathan starrte auf den brennenden Wagen, bis er hinter der Kurve verschwunden war. Rückwärts fuhren sie den Weg entlang.

Tom drehte sich wieder um. Sie hatten die Hauptstraße erreicht.

»Kannst du's von hier aus sehen?«, fragte Tom. Der Wagen schoss vorwärts.

Durch die Bäume glomm etwas wie ein Glühwürmchen, dann war es verschwunden. Oder hatte er sich das Licht nur eingebildet? »Nein«, sagte Jonathan, »jetzt gar nicht mehr.« Einen Augenblick machte ihm das Angst, so als hätten sie versagt, als sei das Feuer erloschen. Aber das konnte nicht sein. Der Wald hatte die Flammen einfach nur verschluckt. Trotzdem, irgendwer würde den Wagen finden. Nur wann? Und was war dann von ihm noch übrig?

Tom lachte: »Er brennt. Sie verbrennen! Wir sind aus dem Schneider!«

Tom warf einen Blick auf die Tachonadel, die auf hundertdreißig stand. Er ging vom Gas, bis sie einhundert anzeigte.

Er pfiff ein neapolitanisches Liedchen. Es ging ihm glänzend, er war überhaupt nicht müde, brauchte nicht einmal eine Zigarette. Wenige Freuden des Lebens reichten an das Vergnügen heran, Männer der Mafia zu beseitigen. Aber …

»Aber …«, begann Tom gut gelaunt.

»Aber was?«

»Es nützt so wenig, zwei von den Kerlen umzubringen. Das ist wie zwei Kakerlaken tottreten, wenn das ganze Haus von ihnen wimmelt. Trotzdem glaube ich, es ist die Mühe wert, und vor allem ist es doch schön, wenn die Mafia ab und zu sieht, dass jemand ihr schaden kann. In diesem Fall werden sie allerdings annehmen, eine andere Familie habe Lippo und Angi erledigt. Hoffentlich jedenfalls.«

Jonathan, inzwischen todmüde, kämpfte mit dem Schlaf. Er zwang sich, gerade zu sitzen, und grub die Fingernägel in die Handflächen. Mein Gott, es würde noch Stunden dauern, bis er zu Hause war – bei Tom oder bei Simone. Tom wirkte putzmunter, er trällerte jetzt das italienische Lied, das er vorher gepfiffen hatte:

Babbo non vuole, Mamma nemmeno
Come faremo per far' l'amor?

Dann geriet er ins Plaudern, erzählte von seiner Frau, die mit ein paar Freunden in einem Schweizer Chalet Urlaub machen wollte. Halbwegs wach wurde Jonathan erst, als Tom sagte: »Lehn dich zurück, Jon. Brauchst nicht wach zu bleiben. Ich hoffe, es geht dir gut?«

Er konnte nicht sagen, wie es ihm ging. Ein bisschen schwach fühlte er sich, aber das kannte er ja. Und er hatte Angst, daran zu denken, was gerade geschehen war, was noch geschah, an Fleisch und Knochen, die verbrannten und noch Stunden später schwelen würden. Trauer überkam ihn auf einmal, als verdüstere sich alles um ihn. Am liebsten hätte er die letzten Stunden aus seinem Gedächtnis gestrichen. Doch er war dabei gewesen, hatte geholfen, hatte getötet. Er lehnte sich zurück und döste vor sich hin. Tom redete gut gelaunt weiter vor sich hin, als unterhalte er sich mit jemandem, der ab und zu Antwort gab. Jonathan hatte Tom noch nie in solcher Hochstimmung erlebt. Was sollte er Simone sagen? Ihm wurde ganz schwach, wenn er nur daran dachte.

»Ich meine Messen, die auf Englisch gesungen werden«, sagte Tom. »Die finde ich einfach nur peinlich. Irgendwie halten wir uns in England und Amerika doch zugute, dass wir meinen, was wir sagen. Aber bei einer Messe auf Englisch ... Entweder hat der Chor den Verstand verloren, denkt man dann, oder er ist eine Bande von Lügnern. Hab ich recht? Sir John Stainer ...«

Jonathan wachte auf, als der Wagen hielt. Tom war rechts herangefahren, er trank Kaffee aus dem Becher der Thermosflasche. Lächelnd bot er auch ihm etwas an. Jonathan trank ein paar Schluck, dann fuhren sie weiter.

Im Morgengrauen kamen sie durch ein Dorf, in dem er noch nie gewesen war. Das Licht hatte ihn geweckt.

»In zwanzig Minuten sind wir zu Hause!«, verkündete Tom fröhlich.

Jonathan murmelte etwas und schloss wieder die Augen.

Nun redete Tom über das Cembalo, über sein Cembalo. »Bei Bach finde ich, man wird sofort wieder Mensch. Nur ein paar Takte, und schon …«

21

Jonathan schlug die Augen auf. Hatte er wirklich ein Cembalo gehört? Ja, das war kein Traum. Er hatte gar nicht richtig geschlafen. Die Musik kam von unten, brach ab, begann wieder. Vielleicht eine Sarabande. Müde hob Jonathan den Arm und sah auf seine Uhr: 8:38. Was mochte Simone jetzt tun? Was mochte sie denken?

Willenlos vor Erschöpfung sank Jonathan tiefer in das Kissen zurück. Auf Toms Drängen hatte er warm geduscht und war in einen seiner Pyjamas geschlüpft. Tom hatte ihm auch eine ungebrauchte Zahnbürste gegeben und gesagt: »Schlaf erst mal ein paar Stunden. Es ist viel zu früh.« Das war gegen sieben Uhr morgens gewesen. Er musste jetzt aufstehen. Da war Simone, er musste etwas tun, musste mit ihr reden. Stattdessen lag er schlaff da und lauschte dem Cembalo.

Tom spielte gerade die Unterstimme. Es klang ganz richtig – die tiefsten Töne, die ein Cembalo hervorbringen konnte. Wie er gesagt hatte, »man wird sofort wieder Mensch«. Jonathan zwang sich aufzustehen: Er kroch unter den blassblauen Laken und der dunkelblauen Wolldecke hervor, stand schwankend auf, hielt sich mühsam gerade und wankte zur Tür. Barfuß ging er die Treppe hinunter.

Tom hatte eine Partitur vor sich und spielte vom Blatt.

Die Oberstimme kam hinzu, und durch den Spalt zwischen den Vorhängen vor der Flügeltür fiel ein Sonnenstrahl auf Toms linke Schulter. Das Muster seines schwarzen Morgenmantels leuchtete golden auf.

»Tom?«

Er fuhr herum und stand auf: »Ja?«

Ein Blick in Toms erschrockenes Gesicht, und es ging Jonathan schlagartig schlechter. Als er wieder zu sich kam, saß er auf dem gelben Sofa, und Tom wischte ihm das Gesicht mit einem feuchten Lappen ab, einem Geschirrtuch.

»Einen Tee? Oder einen Brandy? Hast du deine Tabletten dabei?«

Jonathan fühlte sich hundeelend. Er kannte das, nur eine Transfusion konnte ihm jetzt helfen. Die letzte lag noch nicht lange zurück. Nur fühlte er sich diesmal schwächer als sonst. Lag das nur an der schlaflosen Nacht?

»Nun?«, drängte Tom.

»Tut mir leid, aber ich glaube, ich muss ins Krankenhaus.«

»Wir fahren hin«, sagte Tom. Er ging und kam mit einem Weinglas zurück. »Hier, Brandy mit Wasser, wenn du willst. Bleib sitzen, bin gleich zurück.«

Jonathan schloss die Augen. Das feuchte Tuch lag auf Stirn und Wange; er fror und war zu müde, sich zu rühren. Kaum eine Minute später, so kurz kam es ihm vor, stand Tom angezogen wieder vor ihm. Jonathans Kleider hatte er mitgebracht.

»Da fällt mir ein, wenn du in meinen Mantel schlüpfst, brauchst du dich nicht anzuziehen.«

Jonathan folgte seinem Rat. Dann saßen sie wieder im

Renault und fuhren nach Fontainebleau, Jonathans Kleider sauber gefaltet zwischen ihnen. Tom fragte ihn, auf welche Station er gehen müsse, um im Krankenhaus sofort eine Transfusion zu bekommen.

»Ich muss mit Simone reden«, sagte Jonathan.

»Das wirst du auch – allein oder mit mir zusammen. Zerbrich dir darüber jetzt nicht den Kopf.«

»Könntest du sie hinfahren?«, fragte Jonathan.

»Ja«, erwiderte Tom bestimmt. Bis zu diesem Moment hatte er sich um Jonathan keine Sorgen gemacht. Ihn selber würde Simone gar nicht gerne sehen, aber sie würde ihren Mann besuchen, mit ihm oder alleine. »Du hast immer noch kein Telefon zu Hause?«

»Nein.«

Im Krankenhaus sprach Tom mit einer Frau in der Aufnahme. Sie begrüßte Jonathan wie einen alten Bekannten. Tom stützte ihn. Als er ihn dem zuständigen Arzt übergeben hatte, sagte er: »Ich hole Simone her, Jonathan. Keine Sorge.« Dann fragte er die Frau an der Aufnahme, die einen Schwesternkittel trug: »Glauben Sie, eine Transfusion wird reichen?«

Sie nickte freundlich, und Tom beließ es dabei. Er wusste nicht, ob sie überhaupt etwas von der Sache verstand. Den Arzt hätte er fragen sollen. Tom stieg in sein Auto und fuhr zur Rue Saint-Merry. Er fand einen freien Parkplatz wenige Meter vom Haus, stieg aus und ging zu der kleinen Vortreppe mit dem schwarzen Geländer. Er sah übernächtigt aus und konnte eine Rasur gebrauchen, andererseits überbrachte er eine Nachricht, die Madame Trevanny interessieren dürfte. Er klingelte.

Niemand öffnete. Er klingelte noch einmal und hielt auf dem Gehweg nach Simone Ausschau. Heute war Sonntag, kein Markttag in Fontainebleau, aber um zehn vor zehn konnte sie kurz etwas besorgen oder mit Georges in die Kirche gegangen sein.

Langsam stieg er die Stufen hinab. Unten sah er dann Simone, die mit Georges an der Seite und einem Einkaufskorb am Arm auf ihn zukam.

»*Bonjour,* Madame«, sagte Tom höflich, obwohl sie vor Feindseligkeit sprühte. »Ich wollte Ihnen nur etwas über Ihren Mann berichten. – *Bonjour,* Georges.«

»Ich will nichts von Ihnen«, sagte Simone. »Ich will nur wissen, wo mein Mann ist.«

Georges musterte Tom aufmerksam und unbeteiligt. Er hatte die Augen und die Brauen seines Vaters. »Es geht ihm wohl ganz gut, Madame, aber …« Tom hasste es, so etwas auf der Straße sagen zu müssen: »Er ist im Krankenhaus. Ich glaube, er bekommt gerade Blut übertragen.«

Simone schien entnervt und wütend zugleich, so als mache sie Tom dafür verantwortlich.

»Könnten wir bitte im Haus weiterreden, Madame? Das würde vieles erleichtern.«

Simone zögerte kurz und stimmte dann zu, nur aus Neugier, wie Tom glaubte. Sie zog einen Schlüssel aus der Manteltasche und schloss auf. Dass der Mantel nicht neu war, entging ihm nicht. »Was ist mit ihm?«, fragte sie, als sie in dem schmalen Flur standen.

Tom holte tief Luft und sagte ganz ruhig: »Wir mussten die ganze Nacht durchfahren. Ich glaube, er ist einfach nur erschöpft. Aber natürlich fand ich, Sie sollten das wissen.

Gerade eben habe ich ihn ins Krankenhaus gebracht. Er konnte selber gehen. Ich denke, er ist außer Gefahr.«

»Papa! Ich will zu Papa!« Georges klang beleidigt, als habe er schon am gestrigen Abend vergebens nach ihm verlangt.

Simone hatte den Einkaufskorb abgesetzt. »Was haben Sie mit meinem Mann gemacht? Er ist nicht mehr derselbe, seit – seit er Sie getroffen hat, *M'sieur!* Wenn Sie ihn nicht in Ruhe lassen, dann werde ich …«

Wäre ihr Sohn nicht dabei gewesen, hätte sie wohl gesagt, dann werde sie ihn umbringen.

Sie nahm sich zusammen und fragte verbittert: »Warum nur haben Sie Macht über ihn?«

»Das habe ich nicht, und das hatte ich nie. Außerdem ist die Sache nun wohl erledigt«, sagte Tom. »Ich kann das jetzt unmöglich erklären.«

»Was für eine Sache?«, fragte Simone. Bevor Tom antworten konnte, fuhr sie fort: »*M'sieur,* Sie sind ein Verbrecher, und Sie führen andere ins Verderben! Womit haben Sie ihn erpresst? Und warum?«

Erpressung, hatte sie gesagt, *chantage* … Das war so abwegig, dass Tom anfangs nur stammeln konnte. »Madame, niemand nimmt Geld von Jonathan. Oder sonst etwas. Ganz im Gegenteil. Und er hat nichts getan, was anderen Macht über ihn geben könnte.« Tom sprach aus tiefstem Herzen, und das musste er auch, denn Simone war das Sinnbild der tugendhaften, rechtschaffenen Ehefrau, wie sie ihm jetzt mit zornig funkelnden Augen und tief gerunzelter Stirn entgegentrat, so mächtig wie Nike, die geflügelte Siegesgöttin von Samothrake. »Wir haben die Nacht mit

Saubermachen verbracht.« Dabei kam er sich schäbig vor. Auf einmal verließ ihn sein sonst so beredtes Französisch. Mit solchen Worten war er der tugendhaften Gefährtin vor ihm nicht gewachsen.

»Saubermachen?« Sie bückte sich und nahm den Korb auf. »*M'sieur*, ich wäre Ihnen verbunden, wenn Sie jetzt gehen würden. Danke, dass Sie mir gesagt haben, wo mein Mann ist.«

Tom nickte. »Wenn Sie wollen, fahre ich Sie und Georges gern zum Krankenhaus. Mein Wagen steht gleich vor der Tür.«

»Merci, non.« Sie stand mitten im Flur, blickte über die Schulter zurück und wartete darauf, dass er das Haus verließ. »Komm, Georges!«

Tom ging hinaus und stieg ins Auto. Er dachte daran, beim Krankenhaus vorbeizufahren und nach Jonathan zu fragen, Simone würde mindestens zehn Minuten dorthin brauchen, ob nun zu Fuß oder per Taxi. Doch dann beschloss er, von Belle Ombre aus anzurufen. Er fuhr nach Hause. Dort angekommen, wollte er nicht mehr anrufen. Inzwischen könnte Simone bei ihm sein. Hatte Jonathan nicht gesagt, eine Transfusion dauere mehrere Stunden? Er hoffte nur, diese Krise sei nicht der Anfang vom Ende.

Im Radio suchte er *France Musique*, damit er sich weniger allein fühlte, zog die Vorhänge auf, ließ die Sonne herein, räumte die Küche auf. Er goss sich ein Glas Milch ein, ging hinauf, zog den Pyjama wieder an und schlüpfte zwischen die Laken. Rasieren konnte er sich nach dem Aufstehen.

Hoffentlich konnte Jonathan sich mit Simone versöhnen.

Doch die Frage blieb: Was hatte die Mafia mit alledem zu tun? Und welche Verbindung gab es zwischen ihr und zwei deutschen Ärzten?

Über diesem unlösbaren Problem döste Tom ein. Und dann war da noch Reeves. Wie erging es ihm dort unten in Ascona? Reeves, der Tollkopf ... Nach wie vor mochte er den Mann, ganz tief drinnen. Reeves tat nicht immer das Richtige, aber er hatte das Herz, das verrückte Herz, auf dem rechten Fleck.

Simone saß neben dem Bett, auf dem Jonathan lag – eine flache Liege, mehr Räder als Bett. Durch eine Kanüle floss Blut in seine Armvene. Wie immer vermied er jeden Blick auf die Blutkonserve. Simone schien ihm zutiefst verbittert zu sein. Sie hatte mit der Schwester gesprochen, aber außer Hörweite, und wenn sie etwas über seinen Zustand erfahren hatte, dann jedenfalls nichts Ernstes, sonst wäre sie besorgter und liebevoller gewesen. Sein Kopf ruhte auf einem Kissen, eine weiße Decke wärmte ihn von der Hüfte abwärts.

»Und du trägst auch noch den Pyjama dieses Mannes«, sagte Simone.

»Schatz, irgendwas musste ich zum Schlafen doch anziehen. Wir sind erst gegen sechs Uhr morgens zu Hause gewesen ...« Erschöpft und verzweifelt brach er ab. Simone hatte ihm erzählt, Tom sei vorbeigekommen, um ihr zu sagen, wo sie ihn finde. Und dass sie daraufhin wütend geworden sei. Jonathan hatte sie noch nie so verbittert erlebt. Tom war ihr zuwider, als wäre er Henri Landru, der Massenmörder, oder Svengali. »Wo ist Georges?«, fragte er.

»Ich habe Gérard angerufen. Yvonne und er kommen um halb elf vorbei. Georges wird ihnen aufmachen.«

Sie würden auf Simone warten und dann alle gemeinsam nach Nemours zum sonntäglichen Mittagessen fahren. »Die wollen mich bis mindestens drei Uhr dabehalten, das weiß ich«, sagte Jonathan. »Wegen der Tests, du weißt schon.« Sie kannte das: Wahrscheinlich würden sie eine weitere Knochenmarkprobe entnehmen, was nur zehn oder fünfzehn Minuten dauerte, doch dann blieben noch weitere Tests, die Urinuntersuchung, die Milzpalpation. Jonathan ging es nach wie vor nicht gut, und er wusste nicht, was noch kommen würde. Simones Härte verunsicherte ihn zusätzlich.

»Ich verstehe das nicht, Jon. Ich verstehe das einfach nicht«, sagte sie. »Warum triffst du dich mit diesem Ungeheuer?«

Tom war eigentlich kein Ungeheuer. Aber wie sollte er ihr das klarmachen? Er versuchte es noch einmal: »Diese Männer gestern Abend, das waren Killer, verstehst du? Die hatten Pistolen und Garrotten dabei. *Tu comprends, des garrottes.* Sie haben Toms Haus überfallen.«

»Und warum warst du da?«

Die Ausrede mit den Bildern, die Tom gerahmt haben wollte, konnte er vergessen. Nur für ein paar Aufträge würde er Tom wohl kaum helfen, Leute umzubringen und Leichen wegzuschaffen. Außerdem, welchen Gefallen hätte Tom ihm tun sollen, um ihn so hilfsbereit zu stimmen? Jonathan schloss die Augen, riss sich zusammen und versuchte, klar zu denken.

»Madame …« Die Schwester.

Sie sagte Simone, ihr Mann brauche jetzt Ruhe. »Ich verspreche dir, Simone, ich werde alles erklären.«

Simone war aufgestanden. »Ich glaube, das kannst du gar nicht. Ich glaube, du hast Angst. Dieser Mann hat dich in der Falle gefangen, und zwar mit Geld. Er bezahlt dich. Aber wofür? Ja, sollst denn auch du für mich ein Verbrecher sein, so wie dieses Ungeheuer?«

Die Krankenschwester war gegangen, sie konnte sie nicht hören. Mit halb geschlossenen Augen sah Jonathan seine Frau an, verzweifelt, sprachlos und, fürs Erste zumindest, besiegt. Würde er sie je überzeugen können, dass die Dinge nicht so schwarz und weiß waren, wie sie dachte? Jonathan spürte den kalten Hauch der Furcht, die Ahnung des Scheiterns, des Todes.

Und jetzt verließ ihn Simone, als sei das letzte Wort gesprochen – *ihr* Wort, *ihre* Meinung. In der Tür drehte sie sich um und warf ihm eine Kusshand zu, doch eher gedankenlos, so wie ein Kirchgänger, der vor einer Statue automatisch kurz das Knie beugt. Dann war sie verschwunden. Der Tag lag vor ihm wie ein böser Traum. Womöglich musste er über Nacht im Krankenhaus bleiben. Er schloss die Augen und warf den Kopf hin und her.

Um ein Uhr mittags waren die Untersuchungen fast beendet.

»*M'sieur,* Sie standen in letzter Zeit ziemlich unter Druck, nicht wahr?«, fragte ein junger Arzt. »Irgendwelche außergewöhnlichen Belastungen?« Er lachte. »Ein Umzug vielleicht? Zu viel Gartenarbeit?«

Jonathan lächelte höflich. Es ging ihm ein bisschen besser. Plötzlich musste auch er lachen, aber nicht über die Worte des Arztes. Was, wenn der morgendliche Zusammenbruch der Anfang vom Ende gewesen war? Jonathan war stolz auf sich, weil er das hier durchgestanden hatte, ohne den Kopf zu verlieren. Vielleicht gelang ihm das auch, wenn es eines Tages ernst wurde. Zum letzten Test, der Milzpalpation, schickten sie ihn den Flur hinunter.

»Monsieur Trevanny? Ein Anruf für Sie«, sagte eine Schwester. »Da Sie gerade hier sind …« Sie deutete auf einen Schreibtisch mit einem Telefon. Der Hörer lag neben dem Apparat. Sicher war es Tom.

»Hallo?«

»Jonathan, hier ist Tom. Wie geht's denn? … Kann ja nicht so schlimm sein, wenn du schon wieder auf den Beinen bist … Wie schön.« Tom klang ehrlich erfreut.

»Simone war hier. Vielen Dank«, sagte Jonathan. »Aber sie ist …« Sie sprachen englisch, dennoch fand er kaum Worte.

»Die letzte Zeit war nicht leicht für dich, das verstehe ich.« Eine Platitüde. Tom hörte die Angst in Jonathans Stimme. »Ich habe heute Morgen getan, was ich konnte, aber willst du … Soll ich es noch einmal versuchen?«

Jonathan fuhr sich mit der Zunge über die trockenen Lippen. »Ich weiß nicht. Es ist ja nicht so, als hätte sie –« Er wollte sagen: »mit irgendwas gedroht«, etwa ihn zu verlassen und Georges mitzunehmen. »Ich weiß nicht, ob du überhaupt etwas ausrichten kannst. Sie ist so …«

Tom verstand. »Lass es mich versuchen, ja? Ich mache das. Kopf hoch, Jonathan! Du kommst heute nach Hause?«

»Weiß ich nicht. Glaube schon. Übrigens, Simone ist heute zum Mittagessen bei ihrer Familie in Nemours.«

Tom sagte, er werde gegen fünf bei ihr vorbeischauen. Sollte Jonathan dann wieder zu Hause sein, umso besser.

Dass Simone kein Telefon hatte, fand Tom misslich. Hätte sie andererseits Telefon gehabt, hätte er auf die Frage, ob er vorbeikommen könne, wahrscheinlich nur ein entschiedenes Nein zu hören bekommen. Bei einem Blumenhändler nahe dem Schloss von Fontainebleau kaufte er gelbe Treibhausdahlien, denn sein eigener Garten gab noch nichts Präsentables her. Um zwanzig nach fünf klingelte Tom an der Tür der Trevannys.

Von innen hörte er Schritte, dann Simones Stimme: »*Qui est-ce?*«

»Tom Ripley.«

Pause.

Dann öffnete sie mit versteinerter Miene.

»Guten Tag – *bonjour encore*«, sagte Tom. »Hätten Sie wohl ein paar Minuten Zeit für mich? Ist Jonathan schon zurück?«

»Er kommt um sieben nach Hause. Sie geben ihm noch eine Transfusion«, erwiderte Simone.

»Ah ja?« Tom riskierte es und trat ein, auf die Gefahr hin, dass Simone wütend wurde. »Die hab ich Ihnen mitgebracht, Madame. Für Ihr Haus.« Mit einem Lächeln gab er ihr die Blumen. »Und Georges: *Bonjour,* Georges.« Tom streckte die Hand aus, der Junge nahm sie und sah lächelnd zu ihm auf. Tom hatte daran gedacht, ihm Süßigkeiten mitzubringen, doch er wollte es nicht übertreiben.

»Was ist?«, fragte Simone, nach einem kühlen *»merci«* für die Blumen.

»Ich muss Ihnen unbedingt einiges erklären. Letzte Nacht zum Beispiel. Deshalb bin ich hier, Madame.«

»Und Sie glauben, das könnten Sie?«

Er erwiderte ihren Sarkasmus mit einem frischen, offenen Lächeln. »Soweit man die Mafia überhaupt erklären kann. Ja natürlich, da fällt mir ein, ich hätte mich wohl auch freikaufen können. Geld ist schließlich alles, was die wollen, nicht? In diesem Fall bin ich mir allerdings nicht so sicher, weil es für die speziell gegen mich ging.«

Simone wurde neugierig, was ihre Abneigung gegen Tom jedoch keineswegs minderte. Sie war einen Schritt zurückgetreten.

»Könnten wir nicht vielleicht ins Wohnzimmer gehen?«

Simone ging voran, Georges folgte ihnen. Er sah Tom unentwegt an. Simone wies auf das Sofa. Tom setzte sich und tätschelte das schwarze Leder; er wollte ihr ein Kompliment zu dem Chesterfield machen und tat es dann doch nicht.

»Ja, speziell gegen mich«, wiederholte er. »Ich – sehen Sie, ich war zufällig, rein zufällig im selben Zug wie Ihr Mann, als er neulich aus München zurückfuhr. Von einem Arztbesuch, Sie wissen schon.«

»Ja.«

»Muniche!« Georges strahlte über das ganze Gesicht, als freue er sich auf eine Geschichte.

Tom lächelte ihn an. »*Muniche. – Alors,* in diesem Zug … Ich hatte da meine Gründe, und ich will Ihnen offen gestehen, Madame, dass ich ab und zu das Gesetz in die eigene Hand nehme, genau wie die Mafia, nur mit dem Unterschied, dass ich keine ehrlichen Menschen erpresse, dass ich Leuten kein Schutzgeld abknöpfe, die nie Schutz bräuchten, würde ich sie nicht bedrohen.« Das war so abstrakt, dass Georges ihm bestimmt nicht folgen konnte, auch wenn ihn der Junge nicht aus den Augen ließ.

»Worauf wollen Sie hinaus?«, fragte Simone.

»Darauf, dass ich in dem Zug eines dieser Schweine getötet und das andere schwer verletzt habe. Ich habe den Kerl aus dem Zug gestoßen, Jon war dabei und hat mich gesehen. Verstehen Sie …« Nur kurz ließ er sich von dem Entsetzen beirren, das Simone ins Gesicht geschrieben stand, von ihrem ängstlichen Blick zu Georges hinüber, der die Geschichte aufmerksam verfolgte und vielleicht glaubte, mit den »Schweinen« seien richtige Tiere gemeint oder Tom denke sich das alles nur aus. »Sehen Sie, ich hatte Zeit, Jonathan meine Lage zu erklären. Wir standen zwischen zwei Wagen im fahrenden Zug. Jonathan hat nur für mich Schmiere gestanden, mehr nicht. Doch dafür bin ich ihm dankbar. Er hat mir geholfen. Und zwar, wie Sie hoffentlich einsehen werden, für einen guten Zweck. Denken Sie nur daran, wie schwer es die französische Polizei im Süden hat, unten in Marseille, wo sie die Drogenhändler der Mafia bekämpft. Oder es wenigstens versucht. Aber bei diesen Leuten, das wissen Sie, muss man immer damit rechnen, dass sie gefährlich zurückschlagen. Genau das ist gestern Nacht passiert. Ich …« Sollte er zugeben, dass er Jonathan um Hilfe gebeten hatte? Ja. »Es ist einzig und allein meine Schuld, dass Jonathan in meinem Haus war. Ich hatte ihn nämlich gefragt, ob er mir noch einmal helfen würde.«

Simone wirkte verstört und zutiefst argwöhnisch. »Selbstverständlich gegen Geld.«

Das hatte Tom erwartet. Er blieb ruhig. »Nein. Nein, Madame.« Es war Ehrensache, wollte er schon sagen, doch das passte nicht richtig, nicht einmal in seinen Augen. Aus Freundschaft – aber das würde ihr gar nicht gefallen. »Jonathan hat es aus Güte getan. Aus Güte und Mut. Sie sollten ihn nicht verurteilen.«

Simone schüttelte ungläubig den Kopf. »Mein Mann ist kein Polizist, Monsieur. Warum sagen Sie mir nicht einfach die Wahrheit?«

»Aber das tue ich doch«, erwiderte Tom schlicht und breitete die Arme aus.

Angespannt hockte Simone auf dem Sessel und knetete die Finger. »Vor Kurzem hat mein Mann eine ganze Menge Geld bekommen. Wollen Sie behaupten, damit hätten Sie nichts zu tun?«

Tom lehnte sich zurück und kreuzte die Füße, die in seinen ältesten, ausgelatschten Schnürstiefeln steckten. »Ach ja. Er hat mir kurz davon erzählt.« Er lächelte. »Die deutschen Ärzte haben eine Wette abgeschlossen und den gesamten Einsatz Jonathan anvertraut. Hab ich recht? Ich dachte, das wüssten Sie.«

Simone hörte nur zu und wartete.

»Außerdem, sagt Jonathan, haben sie ihm einen Bonus gezahlt, eine Art Prämie. Schließlich benutzen sie ihn für ihre Versuche.«

»Mir hat er noch gesagt, die Mittel wären eher ungefährlich. Warum sollten sie ihm dann Geld geben?« Sie schüttelte den Kopf, lachte kurz auf. *»Non, M'sieur!«*

Tom schwieg. Seine Miene verriet Enttäuschung, und das sollte sie auch. »Man hat schon seltsamere Sachen gesehen,

Madame. Ich habe lediglich das wiedergegeben, was Jonathan mir erzählt hat. Und für mich gibt es keinen Grund, an seinen Worten zu zweifeln.«

Mehr war nicht zu sagen. Simone rutschte unruhig auf ihrem Sessel herum, dann stand sie auf. Sie hatte ein liebliches Gesicht mit klaren Augen, schön geschwungenen Brauen und einem klugen Mund, der je nachdem sanft oder hart wirken konnte. Im Moment wirkte er gerade hart. Sie verzog ihn zu einem höflichen Lächeln. »Und was wissen Sie über Monsieur Gauthiers Tod? Etwa gar nichts? Ich meine, Sie wären ein guter Kunde gewesen?«

Tom war aufgestanden und stellte sich wenigstens diesem Angriff reinen Gewissens: »Ich weiß, dass er überfahren wurde, Madame, und dass der Fahrer geflüchtet ist.«

»Mehr wissen Sie nicht?« Ihre Stimme war jetzt höher und bebte.

»Ich weiß, dass es ein Unfall war.« Wenn er doch nur nicht französisch sprechen müsste. Seinem Gefühl nach klang er zu grob. »Dieser Unfall war sinnlos. Falls Sie glauben, Madame, ich hätte … dass ich damit irgendetwas zu tun hätte, dann verraten Sie mir vielleicht, warum. Also wirklich, Madame!« Er betrachtete Georges, der sich nach einem Spielzeug bückte. Gauthiers Tod hätte aus einer griechischen Tragödie stammen können. Nein, das stimmte nicht: In griechischen Tragödien geschah nichts ohne Grund.

Es zuckte um ihre Mundwinkel. Verbittert sagte Simone: »Ich hoffe, nun werden Sie Jonathan nicht mehr brauchen.«

»Und wenn doch, werde ich mich nicht an ihn wenden«, erwiderte Tom freundlich. »Wie geht es –«

Sie fiel ihm ins Wort: »Ich denke, dann sollten Sie sich an die Polizei wenden. Die wären die Richtigen, oder? Aber vielleicht sind Sie ja selbst bei der Polizei? Oder beim amerikanischen Geheimdienst?«

Simones Sarkasmus war offenbar tief verwurzelt. Sie würde er nie für sich einnehmen können. Tom lächelte dünn, obwohl er gekränkt war. Er hatte in seinem Leben schon Schlimmeres zu hören bekommen, aber in diesem Fall war es besonders schade, weil er Simone so gern für sich gewonnen hätte. »Nein, das bin ich nicht. Ab und zu sitze ich in der Patsche, aber das wissen Sie, glaube ich.«

»Ja, das weiß ich.«

»Was ist das, eine Patsche?«, meldete sich Georges zu Wort und wandte den blonden Kopf seiner Mutter zu. Er stand dicht bei ihnen.

Tom hatte das Wort *pétrin* benutzt, das ihm nicht gleich eingefallen war.

»Schsch, Georges«, sagte seine Mutter.

»Doch in diesem Fall müssen Sie zugeben, Madame, dass es gut war, gegen die Mafia anzugehen.« Auf welcher Seite stehen Sie eigentlich, wollte Tom sie fragen, aber er wollte nicht zu dick auftragen.

»Monsieur Ripley, Sie sind mir als Mensch in höchstem Maße unheimlich. Mehr weiß ich nicht. Und ich wäre Ihnen sehr dankbar, wenn Sie meinen Mann und mich von nun an in Ruhe ließen.«

Toms Blumen lagen im Flur auf dem Tisch. Keine Vase, kein Wasser.

»Wie geht es Jonathan?«, fragte er im Flur. »Hoffentlich besser?« Er hatte hinzufügen wollen, er hoffe, Jonathan werde am Abend zu Hause sein, fürchtete aber, Simone könne denken, er wolle ihn noch einmal benutzen.

»Ich glaube, es geht ihm gut – jedenfalls besser. Guten Tag, Mr. Ripley.«

»Auf Wiedersehen und vielen Dank«, erwiderte Tom. »*Au revoir,* Georges.« Er strich dem Jungen übers Haar. Georges lächelte ihn an.

Tom ging zu seinem Wagen. Gauthier: ein vertrautes Gesicht, ein Mann aus seiner Nachbarschaft. Für immer fort. Es kränkte ihn, dass Simone dachte, er habe etwas mit seinem Tod zu tun, habe ihn sogar arrangiert, auch wenn Jonathan ihm schon vor Tagen gesagt hatte, Simone glaube das. Herrgott, was für ein Schandfleck! Na ja, unbefleckt war er nicht gerade, zugegeben. Schlimmer noch, er hatte Menschen getötet, das stimmte. Dickie Greenleaf, das war die Schande, das wahre Verbrechen. Das heiße Blut der Jugend. Ach Quatsch! Gier war es gewesen, Eifersucht, Neid auf Dickie. Und wegen seines Todes, besser gesagt, seiner Ermordung, hatte er dann natürlich diesen amerikanischen Dreckskerl Freddie Miles umbringen müssen. Alles lange her. Aber er hatte es getan, ja. Die Polizei hatte ihn eine Zeit lang verdächtigt. Nur hatte sie ihm damals nichts nachweisen können. Die Geschichte war an die Öffentlichkeit gedrungen und in ihr Gedächtnis gesickert wie Tinte in ein Löschblatt. Tom schämte sich dafür. Eine Jugendsünde, ein furchtbarer Fehler. Ein tödlicher Fehler, mochte man meinen, hätte er nicht danach unglaublich viel Glück gehabt. Er hatte es überlebt, jedenfalls physisch. Und wenn er seither, nun – jemanden ermordet hatte, Murchison etwa, dann doch mit Sicherheit auch zum Schutze anderer.

Simone war schockiert (welche Frau wäre das nicht?), weil sie zwei Leichen in Belle Ombre gesehen hatte, als sie gestern Abend das Haus betrat. Aber hatte er nicht auch ihren Mann beschützt, nicht nur sich selbst? Hätte die Mafia ihn in die Finger bekommen und gefoltert, wäre er dann nicht mit Jonathan Trevannys Namen und Adresse herausgerückt?

Dabei fiel ihm Reeves Minot ein. Wie es ihm wohl ging? Er sollte ihn anrufen. Tom stand vor seinem Wagen und starrte stirnrunzelnd auf die Tür. Sie war nicht einmal abgeschlossen, und die Schlüssel hingen, wie üblich bei ihm, am Armaturenbrett.

22

Der Knochenmarktest, den ein Arzt am Sonntagnachmittag durchgeführt hatte, ergab nichts Gutes. Sie wollten Jonathan deshalb über Nacht dabehalten und ein Verfahren namens »Vincainestine« anwenden, das auf einen Austausch allen Blutes im Körper hinauslief. Jonathan kannte das schon.

Kurz nach sieben kam Simone ihn besuchen. Man hatte ihm mitgeteilt, sie habe vorher schon angerufen, aber bei dem Anruf hatte man ihr nicht gesagt, dass er über Nacht dableiben müsse. Simone war überrascht.

»Dann also morgen.« Mehr wusste sie offenbar nicht zu sagen.

Jonathans Kopf ruhte erhöht auf zwei Kissen. Er trug ein weites Krankenhaushemd anstelle von Toms Pyjama, und in jedem Arm steckte eine Kanüle. Er war schrecklich weit von Simone entfernt. Oder war das nur sein Gefühl? »Wahrscheinlich morgen früh. Du brauchst mich nicht abzuholen, Liebes, ich nehme ein Taxi. – Wie war dein Tag? Wie geht's deiner Familie?«

Simone ignorierte die Fragen. »Dein Freund, Monsieur Ripley, hat mich heute Nachmittag besucht.«

»Ach ja?«

»Er steckt so voller Lügen, dass man gar nicht weiß, ob

man ihm auch nur irgendwas glauben kann. Wahrscheinlich nicht.« Simone sah sich um, aber da war niemand. In dem Krankensaal von Jonathans Station standen viele Betten. Nicht alle waren belegt, die beiden links und rechts von ihm aber schon. Ein Patient hatte Besuch.

Sie konnten nicht ungestört reden.

»Georges wird enttäuscht sein, dass du heute noch nicht kommst.«

Dann ging sie.

Als Jonathan am nächsten Morgen gegen zehn nach Hause kam, bügelte Simone gerade die Wäsche des Jungen.

»Geht es dir gut? Hast du gefrühstückt? Möchtest du Tee? Oder Kaffee?«

Jonathan ging es besser – nach einer solchen Behandlung ging es einem immer besser, bis die Krankheit wieder angriff und das Blut zerstörte. Er wollte nur baden. Nach dem Bad zog er andere Sachen an, eine alte hellbraune Cordhose und zwei Pullover übereinander, weil es an diesem Morgen kühl war. Aber vielleicht war er auch nur empfindlicher als sonst. Simone trug ein kurzärmeliges Wollkleid. Der *Figaro,* die Morgenzeitung, lag einmal gefaltet auf dem Küchentisch mit der Titelseite nach oben, so wie immer, aber nur lose zusammengelegt. Offenbar hatte Simone schon hineingeschaut.

Simone sah nicht von der Arbeit auf, also nahm er die Zeitung und ging ins Wohnzimmer. In der unteren Ecke der zweiten Seite fand er einen Bericht über zwei Spalten:

ZWEI LEICHEN IN AUTO VERBRANNT

Datiert war er vom 14. Mai in Chaumont. Ein Bauer namens René Gault, 55, hatte den noch rauchenden Citroën am frühen Sonntagmorgen gefunden und sofort die Polizei alarmiert. Anhand der unversehrten Ausweise in den Brieftaschen der Toten konnten diese als Angelo Lippari, 33, Bauunternehmer, und Filippo Turoli, 31, Verkäufer, identifiziert werden. Lippari war an einem mehrfachen Schädelbruch gestorben, Turolis Todesursache war noch unbekannt. Man nahm allerdings an, er sei schon tot oder bewusstlos gewesen, als das Auto in Flammen aufging. Die Polizei hatte noch keinerlei Spuren, ermittelte aber weiter.

Die Garrotte war offenbar vollständig verkohlt und Lippo war so weitgehend verbrannt, dass auch die Striemen der Schlinge verschwunden waren.

Simone stand in der Tür, einen Stapel gefalteter Wäsche auf dem Arm. »Nun? Ich hab's gelesen. Die zwei Italiener.«

»Ja.«

»Und du hast Monsieur Ripley dabei geholfen. Das nennt ihr also ›Saubermachen‹!«

Jonathan sagte nichts. Er seufzte auf und setzte sich auf das angenehm knarrende, luxuriöse Ledersofa, doch kerzengerade, damit Simone nicht dachte, er weiche ihr mit der alten Schwäche aus. »Irgendwas mussten wir mit ihnen tun.«

»Und du musstest eben einfach helfen«, sagte sie. »Jon, ich finde, wir sollten darüber reden, nun da Georges gerade nicht hier ist.« Sie legte die Wäsche auf das hüfthohe Bücherregal neben der Tür und setzte sich auf die Armlehne des Sessels. »Du sagst mir nicht die Wahrheit, und

Monsieur Ripley auch nicht. Ich frage mich, was du in Zukunft noch alles für ihn tun musst.« Bei den letzten Worten wurde sie laut, fast hysterisch.

»Nichts.« Da war er sich sicher. Sollte Tom ihn dennoch um eine weitere Gefälligkeit bitten, würde er einfach Nein sagen. In diesem Moment kam ihm das ganz einfach vor. Er musste Simone halten, koste es, was es wolle. Sie war ihm mehr wert als Tom, mehr als alles, was dieser Mann ihm bieten konnte.

»Ich begreife das einfach nicht. Du hast gestern Nacht doch gewusst, was du tust. Du hast ihm geholfen, diese Männer umzubringen, nicht?« Sie sprach jetzt mit leiser und zittriger Stimme.

»Wir mussten uns schützen, nach dem, was passiert war.«

»Ach ja, das hat mir Monsieur Ripley schon erklärt. Rein zufällig wart ihr im gleichen Zug aus München, stimmt's? Und du, du hast … ihm wirklich geholfen, zwei Menschen zu töten?«

»Mafiamänner«, erwiderte Jonathan. Was hatte Tom ihr noch alles erzählt?

»Du, ein ganz normaler Reisender, hilfst einem Mörder? Und das soll ich dir glauben, Jonathan?«

Er schwieg, versuchte verzweifelt zu denken. Die Antwort war Nein. »Dir scheint nicht klar zu sein, dass sie zur Mafia gehörten«, wollte er wiederum sagen. »Sie haben Tom Ripley überfallen.« Was wiederum gelogen wäre, jedenfalls, was die Zugfahrt anging. Er presste die Lippen zusammen und lehnte sich auf dem breiten Sofa zurück. »Ich erwarte nicht, dass du mir das glaubst. Ich will nur zwei Sachen sagen: Damit ist jetzt Schluss. Und: Die Männer, die wir umgebracht haben, waren selber Mörder und Verbrecher. Das musst du zugeben.«

»Arbeitest du in deiner Freizeit etwa insgeheim für die Kripo? Jon, warum bezahlt man dich dafür? Du – ein Killer!« Sie stand auf, ballte die Fäuste. »Du bist mir fremd geworden. Jetzt erst kenne ich dich richtig.«

»Ach, Simone ...« Auch er stand auf.

»Ich kann dich nicht mehr lieben. Ich mag dich nicht mal mehr.«

Jonathan traute seinen Ohren nicht. Sie hatte es auf Englisch gesagt.

Auf Französisch fuhr sie fort: »Du verschweigst mir etwas, das ist klar. Und ich will nicht einmal wissen, was es ist. Verstehst du? Etwas Schreckliches muss dich mit Monsieur Ripley, diesem Scheusal, verbinden. Ich frage mich nur, was?« Sie klang wieder bitter und sarkastisch. »Es muss so widerlich sein, dass du es mir nicht erzählen kannst. Das würde mich jedenfalls nicht wundern. Sicher deckst du ihn wegen eines anderen Verbrechens, und dafür bezahlt er dich, deswegen hat er Macht über dich. Na gut, ich will gar nicht –«

»Er hat keine Macht über mich! Du wirst schon sehen!«

»Ich hab genug gesehen!« Sie nahm die Wäsche und ging nach oben.

Mittags sagte Simone, sie habe keinen Hunger. Jonathan kochte sich ein Ei. Dann ging er ins Geschäft, ließ aber das FERMÉ-Schild hängen, weil er montags eigentlich nicht aufmachte. Seit Samstagmittag hatte sich nichts verändert. Simone war offenbar nicht im Laden gewesen war. Auf einmal fiel ihm die italienische Pistole ein, die früher in der Schublade gelegen hatte. Nun hatte Tom sie. Jonathan schnitt einen Rahmen zurecht, auch das Glas dafür, doch als er die Nägel einschlagen wollte, ließ er entmutigt den Hammer sinken: Was war mit Simone, was sollte er tun? Könnte er ihr nicht alles erzählen, so wie es gewesen war, die ganze Geschichte? Aber in diesem Fall hatte er auch ihren katholischen Glauben gegen sich, dem alles menschliche Leben heilig war. Überdies wusste er schon, was Simone zu dem Geschäft sagen würde, das man ihm damals vorgeschlagen hatte: »Absurd! Widerlich!« Seltsam, die Mafia war hundertprozentig katholisch, dennoch war ihr ein Menschenleben egal. Er aber, Simones Mann, er war anders. Er durfte keinem Menschen das Leben nehmen. Und wenn er ihr nun sagte, dass er einen ›Fehler‹ gemacht habe, dass es ihm leid tue? Völlig zwecklos. Zunächst einmal hielt er es eigentlich gar nicht für einen Fehler, warum also noch einmal lügen?

Entschlossen ging Jonathan wieder an seinen Arbeitstisch, nagelte und klebte den Bilderrahmen zusammen und versiegelte die Rückseite sauber mit Packpapier. Das Etikett mit dem Namen des Besitzers heftete er an den Aufhänger. Dann sah er die unerledigten Aufträge durch und nahm sich ein weiteres Bild vor, das ebenfalls nur gerahmt werden musste und kein Passepartout brauchte. Er arbeitete bis sechs, dann kaufte er zum Abendessen Brot und Wein sowie beim Fleischer ein paar Scheiben Schinken, genug für sie drei, falls Simone nichts besorgt hatte.

Simone sagte: »Ich habe solche Angst, dass die Polizei jeden Moment an die Tür klopft und dich verhören will.«

Jonathan deckte weiter den Tisch und antwortete nicht gleich. »Das werden sie nicht. Warum sollten sie?«

»Keine Spuren, das gibt es nicht. Die werden auf Monsieur Ripley stoßen, und der wird ihnen von dir erzählen!«

Bestimmt hatte sie den ganzen Tag noch nichts gegessen. Im Kühlschrank fand er einen Rest Kartoffelbrei und begann selber, das Abendessen zu bereiten. Georges kam aus seinem Zimmer nach unten.

»Papa, was haben sie mit dir im Krankenhaus gemacht?«

»Mein ganzes Blut ist neu.« Jonathan lächelte und breitete die Arme aus. »Denk nur, sooo viel frisches Blut – mindestens vier Liter.«

»Wie viel ist das?« Auch Georges hatte die Arme ausgebreitet.

»Viermal diese Flasche voll«, sagte Jonathan. »Darum hat's auch die ganze Nacht gedauert.«

Er gab sich alle Mühe, aber gegen Simones düsteres Schweigen kam er nicht an. Sie stocherte lustlos im Essen herum und sagte kein Wort. Georges verstand nicht, was vorging. Jonathan waren seine vergeblichen Anstrengungen peinlich; beim Kaffee konnte er nicht einmal mehr mit Georges reden und verstummte wie seine Frau.

Hatte sie mit ihrem Bruder gesprochen? Er drängte Georges ins Wohnzimmer, wo er fernsehen konnte: Der Apparat war ganz neu, sie hatten ihn erst seit ein paar Tagen. Um diese Zeit lief auf beiden Kanälen nichts mehr für Kinder, doch der Junge würde hoffentlich trotzdem eine Weile beschäftigt sein.

»Hast du Gérard etwas erzählt?« Er konnte nicht anders, er musste sie fragen.

»Natürlich nicht. Glaubst du wirklich, ich würde ihm so etwas sagen?« Sie rauchte, was sie nur selten tat, und behielt die Tür zum Flur im Auge, falls Georges hereinkommen sollte. »Jonathan, ich finde, wir sollten an eine Trennung denken.«

Im Fernsehen sprach ein französischer Politiker über die *syndicats,* die Gewerkschaften.

Jonathan setzte sich wieder. »Schatz, ich verstehe, das alles ist ein Schock für dich. Willst du nicht ein paar Tage abwarten? Ich weiß, ich kann es dir erklären. Ehrlich.« Jonathan versuchte, so überzeugend wie möglich zu klingen, und merkte doch, dass er selber nicht einmal annähernd überzeugt war. Er klammerte sich an Simone wie an das Leben.

»Ja, natürlich denkst du das. Aber ich kenne mich. Ich bin kein naives junges Ding mehr, verstehst du?« Sie sah ihm in die Augen, kaum noch wütend, nur entschlossen und weit weg. »Dein ganzes Geld interessiert mich nicht, ich will nichts davon. Ich werde mich selber durchschlagen – und zwar mit Georges!«

»O Gott ja, Georges … Herrje, Simone, lass mich für ihn sorgen!« Jonathan konnte kaum glauben, was sie beide da sagten. Er stand auf, zog sie aus dem Stuhl hoch, eher unsanft, sodass ihr Kaffee überschwappte, nahm sie in die Arme, wollte sie küssen, doch sie entzog sich ihm.

»Non!« Sie drückte die Zigarette aus und begann, den Tisch abzuräumen. »Tut mir leid, aber ich muss dir außerdem sagen, dass ich nicht mehr das Bett mit dir teilen will.«

»Na klar, das hab ich mir gedacht.« Und morgen gehst du in die Kirche und betest für meine unsterbliche Seele. »Simone«, fuhr er fort, »du musst uns ein bisschen Zeit geben. Sag jetzt nichts, was du später bereust.«

»Ich bleibe bei meiner Meinung. Frag Monsieur Ripley, der weiß das.«

Georges kam zurück, das Fernsehen war vergessen. Verstört sah er zu ihnen auf.

Auf dem Weg in den Flur strich Jonathan seinem Sohn mit den Fingerspitzen über den Kopf. Er dachte daran, nach oben zu gehen, ins Schlafzimmer – aber nun war das nicht mehr ihr gemeinsames Schlafzimmer, und außerdem, was sollte er dort? Der Fernseher lief immer noch. Jonathan tigerte im Flur auf und ab, nahm dann Regenmantel und Schal und verließ das Haus. Er ging bis zur Kreuzung, bog links in die Rue de France und betrat am Ende der Straße die Bar an der Ecke. Er wollte Tom anrufen. Die Nummer wusste er auswendig.

»Hallo?«, sagte Tom.

»Hier ist Jonathan.«

»Wie geht es dir? Ich habe im Krankenhaus angerufen, die sagten, du warst über Nacht dort. Bist du jetzt wieder draußen?«

»Ja, ja. Seit heut Morgen. Ich …« Er bekam keine Luft mehr.

»Was ist los?«

»Könnten wir uns treffen? Nur für ein paar Minuten, und wenn du denkst, es ist ungefährlich, könnte ich … ein Taxi nehmen. Ja, sicher.«

»Wo bist du?«

»In der Bar um die Ecke von mir. Die neue, nicht weit vom Aigle Noir.«

»Ich hol dich ab, ja?« Tom vermutete einen Streit mit Simone.

»Nein, ich gehe zu Fuß. In Richtung Denkmal. Ich will ein paar Schritte laufen. Wir treffen uns dort.«

Jonathan ging es schlagartig besser. Gewiss nur vorübergehend, denn die Sache mit Simone war damit nur aufgeschoben, aber im Augenblick war ihm das egal: Er fühlte sich wie ein Gefolterter, dessen Peiniger kurz von ihm ablassen, und war dankbar für die Erleichterung. Er steckte sich eine Zigarette an und ging langsam. Tom würde eine knappe Viertelstunde brauchen. Ein paar Meter hinter dem Hôtel de l'Aigle Noir betrat er die Bar des Sports und bestellte ein Bier. Er versuchte, an gar nichts zu denken. Dann kam ihm ganz unwillkürlich der Gedanke, dass Simone es sich bestimmt noch einmal überlegen würde. Sobald er bewusst daran dachte, packte ihn die Angst, dass sie es doch nicht tun würde. Er war jetzt allein, das wusste er. Auch Georges hatte er schon halb verloren, denn Simone würde Georges sicher mitnehmen, doch das hatte er noch nicht ganz begriffen. Das würde Tage brauchen. Gefühle waren nicht so schnell wie Gedanken. Manchmal jedenfalls.

Mit einigen wenigen anderen Autos fuhr Toms dunkler Renault aus dem dunklen Wald in das Scheinwerferlicht rund um den Obelisken des Denkmals. Es war kurz nach acht; Jonathan stand an der Ecke, links von der Straße und rechts von Tom, der den Obelisken einmal umkreisen musste, um zurück nach Hause zu gelangen. Wenn das denn ihr Ziel war. Jonathan war Toms Haus lieber als eine Bar. Tom hielt an und öffnete die Beifahrertür.

»Guten Abend!«, sagte er.

»Hallo«, erwiderte Jonathan. Er zog die Tür zu, und

Tom gab sofort Gas. »Können wir zu dir fahren? Mir ist nicht nach vielen Leuten.«

»Na klar.«

»War kein guter Abend. Leider auch kein guter Tag.«

»Das hab ich mir schon gedacht. Simone?«

»Sie will wohl Schluss machen. Ich kann's ihr nicht mal verdenken.« Verlegen griff er nach einer Zigarette, doch selbst das kam ihm sinnlos vor, also ließ er es.

»Ich habe getan, was ich konnte«, sagte Tom. Er konzentrierte sich darauf, so schnell wie möglich zu fahren, ohne dass eine Motorradstreife auf ihn aufmerksam wurde. Die Polizisten lauerten manchmal in den Wäldern neben der Straße.

»Ach, es geht um das Geld – und um die Leichen, Herrgott noch mal! Zu dem Geld hab ich ihr gesagt, die Deutschen hätten mir ihre Wetteinsätze anvertraut. Du weißt schon.« Auf einmal kam Jonathan alles so lächerlich vor, das mit dem Geld und auch mit der Wette. In gewisser Weise war das Geld so wirklich und handfest und nützlich, und dabei doch nicht annähernd so handfest und bedeutungsvoll wie die beiden Toten, die Simone gesehen hatte. Tom fuhr ziemlich schnell. Jonathan war es egal, ob sie gegen einen Baum fuhren oder von der Straße abkamen. »Im Grunde«, fuhr er fort, »geht es schlicht und einfach um die Leichen. Darum, dass ich es getan oder dabei geholfen habe. Ich glaube nicht, dass sie es sich noch einmal anders überlegt.« Was hülfe es dem Menschen … Jonathan hätte laut loslachen können. Er hatte weder die ganze Welt gewonnen noch Schaden an seiner Seele genommen. Außerdem glaubte er sowieso nicht an eine Seele. Selbstachtung, daran schon eher. Seine Selbstachtung hatte er nicht verloren, nur Simone. Aber Simone stand für Stärke, und war nicht Stärke gleich Selbstachtung?

Auch Tom glaubte nicht, dass Simone Jonathan noch eine Chance geben würde, aber er schwieg lieber. Vielleicht konnte er zu Hause mit ihm reden – nur, was sollte er sagen? Sollte er ihn trösten, ihm Hoffnung auf eine Versöhnung machen, an die er selber im Grunde nicht glaubte? Andererseits, wer kannte schon die Frauen? Manchmal wirken sie moralisch standfester als Männer, doch dann wieder, besonders wenn er an die üblen Machenschaften der Politikerschweine dachte, die sie nicht selten heirateten, schienen ihm Frauen flexibler zu sein als Männer, so als falle ihnen die Doppelmoral leichter. Leider war nun Simone die unbeugsame Rechtschaffenheit in Person. Hatte Jonathan nicht erwähnt, sie gehe auch regelmäßig zur Kirche? In diesem Augenblick dachte Tom aber auch an Reeves Minot. Der Mann war nervös geworden, auch wenn es dazu aus seiner Sicht keinen echten Grund gab. Unvermittelt fand sich Tom vor der Abzweigung nach Villeperce wieder und steuerte den Wagen langsam durch die stillen, vertrauten Straßen.

Und da war Belle Ombre, hinter den hohen Pappeln, und über dem Eingang brannte das Licht. Alles wirkte unberührt.

Er hatte gerade Kaffee gekocht, als Jonathan sagte, er wolle auch eine Tasse. Tom trug Kanne und Brandyflasche zum Couchtisch.

»Apropos Probleme«, sagte er, »Reeves will nach Frankreich kommen. Ich habe ihn heute von Sens aus angerufen. Er ist in Ascona, in einem Hotel namens Drei Bären.«

»Ja, ich weiß«, sagte Jonathan.

»Er bildet sich ein, er werde beobachtet, und zwar von Leuten auf der Straße. Ich habe ihm gesagt, unsere Gegner würden sich mit so etwas gar nicht erst aufhalten. Er sollte das eigentlich wissen. Ich habe versucht, ihn davon abzubringen, nach Paris zu kommen, geschweige denn hierher, in mein Haus. Belle Ombre scheint mir jetzt nicht gerade der sicherste Ort auf der Welt, oder? Natürlich konnte ich die Vorkommnisse von Samstagnacht nicht einmal andeuten. Obwohl er sich dann vielleicht sicherer fühlen würde. Ich meine, zumindest haben wir die beiden beseitigt, die uns im Zug gesehen haben. Ich bin nur nicht sicher, wie lange es so ruhig und friedlich bleibt.« Tom beugte sich vor, die Ellbogen auf die Knie gestützt, und sah zu den Fenstern hinüber. Alles war still. »Reeves weiß nichts von Samstagabend, jedenfalls hat er nichts gesagt. Kann sein, dass er uns gar nicht damit in Verbindung bringt, falls er in der Zeitung davon liest. Du hast die Meldung heute gesehen?«

»Ja.«

»Die haben keine Spur. Im Radio haben sie heute Abend nichts gebracht, aber im Fernsehen hatten sie einen kurzen Bericht. Keinerlei Spuren.« Lächelnd nahm sich Tom einen Zigarillo. Er reichte Jonathan die Schachtel, doch der schüttelte den Kopf. »Noch eine gute Nachricht: Niemand im Ort stellt irgendwelche Fragen. Heute habe ich Brot gekauft und bin zum Metzger gegangen, zu Fuß und in aller Ruhe, nur um mich mal umzuhören. Und gegen halb acht hat mir ein Nachbar, Howard Clegg, einen großen Sack Pferdemist von einem befreundeten Bauern gebracht, bei dem er ab und zu Kaninchen kauft.« Tom rauchte seinen Zigarillo und lachte gelöst: »Das war Howard, der am Samstagabend draußen kurz angehalten hat, du weißt schon. Er dachte, wir hätten Gäste, ich meine, Héloïse und ich, und es wäre vielleicht nicht der geeignete Augenblick, eine Fuhre Mist abzuladen.« Tom redete immer weiter, um die Zeit zu überbrücken, bis sich Jonathan hoffentlich ein bisschen gefangen haben würde. »Ich hab ihm erzählt, Héloïse sei für ein paar Tage verreist und ich hätte Freunde aus Paris zu Besuch, daher der Wagen mit dem Pariser Kennzeichen vor der Tür. Ich denke, das hat er auch geschluckt.«

Die Uhr auf dem Kaminsims schlug neun, ein leiser, heller Glockenton.

»Doch zurück zu Reeves«, fuhr Tom fort. »Ich wollte ihm eigentlich schreiben, ich hätte Grund zu der Annahme, die Lage habe sich entspannt, doch dann zögerte ich, und zwar deshalb: Erstens könnte Reeves Ascona schon verlassen haben, und zweitens hat sich seine Lage ja nicht entspannt, wenn die Spaghettis immer noch hinter ihm her sind. Er reist jetzt als Ralph Platt, aber sie kennen seinen richtigen Namen und wissen, wie er aussieht. Falls die Mafia ihn immer noch jagt, gibt es für ihn nur noch Brasilien. Und selbst dort …« Toms Lächeln wirkte nun eher gequält.

»Aber ist er nicht daran gewöhnt?«, fragte Jonathan.

»An so etwas? Nein. – Ich fürchte, es gibt nur ganz wenige, die sich an die Mafia gewöhnen und nicht dabei draufgehen. Vielleicht leben sie noch, doch dann nicht sehr angenehm.«

Andererseits, dachte Jonathan, war Reeves an seiner Lage selber schuld. Und der Mann hatte ihn mit hineingezogen. Nein, er hatte sich freiwillig hineinbegeben, er hatte sich überreden lassen – gegen Geld. Und es war Tom gewesen, der ihm geholfen hatte, das Geld zu bekommen, oder es zumindest versucht hatte, auch wenn dieses tödliche Spiel von Anfang an Toms Idee gewesen war. Jonathan sprang in Gedanken zurück zu jenen Minuten im Zug zwischen München und Straßburg.

»Tut mir wirklich leid, das mit Simone«, sagte Tom. Jonathans lange Gestalt krümmte sich über die Kaffeetasse, ein Sinnbild des Scheiterns. »Was will sie jetzt tun?«

»Ach, sie redet von Trennung.« Jonathan zuckte die Achseln. »Natürlich will sie Georges mitnehmen. Sie hat einen Bruder in Nemours, Gérard. Ich weiß nicht, was sie ihm sagen wird. Oder ihren Eltern, die wohnen auch dort. Sie ist entsetzt, verstehst du. Und sie schämt sich.«

»Das verstehe ich gut«, sagte Tom. Auch Héloïse schämte sich, aber sie lebte leichter mit der Doppelmoral. Héloïse wusste, dass er sich nebenbei mit Mord und Totschlag beschäftigte und auch mit anderen Verbrechen. Aber waren das wirklich Verbrechen? Zuletzt die Affäre Derwatt zum Beispiel oder nun die Sache mit der verfluchten Mafia? Er schob die Frage nach der Moral erst einmal beiseite und schnippte ein Flöckchen Asche vom Knie. Was würde Jonathan nun mit sich anfangen? Ohne Simone hätte der Mann gar keinen Kampfgeist mehr. Ob er noch einmal mit ihr reden sollte? Doch der Gedanke an das gestrige Gespräch entmutigte ihn. Tom hatte wenig Lust, es noch einmal zu versuchen.

»Ich bin am Ende«, sagte Jonathan.

Er fuhr fort, bevor Tom einhaken konnte: »Mit Simone bin ich am Ende, oder sie ist's mit mir, das weißt du. Dann ist da noch die alte Frage, wie viel Zeit mir überhaupt noch bleibt. Warum es so lange hinausziehen? Also, Tom …« Er stand auf. »Falls ich dir behilflich sein kann, und sei es durch Selbstmord, brauchst du's nur zu sagen.«

Tom lächelte. »Brandy?«

»Ja, einen kleinen. Danke.«

Tom schenkte ein. »Ich habe gerade eben versucht zu erklären, warum ich glaube – wohlgemerkt: *glaube* –, dass wir über den Berg sind. Jedenfalls, was die Italiener betrifft. Falls sie Reeves schnappen und foltern, stecken wir natürlich weiterhin in der Klemme. Könnte sein, dass er uns beide verrät.«

Daran hatte Jonathan auch schon gedacht. Ihm war das schlichtweg gleichgültig, Tom aber natürlich nicht. Tom wollte am Leben bleiben. »Kann ich irgendwie helfen? Als Lockvogel? Oder als Opferlamm?« Jonathan lachte.

»Einen Lockvogel will ich nicht«, sagte Tom.

»Hast du nicht mal gesagt, die Mafia verlange immer einen Blutzoll?«

Gedacht hatte er das gewiss, ob er es auch gesagt hatte, wusste er nicht. »Wenn wir nichts tun, schnappen sie Reeves womöglich und erledigen ihn«, erwiderte Tom. »Das hieße sozusagen, der Natur ihren Lauf zu lassen. Ich habe ihm diese Idee, Mafiosi umzubringen, nicht in den Kopf gesetzt, und du auch nicht.«

Toms Gelassenheit nahm Jonathan den Wind aus den Segeln. Er setzte sich. »Und was ist mit Fritz? Hast du etwas gehört? Ich erinnere mich gut an ihn.« Jonathan lächelte, wie in Gedanken an glückliche Zeiten – Fritz, der freundlich lächelnd Minots Hamburger Wohnung betrat, in der einen Hand die Mütze, in der anderen die kleine Pistole mit der großen Wirkung.

Tom musste kurz nachdenken, wer Fritz war: Der Laufbursche in Hamburg, Bote, Fahrer und Mädchen für alles. »Nein, nichts. Hoffen wir, dass er wieder bei seinen Leuten auf dem Land ist, wie Reeves gesagt hat. Und dass er dortbleibt. Vielleicht wollen sie nichts mehr von ihm.« Er stand auf. »Jonathan, du musst heute Abend nach Hause und dich Simone stellen.«

»Ich weiß.« Doch es hatte ihm gut getan, Tom zu treffen. Tom war realistisch, selbst was Simone betraf. »Komisch, die Mafia ist gar nicht mehr das Problem, sondern Simone. Für mich jedenfalls.«

Tom wusste, was er meinte. »Wenn du willst, komme ich mit und rede noch mal mit ihr.«

Jonathan zuckte die Achseln. Er war rastlos, stand auf, warf einen Blick auf den Derwatt über dem Kamin. *Mann im Sessel* hieß er, hatte Tom gesagt. Das Bild erinnerte ihn an Reeves Minots Wohnung, an einen anderen Derwatt über einem anderen Kamin, den es nun vielleicht nicht mehr gab. »Ich glaube, heute Nacht werde ich auf dem Sofa schlafen, was auch passiert«, sagte er.

Tom wollte das Radio einschalten, obwohl er um diese Zeit nicht einmal die italienischen Nachrichten empfangen konnte. »Was meinst du? Mehr als mich rauswerfen kann sie ja nicht. Es sei denn, ich mache es schlimmer für dich, wenn ich dabei bin.«

»Schlimmer kann es nicht werden. Okay, ich möchte, dass du mitkommst. Aber was sollen wir sagen?«

Tom steckte die Hände in die Taschen seiner alten grauen

Flanellhose. Rechts trug er die kleine italienische Pistole, die Jonathan im Zug bei sich gehabt hatte. Seit Samstag schlief Tom mit der Waffe unter dem Kopfkissen. Ja, was sollten sie sagen? Sonst verließ er sich immer auf das, was ihm spontan einfiel, aber hatte er bei Simone nicht sein Pulver schon verschossen? Mit welchem brillanten Einfall, mit welcher Facette des Problems konnte er noch aufwarten, um sie zu blenden und zu täuschen und sie dazu zu bringen, die Dinge so zu sehen wie sie beide? »Wir können nur eines tun«, sagte er nachdenklich. »Nämlich versuchen, sie zu überzeugen, dass die Gefahr jetzt vorüber ist. Keine leichte Aufgabe, zugegeben. Schließlich lassen sich die Leichen nicht wegreden. Doch weißt du, ihr Problem ist vor allem einfach Angst.«

»Na gut, aber ist die Gefahr denn vorüber?«, fragte Jonathan. »Sicher können wir nicht sein, oder? Schließlich ist da noch Reeves, nicht?«

23

Um zehn waren sie in Fontainebleau. Jonathan ging voran, nahm die Stufen zur Haustür und klopfte. Dann steckte er den Schlüssel ins Schloss, doch die Tür war von innen verriegelt.

»Wer ist da?«, rief Simone.

»Jon.«

Sie schob den Riegel zurück. »O Jon, ich hatte mir schon Sorgen gemacht!«

Das klang hoffnungsvoll, fand Tom.

Im nächsten Augenblick sah sie ihn, und ihr Gesicht versteinerte.

»Ja, Tom ist bei mir. Können wir hereinkommen?«

Eigentlich wollte sie Nein sagen, wich dann aber steif einen kleinen Schritt zurück. Jonathan und Tom traten ein.

»Guten Abend, Madame«, sagte Tom.

Im Wohnzimmer lief der Fernseher, auf dem schwarzen Ledersofa lag ein Mantel, dessen Futter sie offenbar flickte, und auf dem Boden saß Georges mit einem Spielzeuglaster: Ein Bild häuslichen Friedens, dachte Tom. Er begrüßte den Jungen.

»Setz dich doch, Tom«, sagte Jonathan.

Das tat er nicht, weil auch Simone stehen blieb.

»Und warum dieser Besuch?«, fragte sie Tom.

»Madame, ich – ich bin gekommen«, stotterte Tom, »weil ich alle Schuld auf mich nehmen will. Und weil ich Sie überzeugen will, wenn ich kann, doch etwas nachsichtiger mit Ihrem Mann zu sein.«

»Sie sagen also, dass mein Mann –« Plötzlich fiel ihr Georges ein. Verärgert und nervös nahm sie den Jungen bei der Hand. »Georges, du musst auf dein Zimmer gehen. Hast du gehört? Bitte, mein Schatz.«

Georges blieb in der Tür stehen, sah sich um, ging widerwillig hinaus in den Flur und stieg die Treppe hinauf.

»Dépêche-toi!«, rief Simone ihm nach und zog die Wohnzimmertür zu. »Sie sagen also«, wiederholte sie, »dass mein Mann von diesen … diesen Vorkommnissen nichts gewusst hat, dass er da nur hineingestolpert ist. Und dass dieses schmutzige Geld aus einer Wette unter Ärzten stammt!«

Tom holte tief Luft. »Madame, die Schuld liegt bei mir. Vielleicht hat Jon einen Fehler gemacht, als er mir half. Können Sie ihm nicht verzeihen? Er ist doch Ihr Mann –«

»Er ist jetzt ein Verbrecher. Dank Ihres charmanten Einflusses, das kann schon sein, aber so ist es nun mal. Oder?«

Jonathan sank in den Sessel. Tom setzte sich ans Ende des Sofas und beschloss, dort sitzen zu bleiben, bis Simone ihn hinauswarf. Er nahm seinen Mut zusammen und begann noch einmal: »Jon ist heute Abend bei mir vorbeigekommen, Madame, um mit mir zu reden. Das alles belastet ihn sehr. Eine Ehe ist etwas Heiliges, das wissen Sie so gut wie ich. Sein Leben wäre zerstört, sein Lebensmut gebrochen, wenn Sie nichts mehr für ihn empfänden. Das wissen Sie sicher. Und Sie sollten auch an Ihren Sohn denken. Er braucht einen Vater.«

Seine Worte ließen Simone nicht unbeeindruckt, doch sie erwiderte: »Ja, einen Vater – einen richtigen Vater, zu dem er aufschauen kann. Ganz Ihrer Meinung!«

Tom hörte Schritte auf den Stufen und warf Jonathan einen Blick zu.

»Erwartest du jemanden?«, fragte der seine Frau. Wahrscheinlich hatte sie Gérard angerufen.

Sie schüttelte den Kopf: »Nein.«

Tom und Jonathan sprangen auf.

»Verriegel die Tür!«, flüsterte Tom auf Englisch Jonathan zu. »Frag, wer da ist.«

Wahrscheinlich ein Nachbar. Jonathan ging zur Tür. Leise schob er den Riegel vor. *»Qui est-ce, s'il vous plaît?«*

»Monsieur Trevanny?«

Die Stimme hatte Jonathan noch nie gehört. Er sah sich über die Schulter nach Tom um, der im Flur stand.

Sicher nicht nur einer, dachte Tom.

»Was jetzt?«, fragte Simone.

Tom legte den Zeigefinger auf die Lippen und lief durch den Flur in die Küche, wo Licht brannte, ohne sich weiter um Simone zu kümmern. Sie folgte ihm. Er suchte nach etwas Schwerem. In der Gesäßtasche steckte noch immer eine der Garrotten, doch die würde er natürlich nicht brauchen, wenn der Unbekannte ein Nachbar war.

»Was tun Sie da?«, fragte Simone.

Tom öffnete eine schmale gelbe Tür in einer Ecke der Küche. Ein Besenschrank. Hier fand er, was er brauchte: einen Hammer und einen Meißel, neben harmlosen Besen und Schrubbern. »Hier kann ich mich vielleicht nützlich machen.« Tom nahm den Hammer in die Hand. Er rechnete mit einem Schuss durch die Tür oder mit dem berstenden Krachen, wenn sie von außen mit der Schulter eingedrückt wurde. Dann hörte er ein leises Klicken: Jonathan hatte den Riegel zurückgeschoben. War er verrückt geworden?

Sofort lief Simone mutig in den Flur hinaus. Tom hörte sie scharf nach Luft schnappen. Fußgetrampel, dann schlug die Haustür zu.

»Madame Trevanny?« Eine Männerstimme.

Simones Schrei wurde im Keim erstickt. Die schweren Schritte näherten sich der Küche.

Dann sah er Simone. Ein Dicker im dunklen Anzug schob sie in die Küche und hielt ihr mit einer Hand den Mund zu; ihre Füße schleiften über den Boden. Tom, der links von dem Mann stand, trat vor und hieb ihm den Hammer knapp unter dem Hutrand in den Nacken. Der Mann war nur angeschlagen, ließ Simone aber los, sodass Tom ihm einen Schwinger auf die Nase verpassen konnte, der ihm den Hut vom Kopf fegte. Und dann schmetterte Tom ihm den Hammer geradewegs auf die Stirn, so zielsicher wie bei einem Ochsen im Schlachthaus. Seine Beine gaben nach, und er brach zusammen.

Simone rappelte sich wieder auf. Tom zog sie in die Ecke, zur Besenkammer, die vom Flur nicht einzusehen war. Soweit er wusste, war nur noch ein weiterer Mafiamann im Haus, aber es war so still – die Garrotte? Den Hammer in der Hand, schlich Tom den Flur entlang, doch der Italiener im Wohnzimmer, der Jonathan zu Boden drückte, hörte ihn trotzdem. Tatsächlich, die gute alte Garrotte! Tom sprang auf ihn zu, den Hammer hoch erhoben. Der Italiener, grauer Anzug, grauer Hut, ließ die Schlinge los und zog die Pistole aus dem Schulterhalfter, als Tom ihn am Jochbein traf. Mit dem Hammer ließ sich genauer zielen als mit einem Tennisschläger! Der Mann kam hoch, wankte auf ihn zu, Tom fegte mit der linken Hand seinen Hut weg und schlug ihm mit der Rechten den Hammer noch einmal auf den Kopf. *Zack!*

Die dunklen Augen des kleinen Ungeheuers schlossen sich; der Mann öffnete den rosaroten Mund und fiel um.

Tom kniete neben Jonathan. Die Nylonschnur war schon tief in seinem Hals vergraben. Tom drehte Jonathans Kopf hin und her, versuchte, die Schnur zu fassen zu bekommen und sie zu lockern. Jonathan fletschte die Zähne und griff selber danach, war aber zu schwach.

Auf einmal kauerte Simone neben ihm. In der Hand hielt sie eine Art Messer, wohl einen Brieföffner. Sie schob die Spitze unter die Schnur und zog. Die Schlinge lockerte sich.

Tom verlor das Gleichgewicht, musste sich setzen und sprang wieder auf die Füße. Er zog die Vorhänge vor dem Küchenfenster zu; sie hatten mehr als eine Handbreit offen gestanden. Seit die Italiener eingedrungen waren, mochten anderthalb Minuten vergangen sein. Er hob den Hammer vom Boden auf, ging zur Haustür und verriegelte sie. Von draußen drangen nur die normalen Geräusche herein, Schritte auf dem Gehweg, ein vorbeifahrendes Auto.

»Jon«, sagte Simone.

Jonathan hustete, rieb sich den Hals und versuchte, sich aufzusetzen.

Der Hurensohn in Grau rührte sich nicht. Zufällig war er so gefallen, dass der Kopf gegen ein Bein des Sessels lehnte. Tom fasste den Hammer fester und wollte dem Mann noch eins überziehen, zögerte aber, weil auf dem Teppich schon eine Blutlache stand. Andererseits lebte der Kerl wahrscheinlich noch.

»Schwein«, murmelte Tom, zog ihn an seinem Hemdkragen und dem grellbunten Schlips hoch und schlug ihm den Hammer auf die linke Schläfe.

Georges stand in der Tür, die Augen weit aufgerissen.

Simone hatte Jonathan ein Glas Wasser geholt und kniete neben ihm. »Weg, Georges!«, sagte sie. »Papa geht es gut. Lauf ins – nein, Georges, ab nach oben!«

Doch der Junge blieb stehen, fasziniert von einer Szene, die selbst das Fernsehen kaum übertreffen konnte. Aber weil es wie Fernsehen war, nahm er es auch nicht allzu ernst. Er machte große Augen, sog alles in sich auf, doch Angst hatte er nicht.

Tom und Simone halfen Jonathan auf das Sofa. Er saß aufrecht da. Simone reichte ihm ein feuchtes Tuch für das Gesicht. »Ich bin okay, ehrlich«, murmelte er.

Tom horchte noch immer auf Schritte vor oder hinter dem Haus. Das ausgerechnet jetzt, da er bei Simone den Eindruck hatte erwecken wollen, ein friedfertiger Mensch zu sein! »Madame, ist die Gartenpforte verschlossen?«

»Ja«, sagte sie.

Ihm fiel ein, dass die Pforte außerdem oben Eisenspitzen trug. Auf Englisch sagte er zu Jonathan: »Wahrscheinlich wartet noch mindestens einer draußen im Wagen.« Simone hatte das sicher verstanden, doch ihr Gesicht verriet ihm nichts. Sie betrachtete Jonathan, der nun ganz außer Gefahr schien, und ging dann zu Georges, der immer noch in der Tür stand.

»Georges! Wirst du wohl …!« Sie scheuchte ihn zurück nach oben, trug ihn die halbe Treppe hinauf und gab ihm einen Klaps auf den Hosenboden. »Geh auf dein Zimmer und mach die Tür zu!«

Tom fand, sie halte sich großartig. Genau wie in Belle Ombre würde wohl jeden Augenblick ein weiterer Mann vor der Tür stehen. Tom stellte sich vor, was der Mann im Wagen denken mochte: Da nichts zu hören war, weder Schreie noch Schüsse, nahm er (oder nahmen sie) wahrscheinlich an, alles sei nach Plan gelaufen, und erwartete nun die beiden Kumpane jeden Moment aus dem Haus zurück – Auftrag erfüllt, die Trevannys erdrosselt oder erschlagen. Reeves musste gesungen haben, er musste der Mafia Jonathans Namen und Adresse verraten haben. Tom kam der verrückte Gedanke, Jonathan und er sollten sich die Hüte der Toten aufsetzen und zum Wagen der Italiener hinauslaufen. Wenn dort noch jemand wartete, könnten sie die kleine Pistole nehmen und ihn überrumpeln. Doch das konnte er von Jonathan nicht verlangen.

»Jonathan, ich schaue besser draußen nach, bevor es zu spät ist«, sagte er.

»Wieso zu spät?« Jonathan hatte sich das Gesicht mit dem feuchten Tuch abgewischt; über der Stirn standen ihm ein paar blonde Strähnen zu Berge.

»Bevor sie vor der Tür stehen. Sie werden Verdacht schöpfen, wenn ihre Kumpane nicht wiederkommen.« Wenn die Mafiosi sahen, was hier passiert war, würden sie ihn und die beiden Trevannys niederschießen und im Auto flüchten. Tom ging zum Fenster, bückte sich hinab auf Höhe der Fensterbank und sah nach draußen. Er horchte auf das Tuckern eines laufenden Motors, spähte nach einem wartenden Wagen mit eingeschaltetem Standlicht. Auf der gegenüberliegenden Straßenseite durfte man heute parken. Tom entdeckte den Wagen der Italiener, wenn er es denn war, links vom Haus, gut zehn Meter entfernt. Ein großer Wagen, die Standlichter brannten, doch ob der Motor lief, konnte Tom wegen der anderen Straßengeräusche nicht hören.

Jonathan stand auf und kam herüber.

»Ich glaube, ich sehe sie«, sagte Tom.

»Was sollen wir tun?«

Tom überlegte, was er täte, wenn er allein wäre: Er würde im Haus bleiben und jeden über den Haufen schießen, der durch die Tür kam. »Wir müssen an Georges und Simone denken. Wir wollen keinen Kampf hier im Haus. Ich denke, wir sollten sie überraschen, und zwar draußen. Sonst greifen sie uns hier drinnen an, und dann mit Kanonen. – Ich schaffe das schon, Jon.«

Plötzlich packte Jonathan die Wut, er wollte sein Zuhause schützen, koste es, was es wolle. »Gut, wir gehen gemeinsam!«

»Was hast du vor, Jon?«, fragte Simone.

»Wir glauben, da könnten noch mehr kommen«, erwiderte Jonathan auf Französisch.

Tom ging in die Küche. Er nahm den Hut des Toten, der neben der Leiche auf dem Linoleumboden lag, setzte ihn auf und stellte fest, dass er ihm zu groß war. Dann fiel ihm ein, dass die Italiener ja beide Pistolen in ihren Schulterhalftern stecken hatten. Er nahm dem Mann die Waffe ab und ging zurück ins Wohnzimmer. »Die Kanonen!«, sagte er und griff nach der Pistole des Toten auf dem Teppich. Der Mann hatte sie noch ziehen können; sie lag unter seinem Jackett. Tom hob den Hut des Mannes auf, der ihm besser passte, und gab den anderen Jonathan: »Setz den auf. Ist ein kleiner Vorteil, wenn wir wie sie aussehen, bis wir über die Straße sind. Aber du kommst vielleicht besser nicht mit, Jon. Ich schaffe das schon allein da draußen. Ich will nur, dass sie abziehen.«

»Dann komme ich mit«, sagte Jonathan. Er wusste, was er zu tun hatte: sie verjagen, vielleicht auch einen erschießen, bevor er selbst erschossen wurde.

Tom gab Simone eine der Waffen, die kleine italienische Pistole. »Sie könnten sie brauchen, Madame.« Aber sie schreckte davor zurück, also legte er die Pistole auf das Sofa. Entsichert.

Jonathan entsicherte die Waffe, die er in der Hand hielt. »Konntest du erkennen, wie viele im Wagen sind?«

»Nein. Drinnen war's zu dunkel.« Bei diesen Worten hörte Tom, wie jemand heranschlich und vorsichtig die Vordertreppe heraufkam. Tom nickte Jonathan zu. »Verriegeln Sie hinter uns, Madame!«, flüsterte er Simone zu.

Beide trugen Hüte, als sie durch den Flur zur Haustür tappten. Tom schob den Riegel zurück und riss die Tür auf. Vor ihm stand ein Mann. Tom stieß ihn zurück und packte ihn am Arm, drehte ihn um und schob ihn die Stufen hinunter. Jonathan hielt den anderen Arm fest. In der Dunkelheit mochten sie für einen Moment als die beiden Kumpane des Mannes durchgehen, aber länger als ein paar Sekunden würde die Tarnung nicht halten, das war Tom klar.

»Links rüber!«, sagte er zu Jonathan. Ihr Gefangener

wehrte sich, stumm zwar, aber so stark, dass er Tom fast vom Boden hob.

Jonathan hatte das Auto entdeckt. Jetzt flammten die Scheinwerfer auf, der Fahrer ließ den Motor aufheulen und setzte ein Stück zurück.

»Weg mit ihm!«, sagte Tom, und gemeinsam, als hätten die beiden es einstudiert, stießen sie den Italiener vorwärts, sodass er mit dem Kopf seitlich gegen den zurückrollenden Wagen schlug. Die Waffe, die er gezogen hatte, schepperte über das Pflaster. Der Wagen hielt an, die Tür vor Tom ging auf. Anscheinend wollten die Männer ihren Kumpan wiederhaben. Tom zog die Pistole aus der Hosentasche, zielte und feuerte auf den Fahrer, der mithilfe des Mannes im Fond versuchte, den benommenen Italiener auf den Beifahrersitz zu zerren. Tom wollte nicht noch einmal schießen, weil schon ein paar Leute aus der Rue de France auf sie zurannten und in einem Haus ein Fenster aufging. Tom sah, wie die Tür aufschwang und jemand auf den Gehweg hinausgestoßen wurde. Oder bildete er sich das alles nur ein?

Aus dem Fond kam ein Schuss, dann noch einer – im selben Moment sprang oder stolperte Jonathan vor ihn. Der Wagen jagte davon.

Jonathan fiel vornüber und sackte, bevor Tom ihn auffangen konnte, dort auf dem Pflaster zusammen, wo eben noch das Auto gestanden hatte. Verdammt, dachte Tom, falls er den Fahrer getroffen hatte, dann nur in den Arm. Der Wagen war nicht mehr zu sehen.

Ein junger Mann, dann ein Pärchen eilten herbei.

»Was ist passiert?«

»Ist er angeschossen?«

»Police!« Der Schrei kam von der jungen Frau.

»Jon!« Tom hatte gedacht, Jonathan sei nur gestolpert, aber er stand nicht wieder auf und regte sich kaum noch. Der junge Mann half ihm, Jonathan auf den Gehweg zu tragen. Er war ganz schlaff.

Jonathan glaubte, er sei in die Brust getroffen. Er hatte einen heftigen Schlag erhalten und spürte jetzt nur noch Taubheit. Bald würde er ohnmächtig werden. Vielleicht war es auch schlimmer als eine Ohnmacht. Um ihn wimmelte es von Leuten, die laut durcheinanderriefen.

Erst jetzt erkannte Tom die Gestalt auf dem Gehweg. Es war Reeves. Zusammengekrümmt lag er da und versuchte, wieder zu Atem zu kommen.

»… einen Krankenwagen!« Eine Frauenstimme, auf Französisch. »Wir müssen einen Krankenwagen rufen!«

»Ich hab ein Auto!«, rief ein Mann.

Tom warf einen Blick auf die Fenster von Jonathans Haus und sah die schwarze Silhouette von Simone, die durch den Vorhangspalt spähte. Sie sollte hier nicht zurückbleiben. Jonathan musste ins Krankenhaus, und sein Renault konnte schneller dort sein als jeder Krankenwagen. »Reeves, halten Sie die Stellung, ich bin gleich wieder da! – *Oui, Madame*«, sagte er zu einer Frau – inzwischen waren sie von fünf, sechs Leuten umringt –, »ich bringe ihn sofort ins Krankenhaus, und zwar in meinem Wagen.« Tom rannte über die Straße und hämmerte an die Haustür: »Simone, ich bin's, Tom!« Als sie aufmachte, sagte er:

»Jonathan ist verletzt. Wir müssen sofort ins Krankenhaus. Holen Sie Ihren Mantel, und kommen Sie. Georges auch!«

Georges stand im Flur. Simone ließ den Mantel an der Flurgarderobe hängen, nahm nur die Schlüssel aus seiner Tasche und eilte zurück zu Tom. »Verletzt? Ist er angeschossen?«

»Ich fürchte, ja. Mein Auto steht links – dort drüben, der grüne Renault.« Fünf Meter hinter der Stelle, wo die Italiener gewartet hatten. Simone wollte zu ihrem Mann, aber Tom versicherte ihr, sie könne sich nützlicher machen, indem sie die Türen seines Wagens öffnete. Er hatte nicht abgeschlossen. Noch mehr Menschen um sie, doch noch immer keine Polizei. Ein kleiner, übereifriger Mann wollte von Tom wissen, wer zum Teufel er denn sei, dass er hier alles an sich reiße?

»Leck mich!«, sagte Tom auf Englisch. Gemeinsam mit Reeves mühte er sich, Jonathan so behutsam wie möglich zum Wagen zu tragen. Den Wagen zurückzusetzen wäre klüger gewesen, doch da sie Jon nun schon einmal hochgehoben hatten, trugen sie ihn weiter. Einige Leute halfen mit, nach ein paar Schritten ging es leichter. Sie legten ihn auf die Rückbank.

Tom stieg ein, sein Mund war trocken. »Madame Trevanny – Reeves Minot«, sagte Tom.

»Angenehm«, sagte Reeves mit seinem amerikanischen Akzent.

Simone setzte sich nach hinten, neben Jonathan; Reeves nahm Georges mit nach vorne, und Tom fuhr los, zum Krankenhaus von Fontainebleau.

»Ist Papa ohnmächtig?«, fragte der Junge.

»*Oui,* Georges.« Simone weinte.

Jonathan hörte ihre Stimmen, konnte aber nicht sprechen. Er konnte sich nicht bewegen, nicht einmal einen Finger rühren. Er sah eine graue See vor sich, irgendwo an der englischen Küste, ablaufendes Wasser, verebbende Wellen. Schon war er weit weg von Simone, an deren Brust er lehnte – so glaubte er wenigstens. Aber Tom lebte noch. Tom fuhr den Wagen, als wäre er Gott. Irgendwann war ein Schuss gefallen, aber das machte jetzt eigentlich nichts mehr. Dies war also der Tod, dem er sich zuvor vergeblich hatte stellen, auf den er sich vergeblich hatte vorbereiten wollen. Eine Vorbereitung war nicht möglich, letzten Endes blieb nur die Kapitulation. Und alles, was er getan, vertan, erreicht, ersehnt hatte, erschien ihm nun auf einmal sinnlos.

Ein Krankenwagen kam ihnen mit heulender Sirene entgegen. Tom fuhr vorsichtig. Nur noch wenige Minuten. Die Totenstille im Wagen wurde ihm unheimlich – als wäre für Reeves und ihn, für Simone und Georges und für Jonathan, falls der überhaupt bei Bewusstsein war, die Zeit stehen geblieben.

»Der Mann ist tot!«, rief der junge Arzt erstaunt.

»Aber …« Tom konnte es nicht glauben. Er brachte kein weiteres Wort hervor.

Nur Simone schrie auf.

Sie standen auf dem Asphalt vor einem Eingang des Krankenhauses. Zwei Sanitäter hatten Jonathan auf eine Trage gelegt und hielten sie so, als wüssten sie nicht, was sie tun sollten.

»Simone, wollen Sie …« Aber Tom hatte schon vergessen, was er eigentlich sagen wollte. Und Simone ging hinter Jonathan her, den sie nun hineintrugen. Georges folgte ihr. Tom lief ihr nach, er wollte die Hausschlüssel haben, wollte die beiden Leichen in ihrem Haus wegschaffen, sie irgendwie, irgendwo beseitigen, doch dann blieb er so plötzlich stehen, dass er auf dem Asphalt ausrutschte: Die Polizei würde das Haus der Trevannys lange vor ihm erreichen. Wahrscheinlich brachen die Beamten in diesen Minuten bereits die Tür auf, denn bestimmt hatten sie von den Menschen auf der Straße erfahren, dass der ganze Aufruhr in dem grauen Haus seinen Anfang genommen hatte, dass nach den Schüssen jemand – er nämlich – zum Haus zurückgerannt, mit einer Frau und einem kleinen Jungen herausgekommen und in ein Auto gestiegen war.

Simone folgte Jonathans Trage um eine Ecke und verschwand. Tom schien es, als schreite sie schon im Trauerzug zum Grab. Er drehte sich um und ging zu Reeves zurück.

»Bloß weg hier«, sagte Tom, »solange wir können.« Er wollte verschwinden, bevor irgendwer Fragen stellte oder sein Kennzeichen notierte.

Sie stiegen ein. Tom fuhr in Richtung des Denkmals. Nach Hause.

»Was glauben Sie, ist Jonathan wirklich tot?«, fragte Reeves.

»Ja. Sie haben den Arzt doch gehört.«

Reeves versank im Sitz und rieb sich die Augen.

Alle beide hatten noch nicht richtig begriffen, dachte Tom. Er fürchtete, sie könnten verfolgt werden: ein Wagen vom Krankenhaus, vielleicht auch ein Streifenwagen. Man lud dort nicht einfach einen Toten ab und fuhr wieder weg, ohne Fragen zu beantworten. Was würde Simone sagen? Heute Abend würden die Beamten ihr Schweigen noch hinnehmen, aber was wäre morgen? »Und Sie, mein Freund?«, fragte Tom heiser. »Keine gebrochenen Knochen, keine ausgeschlagenen Zähne?« Reeves musste geredet haben, vielleicht schon sofort.

»Nur Brandmale von Zigaretten«, sagte Reeves kleinlaut, als seien Verbrennungen gar nichts im Vergleich zu einer Kugel im Körper. Er trug einen kurzen rötlichen Vollbart.

»Sie wissen wohl, was uns im Haus der Trevannys erwartet. Zwei Leichen.«

»Aha. Gut. Natürlich, das dachte ich mir. Die beiden sind ja nicht zurückgekommen.«

»Ich würde vorbeifahren und etwas unternehmen, egal was, aber die Polizei dürfte schon da sein.« Als hinter Tom eine Sirene aufheulte, klammerte er sich in einem Anfall von Panik am Steuer fest, doch es war nur ein weißer Krankenwagen mit Blaulicht, der Tom am Denkmal überholte und nach rechts in Richtung Paris davonschoss. Wenn es doch Jonathan wäre, den sie in ein Pariser Krankenhaus verlegten, wo man ihn besser behandeln konnte. Jonathan war sicher absichtlich dazwischengetreten, als der Mann im Wagen auf ihn feuerte. Oder doch nicht? Niemand überholte sie oder zwang sie mit Sirenengeheul zum Halten. Dann erreichten sie Villeperce. Reeves war eingenickt, gegen die Tür gelehnt, erwachte aber, als der Wagen hielt.

»Mein trautes Heim«, sagte Tom.

Sie stiegen in der Garage aus. Tom verschloss das Garagentor und schloss die Haustür auf. Alles ruhig und friedlich. Kaum zu glauben.

»Wollen Sie sich nicht aufs Sofa hauen, während ich uns Tee koche?«, fragte Tom. »Den brauchen wir jetzt.«

Sie tranken Tee mit Whisky, mehr Tee als Whisky allerdings. Reeves bat Tom auf seine übliche, fast unterwürfige Art um etwas Brandsalbe; Tom fand eine Tube in dem Arzneischränkchen der unteren Toilette. Dorthin zog Reeves sich zurück, um seine Wunden zu versorgen – allesamt auf dem Bauch, wie er sagte. Tom steckte sich eine Zigarre an, nicht weil er wirklich Lust darauf hatte als vielmehr wegen des Gefühls unerschütterlicher Sicherheit, das eine Zigarre ihm gab. Möglich, dass das Gefühl trog, aber nur der Schein zählte, die Illusion, die äußere Haltung, die man bei Problemen bewahrte. Man musste nur selbstbewusst auftreten.

Als Reeves wieder ins Wohnzimmer kam, fiel ihm das Cembalo auf.

»Ja, eine Neuerwerbung«, sagte Tom. »Ich würde gern Unterricht nehmen, in Fontainebleau oder anderswo. Héloïse vielleicht auch. Wir können ja nicht weiter wie zwei Affen darauf herumklimpern.« Eine merkwürdige, unbestimmte Wut stieg in ihm auf, weder gegen Reeves noch sonst jemanden gerichtet. »Was ist in Ascona passiert?«

Reeves nippte erneut an seinem Tee und schwieg ein Weilchen, als müsse er sich Stück für Stück aus einer anderen Welt zurückholen. »Ich muss an Jonathan denken. Tot – das wollte ich nicht, wissen Sie.«

Tom schlug die Beine übereinander. Auch er musste an Jonathan denken. »Ascona: Was war da los?«

»Ach so. Na ja, wie ich schon sagte, die hatten mich gefunden. Vor ein paar Tagen hat mich dann abends einer von denen auf der Straße angesprochen. Ein junger Bursche, sportliche Sommerkleidung, sah aus wie ein italienischer Tourist. Er sagte auf Englisch: ›Pack deinen Koffer, bezahl das Zimmer, und verlass das Hotel. Wir werden warten.‹ Ich hatte natürlich keine Wahl – ich meine, ich wusste, was kommen würde, sollte ich versuchen wegzulaufen. Das war am Sonntag, so gegen sieben Uhr abends. Gestern, nicht?«

»Ja, gestern war Sonntag.«

Reeves starrte auf den Couchtisch. Aufrecht saß er da, eine Hand behutsam auf den Bauch gelegt, auf seine Brandwunden. »Übrigens, meinen Koffer hab ich nicht abgeholt. Der steht immer noch in der Hotelhalle unten in Ascona. Die haben mich einfach nur rausgewinkt und gesagt: ›Lass ihn hier.‹«

»Sie können das Hotel anrufen«, sagte Tom. »Zum Beispiel von Fontainebleau aus.«

»Ich weiß. Also, die haben mir immerzu Fragen gestellt. Sie wollten wissen, wer hinter der ganzen Sache steckt. Ich sagte, niemand. Ich als Drahtzieher, wer glaubt denn so was?« Reeves lachte verlegen. »Und Ihren Namen wollte ich nicht nennen, Tom. Außerdem waren Sie es ja nicht, der die Mafia aus Hamburg heraushalten wollte. Und dann … Dann haben sie mit den Zigaretten angefangen. Haben mich gefragt, wer im Zug war. Ich fürchte, ich habe mich nicht so gut gehalten wie Fritz. Der gute alte Fritz …«

»Er ist doch nicht etwa tot, oder?«, fragte Tom.

»Nein, nicht dass ich wüsste. Wie auch immer, um es kurz zu machen, kurz und beschämend: Ich habe ihnen Jonathans Namen und Adresse verraten. Weil sie mich im Wagen festhielten, irgendwo im Wald, und Zigaretten auf mir ausdrückten. Ich weiß noch, wie ich dachte: Selbst wenn ich wie ein Wahnsinniger um Hilfe schreie, hört mich kein Mensch hier. Dann haben sie mir die Nase zugehalten und so getan, als wollten sie mich ersticken.« Er rutschte auf dem Sofa hin und her.

Tom verstand ihn. »Haben sie meinen Namen erwähnt?«

»Nein.«

War es denkbar, dass sein Coup mit Jonathan geglückt war? Vielleicht nahm die Genotti-Familie inzwischen tatsächlich an, Tom Ripley sei die falsche Fährte gewesen? »Vermutlich waren das Männer von den Genottis, oder?«

»Das wäre logisch, ja.«

»Sicher wissen Sie's nicht?«

»Mein Gott, Tom, die sagen doch nicht, von welcher Familie sie sind!«

Das stimmte. »Und kein Wort von Angi oder Lippo? Oder von einem Capo namens Luigi?«

Reeves dachte nach. »Luigi – den Namen hab ich vielleicht schon mal gehört. Tom, ich war vor Angst wie gelähmt. Tut mir leid ...«

Tom seufzte auf. »Angi und Lippo sind die beiden, die Jonathan und ich Samstagabend erledigt haben«, sagte er leise, als könne sie jemand hören. »Zwei von den Genottis. Sie kamen hierher, und wir haben sie ... Sie wurden eingeäschert, in ihrem Wagen, meilenweit weg von hier. Jonathan war dabei, er hat sich großartig gehalten. – Sie sollten die Zeitungsberichte lesen!«, fügte Tom lächelnd hinzu. »Wir hatten Lippo dazu gebracht, seinen Boss Luigi anzurufen und ihm zu sagen, ich wäre nicht der, den sie suchten. Deshalb frage ich nach den Genottis. Ich würde zu gern wissen, ob ich Erfolg damit hatte.«

Reeves versuchte sich immer noch zu erinnern. »Ihr Name ist nicht gefallen, das weiß ich. Zwei hier im Haus umzubringen, das ist doch was, Tom!« Sanft lächelnd sank Reeves im Sofa zurück, als entspanne er sich seit Tagen zum ersten Mal. Vielleicht war es auch so.

»Egal, sie kennen meinen Namen«, sagte Tom. »Ob die beiden vorhin im Auto mich erkannt haben, weiß ich nicht. Das steht – in den Sternen.« Seine letzten Worte überraschten ihn selber. Er meinte etwas wie, dass die Chancen fünfzig zu fünfzig stünden. »Ich will damit sagen«, fuhr er entschlossener fort, »dass ich nicht weiß, ob ihr Blutdurst schon gestillt ist, nun da sie heute Abend Jonathan erwischt haben.«

Er stand auf, wandte sich von Reeves ab. Jonathan war tot. Dabei hätte er nicht einmal mit ihm hinausgehen müssen. War Jon nicht absichtlich zwischen ihn und die Pistole getreten, die aus dem Wagen auf ihn gerichtet wurde? Andererseits war sich Tom nicht einmal sicher, eine Pistole gesehen zu haben. Alles war so schnell gegangen. Jonathan hatte sich nicht mit Simone versöhnt, hatte kein Wort der Vergebung von ihr gehört. Nur diese paar Minuten waren ihm verblieben, als sie sich ihm zuwandte, nachdem er fast erdrosselt worden war.

»Reeves, sollten Sie sich nicht besser hinlegen? Oder vielleicht möchten Sie erst etwas essen. Haben Sie Hunger?«

»Danke, aber ich glaube, zum Essen bin ich zu erschlagen. Ich sollte mich wirklich hinlegen. Vielen Dank, Tom. Ich war mir nicht sicher, ob Sie mich aufnehmen könnten.«

Tom lachte: »Ich auch nicht.« Er zeigte Reeves das Gästezimmer, entschuldigte sich dafür, dass Jonathan ein paar Stunden in dem Bett geschlafen hatte, und bot an, die

Bettwäsche zu wechseln. Reeves versicherte ihm, das sei nicht nötig.

»Das Bett ist himmlisch«, sagte Reeves. Als er sich auszog, schwankte er vor Erschöpfung.

Tom überlegte: Sollten die Männer von der Mafia es am Abend noch einmal versuchen, dann hatte er die großkalibrige italienische Pistole plus das Gewehr und die Luger, dazu einen völlig erschöpften Reeves anstelle von Jonathan. Aber heute Abend würden sie nicht kommen. Wahrscheinlich würden sie versuchen, Fontainebleau so weit wie möglich hinter sich zu lassen. Hoffentlich hatte er wenigstens den Fahrer getroffen und schwer verwundet.

Am nächsten Morgen ließ Tom seinen Gast ausschlafen. Er saß mit seinem Kaffee im Wohnzimmer und hörte einen beliebten französischen Sender, der zu jeder vollen Stunde Nachrichten brachte. Leider war es schon kurz nach neun. Was wohl Simone der Polizei erzählen würde? Und was hatte sie gestern Abend ausgesagt? Ihn würde sie nicht erwähnen, weil sie sonst Jonathans Beteiligung an den Mafiamorden offenlegen müsste. Oder? Könnte sie nicht behaupten, Tom Ripley habe ihren Gatten gezwungen, habe Druck auf ihn ausgeübt? Aber wie? Nein, wahrscheinlich würde sie etwas sagen wie: »Ich weiß nicht, warum die Mafiosi (oder: die Italiener) zu uns gekommen sind.« – »Aber wer war der andere Mann neben Ihrem Gatten? Laut der Zeugenaussagen gab es einen zweiten Mann mit amerikanischem Akzent.« Tom hoffte, dass keiner der Umstehenden seinen Akzent erwähnt hatte, doch irgendwem mochte er aufgefallen sein. »Keine Ahnung«, könnte sie sagen. »Irgendein Bekannter meines Mannes. Den Namen habe ich vergessen …«

Zurzeit war alles eher unsicher.

Kurz vor zehn kam Reeves herunter. Tom setzte Kaffee für ihn auf und machte Rühreier.

»Ich muss weg, schon Ihretwegen«, sagte Reeves. »Ob Sie mich wohl nach Orly fahren könnten? Außerdem würde ich gern das Hotel anrufen, wegen meines Koffers, aber nicht von hier aus. Könnten Sie mich nach Fontainebleau bringen?«

»Sicher, nach Fontainebleau und dann nach Orly. Wohin wollen Sie denn fliegen?«

»Ich dachte an Zürich. Von dort könnte ich schnell runter nach Ascona, meinen Koffer holen. Aber ich könnte auch im Hotel anrufen, dann schicken sie mir den Koffer nach Zürich an die Adresse von American Express. Ich könnte einfach sagen, ich hätte ihn vergessen!« Reeves rang sich ein Lachen ab, das sorglos und jungenhaft klingen sollte.

Dann war da noch das Geldproblem. Tom hatte ungefähr dreizehnhundert Franc in bar im Haus. Er sagte, er könne Reeves ohne Weiteres genug für das Flugticket geben, dazu noch eine gewisse Summe, die er nach der Landung in Zürich in Schweizer Franken tauschen könnte. Minots Reiseschecks steckten in seinem Koffer.

»Und der Pass?«, fragte Tom.

»Hier in der Tasche.« Reeves klopfte sich auf die Brust. »Und zwar beide: Ralph Platt, mit Bart, und ich, ohne Bart. Ein Hamburger Freund von mir hat das Foto gemacht, ich habe einen falschen Bart getragen. Stellen Sie sich vor, die Italiener haben mir die Pässe nicht abgenommen. Glück muss man haben, wie?«

Allerdings. Reeves umzubringen war unmöglich, dachte

Tom: Wie eine Eidechse glitt dieser Mann geschmeidig über die Steine. Man hatte ihn entführt, mit Zigaretten versengt, mit Gott weiß was bedroht und aus einem fahrenden Auto geworfen, und hier saß er nun und aß Rühreier, und nicht mal die Nase war gebrochen.

»Von nun an reise ich wieder mit meinem richtigen Pass. Also werde ich mir gleich den Bart abnehmen und auch baden, wenn ich darf. Ich bin nur so schnell heruntergekommen, weil ich fand, ich hätte lange genug geschlafen.«

Während Reeves badete, rief Tom Orly an und erkundigte sich nach Flügen. Die erste von drei Maschinen nach Zürich ging um zwanzig nach eins. Die junge Frau sagte, sie hätten sicher noch einen Platz frei.

24

Kurz nach zwölf war Tom mit Reeves am Flughafen. Er parkte den Wagen, dann rief Reeves wegen seines Koffers das Hotel Drei Bären in Ascona an. Man war bereit, ihm den Koffer nach Zürich zu schicken. Besonders besorgt schien Reeves nicht, jedenfalls nicht so besorgt, wie Tom es gewesen wäre, hätte er einen Koffer samt aufschlussreichem Adressbuch zurücklassen müssen. Wahrscheinlich würde Reeves den Koffer morgen in Zürich unangetastet wiederbekommen. Tom hatte ihm ein Köfferchen mit einem sauberen Hemd sowie Pullover, Pyjama, Socken und Unterwäsche aufgedrängt, außerdem seine eigene Zahnbürste und eine Tube Zahnpasta, die für ihn zu einem ordentlich gepackten Koffer unbedingt dazugehörten. Etwas in ihm hatte sich dagegen gesträubt, dem Mann die neue Zahnbürste mitzugeben, die Jonathan nur einmal benutzt hatte. Einen Regenmantel legte er auch noch dazu.

Ohne Bart wirkte Reeves blasser. »Tom, warten Sie nicht, ich komme schon klar. Wie soll ich Ihnen danken? Sie haben mir das Leben gerettet.«

Was nicht ganz stimmte, denn dass die Italiener Minot mitten auf dem Gehweg abgeknallt hätten, war wohl kaum anzunehmen. »Wenn ich nichts von Ihnen höre«, sagte er lächelnd, »nehme ich an, es ist alles in Ordnung.«

»Okay, Tom.« Er winkte und verschwand durch die Glastür.

Tom ging zu seinem Wagen und fuhr nach Hause. Er war unglücklich und todtraurig, hatte aber keine Lust, unter Leute zu gehen, um sich aufzuheitern; er wollte weder die Grais schon wieder sehen noch die Cleggs. Nicht einmal auf einen Film in Paris hatte er Lust. Gegen sieben würde er Héloïse anrufen. Vielleicht war sie ja noch nicht in die Schweiz abgereist. Falls doch, hatten ihre Eltern sicher die Telefonnummer des Chalets oder wussten, wie sie zu erreichen war. So etwas vergaß Héloïse nie: Wenn sie verreiste, hinterließ sie stets eine Nummer oder Adresse.

Natürlich könnte er auch Besuch von der Polizei bekommen, dann brauchte er gar nicht mehr zu versuchen, sich innerlich wieder aufzurichten. Was sollte er ihnen sagen? Dass er gestern den ganzen Abend zu Hause gewesen sei? Tom musste lachen, ein befreiendes Lachen. Wenn möglich, sollte er allerdings zuerst herausfinden, was Simone ausgesagt hatte.

Aber die Polizei kam nicht, und Tom versuchte auch nicht, mit Simone zu sprechen. Wie üblich fürchtete er, die Polizei sei gerade damit beschäftigt, einen Haufen Beweise und Zeugenaussagen zu sammeln, um ihn dann damit zu konfrontieren. Er kaufte fürs Abendessen ein, spielte als Fingerübung ein paar Tonleitern auf dem Cembalo und schrieb Madame Annette an die Adresse ihrer Schwester in Lyon ein paar freundliche Zeilen:

Meine liebe Madame Annette,
Sie fehlen sehr in Belle Ombre, aber ich hoffe, Sie entspannen sich und genießen diese schönen Frühsommertage. Hier ist alles in Ordnung. Ich rufe demnächst abends mal an, um zu hören, wie es Ihnen geht.
Alles Gute und herzliche Grüße,

Ihr Tom

Der Pariser Sender meldete »eine Schießerei« in Fontainebleau mit drei Toten, nannte aber keine Namen. Tom holte sich die Abendzeitung in Villeperce. Der *France-Soir* vom Dienstag brachte eine kurze Spalte darüber: Ein Jonathan Trevanny aus Fontainebleau war erschossen worden, in seinem Haus hatte man zudem zwei Italiener tot aufgefunden. Toms Blick glitt flüchtig über die Namen, als wolle er sie sich gar nicht merken, dabei würde er sie sicher für lange Zeit nicht vergessen können: Alfiori und Ponti. Wie Madame Simone Trevanny der Polizei gegenüber ausgesagt hatte, waren die Italiener aus ihr unbekannten Gründen in das Haus eingedrungen. Sie hatten an der Tür geklingelt und waren dann hereingestürmt. Ein Freund, dessen Namen Madame Trevanny nicht nannte, hatte ihrem Mann geholfen und ihn mit ihr und dem kleinen Sohn zum Krankenhaus von Fontainebleau gefahren. Dort hatte man nur noch den Tod ihres Mannes feststellen können.

»Geholfen« war gut, grinste Tom, angesichts von zwei toten Mafiosi mit zerschmetterten Schädeln im Haus der Trevannys. Ganz geschickt mit dem Hammer, jener Freund der Trevannys, und womöglich auch Monsieur Trevanny, wenn man bedachte, dass sie insgesamt vier mit Pistolen bewaffnete Männer gegen sich gehabt hatten. Allmählich entspannte er sich und musste sogar lachen, und wenn ein Anflug von Hysterie in seinem Lachen mitschwang, wer wollte ihm das verdenken? Weitere Einzelheiten der Ermittlung würde er aus den Zeitungen erfahren – oder direkt von der Polizei, die sich unmittelbar an Simone und vielleicht auch an ihn wenden würde. Aber Madame Simone schien entschlossen, die Ehre ihres Mannes zu verteidigen und ihren hübschen Schweizer Notgroschen zu schützen, sonst hätte sie denen gewiss schon ein bisschen mehr erzählt. Sie hätte seinen Namen nennen und den Verdacht erwähnen können, den sie gegen ihn hegte. Die Zeitungen hätten schreiben können, Madame Trevanny habe der Polizei zugesagt, weitere Einzelheiten bei einer späteren Aussage mitzuteilen. Doch das hatte sie offenbar nicht getan.

Die Trauerfeier für Jonathan Trevanny sollte am Mittwoch, den 17. Mai, nachmittags um drei in Saint-Louis stattfinden. An diesem Tag wollte Tom schon hingehen, fand dann jedoch, das sei für Simone genau das Falsche. Außerdem waren Beerdigungen für die Lebenden da, nicht für die Toten. Während der Trauerfeier arbeitete er still für sich im Garten (er würde diesen verfluchten Bauarbeitern wegen des Gewächshauses Beine machen müssen). Inzwischen war er fast sicher, dass Jonathan ihn vor jener Kugel hatte schützen wollen und sich absichtlich vor ihn geworfen hatte.

Sicher würde die Polizei Simone in den kommenden Tagen vernehmen und den Namen des Freundes und Helfers ihres Mannes wissen wollen. Waren die Italiener, die mittlerweile womöglich als Mafiamänner identifiziert waren, unter Umständen hinter jenem Freund her gewesen statt hinter Jonathan Trevanny? Die Beamten würden der trauernden Witwe ein paar Tage Zeit geben, sich zu erholen, und sie dann erneut befragen. Er konnte sich vorstellen, dass Simone sich bis dahin noch stärker in die eingeschlagene Richtung bewegen würde: Der Freund wolle seinen Namen nicht genannt haben, er stehe ihnen nicht nahe und habe in Notwehr gehandelt, genau wie ihr Mann. Sie wolle diesen ganzen Albtraum nun vergessen.

Rund vier Wochen später, im Juni, als Héloïse längst aus der Schweiz zurück war und Toms Vermutungen in Sachen Trevanny sich als richtig erwiesen hatten – die Zeitungen hatten keine weiteren Aussagen Madame Trevannys gebracht –, kam ihm Simone auf dem Gehweg der Rue de France in Fontainebleau entgegen. Tom schleppte sich mit einem schweren Pflanzenkübel ab, einer Art Urne, die er gerade für den Garten gekauft hatte. Er war überrascht, sie zu sehen, hatte er doch gehört, sie sei bereits mit ihrem Sohn nach Toulouse gezogen. Dort sollte sie sich ein Haus gekauft haben. Diese Neuigkeit hatte Tom der junge und aufdringliche Besitzer des neuen und teuren Feinkostgeschäfts verraten, das in Gauthiers Laden für Künstlerbedarf eröffnet hatte. Toms Arme konnten den schweren Kübel kaum noch halten, den er beinahe dem Blumenverkäufer anvertraut hätte; in der Nase hatte er noch den unangenehmen Geruch von *céleri remoulade* und Hering in Sahne, was ihn an die geruchlosen Farbtuben, unberührten Pinsel und die reinweiße Leinwand erinnerte, die er früher in Gauthiers Geschäft gesehen hatte; außerdem wähnte er Simone schon Hunderte von Kilometern weit weg – jedenfalls dachte Tom einen Moment lang, er habe eine Vision und sehe einen Geist. Er trug kein Jackett, das Hemd war nicht mehr knitterfrei, und wäre die Frau vor ihm nicht Simone gewesen, er hätte vielleicht die Urne abgesetzt und sich kurz ausgeruht. Sein Wagen stand an der nächsten Ecke. Simone sah ihn, und ihre Augen funkelten wütend, als nehme sie einen Feind ins Visier. Sie erreichte ihn, blieb kurz stehen, und als auch er stehen bleiben wollte, um wenigstens »*Bonjour,* Madame« zu sagen, spuckte sie nach ihm, verfehlte sein Gesicht, ja verfehlte ihn völlig, und hastete weiter in Richtung Rue Saint-Merry.

Vielleicht war das *ihre* Art der Rache, dachte Tom, vergleichbar der Vergeltung der Mafia. Mehr würde hoffentlich nicht kommen, weder aus Italien noch von Madame Simone. Genaugenommen war das Anspucken, ob gut oder schlecht gezielt, zwar unangenehm, aber eine Art Garantie: Hätte nämlich Simone nicht beschlossen, das Schweizer Geld zu behalten, hätte sie sich mit Anspucken sicher nicht begnügt, und er säße schon im Gefängnis. Simone schämte sich bloß ein bisschen. Insofern ging es ihr nicht anders als den meisten Menschen auf der Welt. Und er glaubte sogar, sie habe ein ruhigeres Gewissen, als ihr Mann es hätte, wäre er noch am Leben.

Anhang

Nachwort

Eine der wenigen Gesellschaftsszenen bei Patricia Highsmith (oder das, was man im bürgerlichen Roman des neunzehnten Jahrhunderts so nennen würde) findet sich im vierzehnten Kapitel von *Ripley's Game*. »Ganz Fontainebleau ist heute Abend hier«, sagt der festlich gekleidete Pierre Gauthier, in dessen Geschäft Tom Ripley seine Malutensilien kauft, und lässt sein »gutes Auge« über die Besucher gleiten, die zu dem außerordentlichen Kulturereignis erschienen sind: Ein Streichquartett gastiert in der Stadt. Das Kapitel gewährt die seltene Gelegenheit, Ripley von außen zu sehen, durch die überaus kritischen Augen von Simone Trevanny. Was hier zu lesen ist, könnte den Leser freilich verblüffen: »Ripley fiel auf, nicht weil er ziemlich groß war, eher weil er mit seinem dunkelblonden Haar, das im Licht der Kronleuchter golden leuchtete, nicht wie ein Franzose aussah. Er trug ein pflaumenfarbenes Satinjackett. Die attraktive Blondine neben ihm, eine beeindruckende Schönheit, ganz ohne Make-up, musste seine Frau sein.«

Warum empfinden wir diese Schilderung als Überraschung? Erstens weil uns Tom Ripley auf den vorangegangenen Seiten, zu schweigen von den vorangegangenen Bänden *Der talentierte Mr. Ripley* (1955) und *Ripley Under Ground* (1970), nicht unbedingt als extravagant auftretender Mann begegnet ist. Zwar wählt er die ihn umgebenden Dinge mit unzweifelhaftem Geschmack, aber man würde ihn wohl eher einen klassischen als einen modischen oder gar flamboyanten Typus nennen. Zweitens mag dem Leser durch die Szene im Foyer überhaupt erst bewusst werden, dass der Virtuose der Selbsterfindung eine sichtbare Außenhülle hat, die gesellschaftlich wahrgenommen und gesellschaftlich bestimmt wird. Er ist also groß, dieser immer noch junge Amerikaner, dem man auch nach mehreren Jahren im Ausland seine transatlantische Herkunft sofort anhört, er ist »unfranzösisch«, hat jenes weiche braune Haar, das die Autorin den ihr teuren Figuren so gern mitgibt, er hat eine blonde Frau von sechsundzwanzig Jahren, die es sich leisten kann, an diesem Abend im Theater von Fontainebleau nahezu ungeschminkt zu gehen – und er trägt ein pflaumenfarbenes Satinjackett! Vielleicht ist es ja der Kontrast zwischen dem blonden Haar und dem kühnen Pflaumenton, der die Überraschung auslöst. Dieser junge Mann mit der schönen französischen Frau hat tatsächlich all die Morde auf dem Gewissen, von denen wir lesen, und kommt damit auch noch durch? Immerhin gibt es Leute wie Simone Trevanny, die ihn dafür (oder doch für den unappetitlichen Verdacht, der an ihm haftet) mit jeder Faser ihres Herzens ächten.

Um Missverständnissen vorzubeugen: Es geht nicht um psychologische Wahrscheinlichkeit im Sinne des realistischen Romans. Sondern um die Bestandteile des Charakterbilds und die Mittel, mit denen die Autorin es herstellt. In dieser Beziehung war mit dem dritten *Ripley*-Roman von 1974, dem Werk, das aus dem abermals davongekommenen

Mörder des zweiten Buches einen Serienhelden machte, ein kritischer Punkt erreicht. Würde es Patricia Highsmith gelingen, ihrer Figur treu zu bleiben, ohne deren Gesten und Taten wie müde Wiederholungen früherer Abenteuer erscheinen zu lassen? Würde sie gar neuen Platz für kommende Titel schaffen können? Zumindest eines fällt sofort ins Auge: So wie der Vorgängerroman *Ripley Under Ground* den »Nebenhelden«, den Maler Bernard Tufts, aus dem Weg räumt, so muss auch der Nebenheld in *Ripley's Game,* Jonathan Trevanny, als Toter die Bühne verlassen, um Tom die Möglichkeit eines unbelasteten Neuanfangs zu geben. Nur beiläufige Gedanken bei der Gartenarbeit, daheim in seiner Villa mit dem sinnreichen Namen Belle Ombre, werden den amerikanischen Aufsteiger an die Opfer erinnern, die seine kriminelle Karriere gefordert hat.

Dass aber auch Tom älter und womöglich weicher wird, sieht man daran, dass er sich seinen toten Freunden immer mehr annähert. Genauer, dass er ihnen, solange sie leben, nicht mehr so viel Gewalt antun muss wie bei jenem allerersten Mord, der das Fundament seiner geistigen und materiellen Existenz legte. Den freundschaftlich umworbenen Dickie Greenleaf, im *Talentierten Mr. Ripley,* musste er noch eigenhändig erschlagen, um sich seiner Kleider zu bemächtigen und in seine Identität zu schlüpfen. Bernard Tufts aus *Ripley Under Ground* dagegen, auch wenn Tom ihn in einer absurden Pantomime durch Salzburg jagt, wählt den Suizid aus freien Stücken. Jonathan Trevanny in *Ripley's Game* schließlich wird von der Kugel eines Mafiakillers niedergestreckt, die andernfalls wohl Tom getroffen hätte: Grund genug, den englischen Bilderrahmer, der stets ohne egoistisches Kalkül gehandelt hat, in dankbarer Erinnerung zu bewahren.

Diese Tendenz hat ihre Entsprechung. Im selben Maß, wie die Gefühlsbindungen zu anderen Männern wachsen, schrumpfen die Gemeinsamkeiten zwischen Tom und Héloïse und gefrieren auf dem allerkonventionellsten Niveau. Überhaupt lässt sich der Roman wohl kaum verstehen, wenn man nicht fragt, was darin *eigentlich* geschieht, nämlich jenseits der Oberflächenreize namens Mord, Vertuschung und Vergeltung, die Patricia Highsmith in ihrem Buch so geschickt für die prächtigen Feuerwerke des Suspense nutzt.

Einem Mann, seit Jahren an Leukämie erkrankt und an Medikamente gewöhnt, wird eine morbide Idee angetragen. Er soll als Auftragsmörder fungieren, damit seine Familie, so das Versprechen, nach seinem Ableben nicht mittellos zurückbleibt. Da Jonathan Trevanny arm ist, darüber hinaus aber auch anständig, ringt seine Rechtschaffenheit mit der verführerischen Möglichkeit, Frau und Kind nach seinem Tode versorgt zu sehen. So ringt sie eine Weile – und verliert. Das Erschlaffen der moralischen Spannkraft gehört zu den Vorgängen, denen Patricia Highsmith in ihrem Werk meisterhafte Seiten gewidmet hat, so auch hier. Das Erstaunliche ist, dass der Leser (so wenig wie die Figur) gar nicht recht weiß, warum der Wagen, nachdem er einmal in Bewegung gesetzt wurde, so rasch Fahrt aufnimmt. Ebenso wie die genauen Motive der ethischen Entscheidung verschleiert die Autorin, dass es sich um eine abschüssige Strecke handelt, die naturgemäß nur in eine Richtung führen kann. So entsteht der Eindruck, der zwischen Zweifel und

Verführung hin- und hergerissene Jonathan werde sanft, aber mit Bestimmtheit geschubst, damit er den ersten Schritt tut und die Handlung des Romans wie einen Spielmechanismus in Gang setzt.

Als Mechanismus betrachtet, bietet der Roman *Ripley's Game* mehrere Funktionsteile, die mit der Kriminalhandlung nicht unbedingt zu tun haben, zwei separate Kräfte, die den Engländer Jonathan Trevanny antreiben. Die eine Kraft ist der freundschaftliche Männerbund, wie er in vielen Highsmith-Romanen vorkommt, eine im Verborgenen wirkende Gegeninstanz zu der stets öffentlich agierenden Erregung über Mord und Verbrechen. Die zweite Kraft ist Jonathans Todestrieb (oder zumindest ein spürbarer Mangel an Gegenwehr). Das Zusammenspiel der beiden Kräfte ist das heimliche Gesetz des Romans. Es verleiht ihm seinen eigenartigen fatalistischen Schimmer (denn Freundschaft währt über den Tod hinaus), und es lenkt ihn sicher bis an sein wahrhaft atemberaubendes Finale.

Ausgerechnet das Motiv, ohne das der ganze Roman auseinanderfiele, weil es keine Rechtfertigung für Jonathan Trevanny gäbe, einen wildfremden Mann in der Hamburger U-Bahn zu erschießen, ausgerechnet der medizinische Vorwand also kommt freilich auf ziemlich dünnen Beinen daher. Jonathan weiß von seinem Arzt in Paris, der die Leukämie diagnostiziert hat, dass ein Todesurteil mit unbestimmter Galgenfrist über ihn gesprochen ist, er hat denselben Befund auch von einem Arzt in Fontainebleau gehört. Welchen Grund sollte er haben, einen dritten Spezialisten in Hamburg zu konsultieren? Und einen vierten in München? Das Ganze ergibt im Licht eines realistischen

Romans wenig Sinn. Vielleicht will Patricia Highsmith ja, dass wir die Fadenscheinigkeit der Ummantelung erkennen? Denn die als Köder ausgelegten Termine mit diversen Spezialisten bringen nicht nur keine neuen medizinischen Erkenntnisse, die Jonathans Handeln beeinflussen könnten, die Arztvisiten werden auch von den Figuren selbst wie ein vernachlässigbares Detail behandelt. Es ist nicht einmal nötig, wie Reeves Minot an späterer Stelle überlegt, die Laborergebnisse zu fälschen, denn Jonathan scheint ohnehin bereit, an dem hochriskanten Spiel teilzunehmen. Er tut es, weil er insgeheim bereit ist zu sterben.

In dieser durchaus nicht gewöhnlichen Nachgiebigkeit gegenüber dem Tod darf man ein wesentliches Motiv des Romans sehen: Im Zentrum agiert ein Mann, der seinem Ende bewusst entgegengeht, statt ihm auszuweichen, und der sich sein eigenes Scheitern vergegenwärtigt. Das heißt zugleich, dass Jonathan den heimtückischen Plan Ripleys, der ihn zum Mittäter machen soll, nun seinerseits benutzt, um Bilanz zu ziehen und sich fast willenlos vom Leben zu verabschieden. Die Angst vor dem Scheitern *(failure)* ist bei Patricia Highsmith eine ständig präsente Besorgnis im halbdunklen Hintergrund ihrer Bücher. Da Jonathan sich als Versager empfindet und sein Leben als etwas Absurdes, wie er in seiner letzten Minute erkennt, bleibt als unzweifelhafte Leistung allein sein nützlicher Tod.

In den Notizbüchern der jungen Patricia Highsmith tauchen hin und wieder Vanitas-Stimmungen auf, der Gedanke, das Wissen um einen sich nähernden Tod enthülle die Bedeutung des Lebens. Einmal schreibt die Dreiundzwanzigjährige von einem Abend mit sechs Freunden in einem frisch gebauten Haus in Texas. Alle trinken Rum mit Wasser, man spricht über einen Song im Radio (»ein dummer Song, den jeder von uns bald vergessen haben wird«), über den Wind, der aufgekommen ist, oder die Vorzüge zweier neuer Golfplätze. »Bald werden wir ausgehen«, heißt es an jenem 19. Juni 1944 im Notizbuch, »um uns einen Film anzuschauen, den wir seit fünfzehn Minuten umständlich aussuchen. Doch wenn wir morgen stürben, oder heute Abend! Wenn wir nur wüssten, dass wir morgen oder heute Abend sterben müssen, wovon hätten wir dann gesprochen?« Fünf Jahre später, am 30. Januar 1949, derselbe Gedanke: »Wenn ich wüsste, dass ich morgen sterben muss, wie gierig würde ich dann ein gewöhnliches Mietshaus in meiner Straße besuchen, die Kinder anschauen, die mir auf dem Gehweg all die Jahre etwas zu viel waren, die Einzelheiten des Haushalts bewundern und mit Rührung den Ausdruck auf den groben irischen Gesichtern betrachten.« Der Tod, so der Refrain in den Aufzeichnungen aus späteren Jahren, ordnet die Zeit neu. Er lehrt – ohne Trost –, mit anderen Augen zu sehen.

Das Echo dieser Überlegungen erklingt in *Ripley's Game*, und es enthält keinerlei erbauliche Botschaft. Am klarsten tritt das Sterben in Jonathans Gesichtskreis, als er sich des etwas schäbigen, noch immer nicht abbezahlten »Sherlock-Holmes-Hauses« bewusst wird, in dem er mit seiner Familie lebt. Plötzlich begreift er, dass er mit Simone nie ein anderes, fröhlicheres Haus kennenlernen und mit großer Wahrscheinlichkeit in diesem Haus sterben wird: Es war schon da, als er geboren wurde, und es wird Jahrzehnte nach seinem Tod noch immer stehen. In seiner Vorstellung trägt das Flugzeug nicht ihn, Jonathan, sondern einen anderen Menschen nach Hamburg, während es den alten Jonathan in seinem alten Haus zurücklässt. Hier, im fünften Kapitel, setzt die Spaltung ein, die den Bilderrahmer aus seiner früheren Existenz hinauskatapultiert. Und alle Folgen hängen an dieser Entscheidung. Denn von jetzt an erzählt der Roman auch die Geschichte eines Mannes, den eine verführerische Macht, Tom Ripley, aus seiner Ehe und seinem Lebenskreis herauslockt, um ihn einem Männerbund zuzuführen, in dem Mord zum täglichen Geschäft gehört und ein Freund auf den anderen zählen kann. Und koste es das Leben.

Wer unter diesen Bedingungen noch immer die gefährliche Anziehungskraft Ripleys ergründen will, hat die Merkmale des Mannes rasch beisammen: Nicht nur sein Aussehen und Auftreten machen ihn interessant, seine Intelligenz, seine vollendeten Umgangsformen, sein Stil, nicht einmal das opulente Anwesen Belle Ombre oder die sporadische Anwesenheit einer attraktiven Ehefrau würden dafür ausreichen. Nein, die Eigenschaft, die ihn liebenswert macht und sogar das düstere Bild des entschlossen und erbarmungslos tötenden Mannes überstrahlt, ist die fürsorgliche Hilfe, die er seinen bedürftigen Freunden gewährt. Und die Szene im Zug, im elften Kapitel, als Jonathan vor seiner Mordaufgabe zu kapitulieren droht und Ripley, aufgetaucht aus dem Nichts, mit kleinem Lächeln dazutritt, den Namen des bedrängten Freundes spricht und dann sagt: »Geben Sie mir bitte das Ding? Die Garrotte«, diese Szene erinnert an die großen Abenteuerfilme aus Kindertagen, als von irgendwoher, aus dem Wald, aus den Wolken, womöglich mit einem triumphierenden Fanfarenstoß, die Rettung herangerauscht kam, die Nachschubkräfte des Guten, die das Böse unweigerlich in die Flucht schlagen würden. Genauso geschieht es hier. Gemeinsam ermorden Tom und Jonathan den prominenten Vertreter einer Mafia-Familie, und das Teamwork des Tötens macht sie zu Freunden.

Es ist, wie könnte es anders sein, eine Freundschaft unter Highsmith-Bedingungen. Das heißt, nahezu alle Merkmale der Normalität verschwinden. Das Universum ordnet sich neu, und zwar nach den Regeln des Spiels, an dem Jonathan von nun an teilnimmt. Auch er vergisst jetzt seine Frau, so wie Tom die seine vergisst, wenn es um das Töten geht, auch er denkt über die Gefährlichkeit der Mafia nach und kompensiert die Abwesenheit von seiner Familie durch Geschenke – analog zu dem Aufmerksamkeitsritual zwischen Tom und Héloïse, bei dem die schön verpackte und stilvoll überreichte Gabe der Ersatz für jede tiefere Beschäftigung mit dem Menschen ist. Dass mehrfacher Mord in diesem Ambiente nicht so unangenehm auffällt, wie er es eigentlich müsste, liegt sicherlich auch daran, dass dem Ripley-Haushalt in diesem dritten Band ein Gegner von außen zuwächst, der durch unzweifelhafte moralische Anstößigkeit ein ausreichendes Kontrastmittel darstellt, damit der Held als Repräsentant des ethischen Durchschnitts durchgehen kann. Tatsächlich fühlt Tom sich im Vergleich zu den Mafia-Haien »fast tugendhaft«.

Doch man muss den Roman nicht über den Kopf der Autorin hinweg zu deuten versuchen, seine Effekte nähren sich von konkreten Einfällen, die sich schon in den früheren *Ripley*-Büchern bewährt haben. Die Rede ist vom metaphorischen Gewicht der Kleidung. Kapitel fünf, das Jonathan Trevanny mit dem Gedanken an den Tod konfrontiert, setzt zugleich die sorgfältig kalkulierte Garderobensymbolik in Gang. Gleich zu Beginn des Kapitels steht Jonathan am Fenster und beobachtet Simone beim Aufhängen der Wäsche. Jedes Stück, das im Garten trocknen wird, ist von Bedeutung, von den Socken bis zum Büstenhalter. Nur Bettlaken kommen nicht auf die Leine, Simone gibt sie zur Reinigung, weil sie auf perfekt gebügelte Laken Wert legt – ein Luxus, wie der Leser weiß, vielleicht der einzige, den diese Frau sich leistet. Dann sehen wir, wie sich ihr gelenkiger Körper in Wollhosen und einem roten Pullover (zweifellos einem billigen Pullover) nach Küchenhandtüchern niederbeugt, ein Tableau bescheidenen, ehrbaren Lebens in der französischen Provinz. »Es war ein schöner, sonniger Tag; die sanfte Brise brachte eine Ahnung vom Sommer.«

Von diesem Augenblick an erzählt der Roman seine Geschichte auch durch Kleidungsstücke und was mit ihnen geschieht. In einem Hamburger Schaufenster sieht Jonathan kostbare Pullover und einen seidenen Morgenmantel, Schätze, die ihm (und Simone) schon nach dem ersten Mord zugänglich sein werden. Gewissermaßen zur Feier des Tages hat er seinen besten Anzug mitgebracht, das einzige Stück, das er im Hotel aus dem Koffer nimmt. Der Mann, den er erschießen soll, Bianca, trägt gewöhnlich einen tief ins Gesicht gezogenen Hut und einen Mantel mit hochgeschlagenem Kragen. Damit er die Pistole versteckt am Körper tragen kann, erhält Jonathan von Reeves einen rotbraunen Tweedmantel mit einem Loch in der Seitentasche. Später, im Hotel, wird ihm die symbolische Bedeutung dieses fremden, nicht ganz neuen und etwas zu weiten Kleidungsstücks durchaus bewusst: Er, Jonathan, kann so tun, als wäre er ein anderer, als schauspielerte er nur und als wäre auch die Pistole nicht echt – die unübersehbare Parallele zu Ripleys Inbesitznahme einer neuen Identität durch das Anlegen fremder Kleidung, die das zentrale Geschehen im ersten *Ripley*-Roman aus dem Jahr 1955 bildet. Und tatsächlich, nicht der Mafioso Bianca scheint das Objekt von Jonathans Mordanschlag zu sein, sondern der graue Stoff, den der Italiener am Körper trägt; nicht auf den Menschen zielt Jonathan Trevanny in der Sekunde vor dem Schuss, sondern auf die Mitte des wollenen Mantels. Um die sexuelle Ambiguität des mörderischen Paktes zwischen Tom / Reeves und Jonathan anzudeuten, genügt der Autorin das Stück eines Damenstrumpfes, welches der Attentäter zur Vermeidung von Fingerabdrücken um den Griff der Pistole legen soll – subtil erinnert dieses Detail an den Erstlingsroman *Zwei Fremde im Zug* (1950) und die roten Damenhandschuhe, die Charles Bruno, der seinen Vater ermorden lassen will, seinem »Freund« Guy Haines zur Ausübung der finsteren Tat mitgibt. Sobald der Mord in der U-Bahn absolviert ist, kehrt Jonathan vorübergehend wieder zur (auch sexuellen) Normalität zurück. Wie jeder brave Ehemann mit Geld in der Tasche kauft er seiner Frau etwas Hübsches zum Anziehen, nämlich ein senfgelbes Tweedkostüm, das bei Simone Rührung und Dankbarkeit auslöst. Noch scheinen alle Dinge an ihrem Platz zu sein. Aber nicht mehr lange.

Denn der nächste Auftragsmord, zwischen München

und Paris, wartet schon. Wieder bringt Jonathan seinen besten Anzug und seine guten Schuhe mit. Aber jetzt kann er nicht mehr so tun, als wäre er ein anderer: Reeves schlägt vor, ihm einen neuen Mantel zu kaufen, was gleichbedeutend ist mit seiner Geschäftskleidung für die erste Klasse, der textilen Verlängerung seiner Identität, ihm selbst. Jonathan lässt also seinen alten Überzieher im Hotel zurück, wählt in einem vornehmen Münchner Geschäft einen dunkelgrünen Wollmantel aus (für den Reeves unbedingt bezahlen möchte) und sagt sich zur Beruhigung, er werde ihn vielleicht nur vierundzwanzig Stunden zu tragen haben: Ganz wohl fühlt er sich in seiner neuen Arbeitsuniform nicht. Mit Tom Ripleys Hilfe jedoch übersteht er auch den zweiten Mord (und rettet seinen Retter vor dem Sturz aus dem fahrenden Zug, indem er ihn an den Jackenschößen festhält). Die Harmonie in dieser überraschenden Partnerschaft könnte sich nicht treffender ausdrücken als darin, dass nun auch Tom für die wartende Ehefrau ein Kleidungsstück als Geschenk wählt, eine grüne Lederjacke, die zweifellos gut zu Jonathans neuem Mantel passen würde. Im Stil und der Farbe der Kleidung wird offenbar, wie nahe sich Tom und Jonathan gekommen sind.

In *Ripley's Game* ist nichts an den Kleinigkeiten der Garderobe zufällig, schon gar nicht, wenn es um das Männerbündnis geht, das Ehebündnisse suspendiert oder zerstört. Als Tom und Jonathan sich in einer Bar treffen, bemerkt Tom an der alten Cordjacke seines Freundes eine Rissstelle, die von Simone offenbar ausgebessert wurde. Nicht von ungefähr dreht sich das Gespräch der beiden um die Frage, wie Jonathan das Vertrauen seiner Frau, das durch allerlei

Ausreden und Heimlichtuerei erschüttert wurde, zurückgewinnen kann. Auf der kleidersymbolischen Ebene erzählt der Roman jedoch, dass diese Versuche vergeblich sein werden. Jonathan ist längst Teil von Toms moralisch relativer Welt geworden. Nicht die geflickten Cordjacken passen zu ihm, sondern die feinen Pyjamas, die Tom ihm in seinem Haus bald darauf aufnötigt, zusammen mit einer neuen Zahnbürste und einem weichen Bett. Und als Jonathan sich krank und schwach fühlt, schlägt Tom sogar vor, er (Jonathan) könne auf dem Weg ins Krankenhaus ruhig seinen (Toms) Überzieher benutzen; ein weiterer Mantel, der die schwache Identität Jonathans mit einer fremdbestimmten Hülle versieht.

Das wird bis zum Ende des Buches das metaphorische Muster bleiben: Simone repariert notdürftig alte Kleider, deren Ärmlichkeit unablässig betont wird – und Tom stattet den seiner Ehe entgleitenden Jonathan mit neuen Sachen aus, nicht nur mit einem Pyjama, über dessen Anblick Simone entgeistert ist, sondern auch mit dem Hut eines getöteten Mafioso. Hier, im dreiundzwanzigsten Kapitel, das den *shootout* des klassischen Gangsterdramas mit einer Andeutung von Verkleidungskomödie kombiniert, erleidet Jonathan mit einer gewissen Folgerichtigkeit dasselbe Schicksal wie des Hutes vormaliger Träger. Dabei hatten er und Tom bei ihrem gemeinsamen Kampf gegen die Italiener so gewirkt, »als hätten die beiden es einstudiert«, also wie Schauspieler auf der Bühne. Alles vergeblich. Tom kann dem toten Freund nur noch ein ehrenvolles Andenken bewahren. Als er dem gefährdeten Reeves, der nun untertauchen muss, am Schluss einen kleinen Koffer mit Garderobe aus seinem Kleiderschrank zusammenstellt (Hemd, Pullover, Socken, Unterwäsche, dazu einen Regenmantel), legt er lieber seine eigene Zahnbürste dazu, statt die nur einmal benutzte Zahnbürste des erschossenen Jonathan zu nehmen. Einen diskreteren Akt der Pietät könnte es in der Dingsprache des Romans nicht geben, und zweifellos tragen anrührende Gesten wie diese zum positiven Bild des Mörders Tom Ripley bei.

Dass es Patricia Highsmith um eine Zweiergeschichte ging, schrieb sie am 23. Januar 1972 unmissverständlich in ihr Notizbuch: »Der Hauptteil des Buches ist die Beziehung zwischen Ripley & dem Mann.« Zu diesem Zeitpunkt hat sie über »den Mann« schon seit knapp drei Monaten nachgedacht und mehrere Seiten des Notizbuches mit lose verknüpften »Keimen« gefüllt, wie sie die Ideenskizzen seit ihrer Jugend auf Deutsch überschreibt. Abermals drei Monate zuvor, im Juli 1971, hat sie einen interessanten Einfall notiert: Der Held (die Heldin) habe Kopfschmerzen, vielleicht gar einen Tumor, und begegne kurz darauf einem Fremden, der als personifizierter Tod erscheine. In einer weiteren Notiz auf derselben Seite, deren Datierung vermutlich falsch ist, verbindet Patricia Highsmith diesen Einfall mit dem »dritten Ripley«, den sie am selben Tag begonnen habe. Dadurch konkretisieren sich zugleich der Einfall und der neue *Ripley*-Band. Das Fundament der Handlung besteht darin, dass ein Mann mit der Vorstellung seines nahenden Todes konfrontiert wird und sein Verhalten entsprechend ändert – er kann jetzt anders über Tod und Leben nachdenken als zuvor.

Notizbuch Nummer 32 überliefert den Entstehungsprozess des Romans *Ripley's Game* eher lückenhaft, und wie in anderen Fällen lässt sich nicht entscheiden, ob die Überlegungen zu diesem Buch zeitweise ruhten oder ob sie sich so leicht und zwangsläufig ergaben, dass schriftliche Fixierung überflüssig war. Die erste zusammenhängende Aufzeichnungsstrecke reicht vom Oktober 1971 bis zum 12. Februar des folgenden Jahres. Genau vier Monate Pause schließen sich an, bevor abermals konkrete, mit dem vollendeten Roman übereinstimmende Handlungsskizzen einsetzen. Von den Ideen aus dem Winter 1971/72 lässt sich das nicht behaupten. Patricia Highsmith knetet den Stoff in diesem Stadium gehörig durch, wie es ihrer Arbeitsgewohnheit entspricht, und reichert ihn mit verschiedenen Motiven an, von denen kaum eines im Buch verbleibt. Zunächst – am 31. Oktober 1971 – denkt sie sogar daran, Ripley selbst mit einer gefährlichen Blutkrankheit auszustatten, die ihm nur noch sechs Monate Lebenszeit lasse. Fremde, so der Entwurf, wollen ihn mit einem Mord beauftragen und für die Ausführung 250 000 Dollar bezahlen. Das Opfer soll ein fortschrittlicher russischer Politiker sein, der Auftraggeber eine rechtsradikale Gruppierung, die einen Umsturz plant. Dahinter steckt der ungewöhnliche Einfall, Tom Ripley könne sein Verhalten diesmal von hochherzigen politischen Absichten leiten lassen. Und tatsächlich, einige Absätze lang sprechen die Notizen von Einzelheiten wie einem jungen russischen (oder ungarischen) Flüchtling, dem Tom aus der Klemme hilft, von falschen Identitäten und einem Mord im Zug. Im November schließlich ist von einem »Helden« die Rede, der sich von Tom beim Mordgeschäft, das erkennbar nicht sein Metier ist, helfen lassen muss. Zwar werden die Ideen für die Handlung in den folgenden Monaten großenteils wieder verworfen, aber ein Gedanke vom 26. November 1971 behält seine Gültigkeit: »Das Hauptmotiv für dieses Buch ist, mit der Todesfurcht zurechtzukommen, die wir alle spüren.«

Um dieses Thema freizulegen, benötigt Patricia Highsmith ein besonderes Verhältnis zwischen den beiden Hauptfiguren. Sie dreht und wendet die psychologischen Möglichkeiten der Konstellation so lange, bis sie die labile Balance erzielt hat, die das vollendete Buch charakterisiert. Am 8. Dezember 1971 schreibt die Autorin von den »Liebe-Hass«-Gefühlen, die der Mann (der zu diesem Zeitpunkt noch nicht Trevanny, sondern Willis heißt) für Ripley empfindet. Auch Ripley erlebt in Bezug auf sein Gegenüber heftige emotionale Schwankungen. Am 25. Dezember 1971 heißt es: »Der Mann verkörpert alles, was Tom stets verabscheut hat.« Einen Monat später: »Am Ende mag und respektiert Tom ihn.« Hinter diesen Notizbuch-Erwägungen verbirgt sich die alte Faszination der Autorin für das heimliche Charakterkomplement, für verschmolzene oder gleichsam ausgetauschte Gegensätze. Das Motiv bildet schon das Skelett des Romans *Zwei Fremde im Zug*. Und sieht man genau hin, entdeckt man in *Ripley's Game* zugleich den Nachfolger und das Spiegelbild des Frühwerks. Denn fast alles aus *Zwei Fremde im Zug* ist in *Ripley's Game* mit leichten Variationen wiederholt: der Männerbund, der auf der Verführung eines Unschuldigen zum Verbrechen gründet, die Eisenbahn als Medium der Begegnung, ein Mord, der »von außen« und im Schutz der Anonymität verübt wird, die störende und von der Bühne gedrängte Ehefrau, ja selbst deren bürgerlicher Familienhintergrund, der den Helden unter Erfolgsdruck setzt und ihm am Ende sein Scheitern vor Augen führt. So wie der Architekt und Ästhet Guy Haines durch einen attraktiven Mordplan korrumpiert wird, so ähnlich lässt sich auch Jonathan Trevanny dazu überreden, ein Auftragskiller zu werden. Wundert es da, dass Jonathan ebenfalls Ästhet ist? »Sein größtes Scheitern liegt in der Mittelmäßigkeit«, schreibt Patricia Highsmith am 23. Januar 1972 in ihr Notizbuch. »Er hatte Schriftsteller sein wollen, doch es fehlte ihm an Disziplin und Stehvermögen.« Die Aufzeichnungen der Autorin bestätigen, dass im unsichtbaren Inneren dieses Buches ein Rest von Künstlerroman verborgen ist.

Jedes Werk von Patricia Highsmith hat eine emotionale Färbung. *Ripley's Game* scheint von der Schwermut und Todesnähe seiner zweiten Hauptfigur erfasst. Aber die melancholische Stimmung rührt auch daher, dass Jonathan Trevanny wie ein Schiff ohne Kompass dem Kurs Ripleys folgt. Nicht von ungefähr schenkt er seinem Sohn nach der Rückkehr von einer seiner dubiosen Reisen ein Gyroskop. Das Instrument erlaubt wie ein Kreiselkompass seinem innersten Rad das freie Rotieren, unabhängig von der Schräglage des Schiffes oder dem Rollen der See, und damit eine eindeutige Bestimmung des Nordpols. Es ist das schönste Geschenk, das er dem Kind jemals gemacht hat. Auf großen Schiffen, so erklärt Jonathan pädagogisch wertvoll (und für ihn selbst viel zu spät), arbeiten drei Kreiselkompasse gleichzeitig. Mit dieser Metapher lässt Patricia Highsmith ein fernes Echo aus ihren frühen Notizbüchern erklingen. »Ich bin wie ein Gyroskop«, schreibt die Sechsundzwanzigjährige am 4. Oktober 1947, »ewig und unerschütterlich aus dem Gleichgewicht, und so werde ich durchs Leben gehen.«

Paul Ingendaay

Editorische Notiz

Im Juli 1971, wenige Monate nach Erscheinen ihres zweiten *Ripley*-Romans, *Ripley Under Ground,* notiert Patricia Highsmith erste Ideenskizzen zu einem weiteren Folgeband. Unter dem Arbeitstitel ›Ripley's Man‹ beginnt die Autorin die Niederschrift von *Ripley's Game* am 27. Februar 1972; in nur zwei Wochen entstehen 140 Seiten. Im Januar 1973 tippt sie die als unvollständiges Typoskript erhaltene Endfassung ins Reine und schickt sie an ihren englischen und ihren amerikanischen Verleger; letzte Korrekturen datieren vom Juni desselben Jahres. Die Originalausgabe erscheint als *Ripley's Game* im März 1974 bei William Heinemann Ltd, London. Die noch im selben Jahr beim New Yorker Verlag Alfred A. Knopf veröffentlichte amerikanische Erstausgabe übernimmt, mit Ausnahme einiger kleiner Kürzungen und Korrekturen, den Text der britischen Originalausgabe, verändert jedoch die Dramaturgie des zweiten Teils des Romans durch eine neue Kapitelaufteilung zwischen den Kapiteln 15 und 19.

Die gegenüber der englischen Originalausgabe leicht gekürzte deutsche Erstausgabe in der Übersetzung von Anne Uhde erschien als *Ripley's Game oder Regel ohne Ausnahme* 1976 im Diogenes Verlag, Zürich. Die unveränderte Taschenbuchausgabe folgte 1977 als *Ripley's Game oder*

Der amerikanische Freund (detebe 20346), in Anlehnung an den Titel von Wim Wenders' Verfilmung *Der amerikanische Freund* aus demselben Jahr. Die von Matthias Jendis vorgelegte Neuübersetzung basiert auf dem längeren Text der englischen Originalausgabe, unter Berücksichtigung einiger Korrekturen der amerikanischen Erstausgabe.

Anna von Planta

Krimi
Herausgegeben von Paul Ingendaay und Anna von Planta
Aus dem amerikanischen Englisch von Melanie Walz
Mit einem Nachwort von Paul Ingendaay und einer editorischen Notiz von Anna von Planta
432 Seiten

Unbeschwerte Dolce Vita: Das ist das Leben, von dem Tom Ripley in seinem New Yorker Kellerloch träumt – und das sein Schulfreund Dickie Greenleaf führt. Dickies Vater, ein reicher Reeder, bittet Tom, nach Italien zu fahren und seinen ›verlorenen Sohn‹ nach Amerika zurückzuholen: ein Traumauftrag für einen armen Nobody wie Tom. Noch ahnt niemand, wie weit Ripley gehen wird, um für immer zu Dickies Welt zu gehören.
Mehr als 20 Jahre nach der Verfilmung mit Matt Damon feiert die Netflix-Serie ›Ripley‹ mit Andrew Scott in der Hauptrolle einen sensationellen internationalen Erfolg.

Krimi
Herausgegeben von Paul Ingendaay und Anna von Planta
Aus dem amerikanischen Englisch von Melanie Walz
Mit einem Nachwort von Paul Ingendaay und einer editorischen Notiz von Anna von Planta
448 Seiten
Auch erhältlich als eBook

Der einzige Mensch, den er geliebt hat und der seinen Aufstieg hätte verhindern können, liegt bei San Remo auf dem Meeresgrund: Tom Ripley hat sich zum souveränen Verbrecher gemausert, der seinen Untaten das Flair französischer Lebensart zu verleihen weiß. Mit seiner Frau Héloise lebt er ein sorgenfreies Luxusleben bei Paris und handelt nebenbei mit berühmten Gemälden – nicht nur aus Liebhaberei. Als ein Kunstsammler die Gemälde als Fälschungen entlarvt, beginnt Ripley ein vampirisches Spiel mit anderen Identitäten, um seine schöne Welt – und seinen Kopf – zu retten.

Krimi
Herausgegeben von Paul Ingendaay und Anna von Planta
Aus dem amerikanischen Englisch von Matthias Jendis
Mit einem Nachwort von Paul Ingendaay und einer editorischen Notiz von Anna von Planta
480 Seiten
Auch erhältlich als eBook

Als Tom Ripley in der Nähe seines prächtigen Landsitzes bei Paris einen jungen Amerikaner mit einem dunklen Geheimnis kennenlernt, sieht er in ihm schnell einen Wesensverwandten. Die beiden freunden sich an und reisen gemeinsam nach Berlin, um den Jungen vor seiner Familie in Sicherheit zu bringen. Doch das hedonistische West-Berlin ist gefährlicher als gedacht, und als Frank plötzlich entführt wird, muss Tom Ripley alle Register ziehen, um seinen Freund zu retten.

Krimi
Herausgegeben von Paul Ingendaay und Anna von Planta
Aus dem amerikanischen Englisch von Matthias Jendis
Mit einem Nachwort von Paul Ingendaay und einer editorischen Notiz von Anna von Planta
448 Seiten
Auch erhältlich als eBook

Der Amerikaner Tom Ripley liebt tadellose Manieren, den richtigen Burgunder zum Hummer und allmorgendlich die schönste Blume aus dem liebevoll gehegten Garten seines Landsitzes südlich von Paris. Niemand käme auf die Idee, im Keller eines solchen Herrn nach Blutspuren zu suchen. Niemand außer Ripleys neuem Nachbarn, der davon träumt, Tom Ripleys Leben zu führen.

Tagebuch
Herausgegeben von Anna von Planta. Aus dem Amerikanischen von Melanie Walz, pociao, Anna-Nina Kroll, Marion Hertle und Peter Torberg
1376 Seiten
Auch erhältlich als eBook

Soviel Patricia Highsmith geschrieben hat, eines hat sie immer ausgeklammert: sich selbst. Deshalb war es eine Sensation, als nach ihrem Tod 1995 in ihrem Wäscheschrank 18 Tage- und 38 Notizbücher gefunden wurden, die sie nahtlos seit ihrer College-Zeit geführt hatte. Eine Frau, die um die halbe Welt reiste, mindestens zwei Leben gleichzeitig führte und aus einer kühlen Halbdistanz psychologische Romane über elementare Themen schrieb wie Liebe, Fremdsein und Mord.